语文教学及其方法探究

李　杰◎著

时代文艺出版社
SHIDAI WENYI CHUBANSHE

图书在版编目（CIP）数据

语文教学及其方法探究 / 李杰著. -- 长春 : 时代
文艺出版社, 2023.12
ISBN 978-7-5387-7332-3

Ⅰ. ①语… Ⅱ. ①李… Ⅲ. ①语文教学－教学研究
Ⅳ. ①H19

中国国家版本馆CIP数据核字(2023)第222550号

语文教学及其方法探究
YUWEN JIAOXUE JIQI FANGFA TANJIU
李杰　著

出 品 人：吴　刚
责任编辑：孟宇婷
助理编辑：王　琦
装帧设计：文　树
排版制作：隋淑凤

出版发行：时代文艺出版社
地　　址：长春市福祉大路5788号　龙腾国际大厦A座15层　（130118）
电　　话：0431-81629751（总编办）　　0431-81629758（发行部）
官方微博：weibo.com/tlapress
开　　本：710mm×1000mm　1/16
字　　数：244千字
印　　张：16.25
印　　刷：廊坊市广阳区九洲印刷厂
版　　次：2023年12月第1版
印　　次：2023年12月第1次印刷
定　　价：76.00元

图书如有印装错误　请寄回印厂调换

前　　言

常言道：教无定法，教学有方。课堂教学是一个动态的创造过程，教学内容的多样性和教学对象的差异性决定了教师不能采用一种绝对固定的方法和形式组织课堂教学，但在某一种教学理念的指导下，课堂教学有时会在一定时间、一定范围内呈现一种相对固定的结构形式和程序形式，这就是通常所说的课堂教学模式。语文新课程标准的颁布和实施，给我们带来了全新的教育教学理念。特别是在课堂教学方面，提倡目标的多元性、方法的灵活性和形式的多样性，强调课堂应该是开放的、生成性的课堂。但我认为这并非意味着因此就否定教学的一般规律，因为课堂教学的主体是学生，学生学习的过程要符合人的认知规律，这就决定了教师的课堂教学活动也必须遵循学生的认知规律。目前，新的课改刚刚开始，面对新理念的冲击，许多教师可能感到不知所措，不知该怎样组织课堂教学。

为了达到语文教学的目的，教师在指导学生进行认知活动的过程中，需要运用多种教学方法才能完成。教学方法作为体现教师主导作用的有力手段，要求教师进行创造性设计和灵活运用，使讲授有重点，提问有启发性，练习注重实效，对学生的学习及时做出分析评价，并指导学生自我评价。为此，教师对语文教学最基本的方法以及由基本方法演绎而出的各种方式方法就要有广泛的了解和熟练的使用能力。

　　本书虽已尽己所能，但由于时间、精力和水平有限，不足必然存在。诚挚地欢迎广大读者以及专家批评指正，对于书中存在的问题，敬请读者谅解。

目　录

第八章　语文教学方法理论与创新实践

第九章　语文课堂教学方法与艺术实践

第一章　语文教育教学概述

语文教育教学的基本理念，是人们观察问题、分析问题和解决问题所依据的原理和观念，是语文教学活动的指导思想和行为准则。我们把语文教学的理念概括为三句话：人文关怀是语文教学的最高价值追求，个性发展是语文教学的根本指针，回归生活是语文教学的必然途径。

第一节　语文教育教学的内涵和特点

一、语文学科的内涵

（一）语文学科的性质

对于这个问题，长期以来学术界内都没有统一的定论。有一性说，即语文学科是工具性学科；有两性说，认为语文学科既有工具性，又有思想性；有三性说，除了工具性、思想性，认为语文学科还有文学性；还有多性说，认为语文学科具有工具性、思想性、实践性、综合性。还有把语文学科的性质分为工具性、基础性、思想性等基本性质和文学性、知识性、社会性等从属性质两个层次。其中，只有两个观点是比较一致的，这就是语文学科的工具性和思想性。

什么叫语文？平常说的话叫口头语言，写到纸面上叫书面语言。语就是口头语言，文就是书面语言。把口头语言和书面语言连在一起说，就叫语文。这个名称是从 1949 年下半年开始使用的。中华人民共和国成立以前，语文学科的名称，小学叫国语，中学叫国文，中华人民共和国成立以后才统称"语文"。

语文 = 语 + 文 = 口头语言 + 书面语言 = （口头 + 书面）语言，语文是广义的语言。语言是工具，人们利用它来互相交际、交流思想，达到互相了解的目的。

这些揭示了语文的本质意义，同时也证明，工具性是语文学科的本质属性。语文虽然是工具，但却并非是从事物质生产的工具，而是一种表情达意的工具；语文本身虽无阶级性，但是一经人们使用，它就被赋予了思想情感。"语言是思想的直接现实"，语言是思想的物质外壳，是思想和思维活动的外化。更何况语文教材的内容大多是古今中外脍炙人口的名家名篇，强烈的思想情感自然流露，跃然纸上。可见思想性是语文学科的显著特点。

因此，语文学科是以工具性为本质属性，以思想性为显著特点，是工具性和思想性相辅相成、辩证统一的基础学科。这就是语文学科性质的界说。要想正确把握这一性质，语文教学设计就必须注意到：既然具有工具性，就应当培养学生掌握并运用这一工具的能力，即理解语文和运用语文的能力，也就是听说读写的能力；既然具有思想性，就应当因势利导、融会贯通地对学生进行思想教育和美感熏陶。

（二）语文教学目的

教育是有目的的行为，是教育者有计划地对受教育者施加影响的行为。语文教学目的是语文教学的缘起和归宿。语文教学的全部过程、所有层面和一切工作都要服从并服务于语文教学目的的实现。语文教学的目的主要是由语文学科的性质和总体教育目的以及社会发展需求所决定的。语文学科的工具性要求语文教学加强基础知识教学和基本技能训练，语文学科的思想性要求语文教学加强学生的思想品德培养，语文学科的科学化和现代化要求语文教学加强学生的智力开发。双基教学、品德培养和智力开发三要素的有机组合，构成语文教学三维结构的整体。当然，不同社会形态和不同历史时期对语文功能有不同的要求，对语文教学目的也就有不同的表述。

（三）语文教学的原则

语文教学原则是从语文教学实践中概括出来，又反过来指导语文教学实践的理论，是语文教学中最主要、最本质的内在规律的集中体现，是语文教师处理教材、组织教学必须遵循的法度和准则。

1. 语文"习得性"教学原则

语言学家研究认为，语文中的语言与言语是两个不同的概念。语言是言语的总结和系统化，是由语音、词汇和语法等部分构成的理论体系。言语是个体在特定情境中为完成特定的交际任务时对语言的使用。换句话说，言语是人们掌握和运用的语言。

语文教学就是语言和言语的教学。语文课既向学生传授语言知识（如语音、词汇、文字、语法、修辞、逻辑等方面的基础知识），更要发展学生的言语（口头语言和书面语言）能力。所谓言语能力即学生的朗读、默读、复述、背诵、看图说话、对话、发言、演讲、写话、作文等方面的实际操作语言的能力。而这种言语能力的培养主要靠实践、训练习得，这就是语文教学首先遵循"习得性"原则的原因所在。语文"习得性"原则在语文教学中具体表现在对学生听、说、读、写能力的训练上。由于听、说、读、写能力的整体性、互补性特点，在语文教学中我们除了对学生进行单项训练外，还应对学生进行听、说、读、写能力的综合训练。读写、说写、听说、听写、听读、读说等相结合的训练，以求达到学生"习得"言语的目的。

语文教学"习得性"原则是符合美国教育家奥苏贝尔"有意义言语学习"理论和美国教育家布卢姆"掌握式学习"理论的。奥苏贝尔认为学生通过"有意义言语"的习得，然后通过保持、内化，就可以进行输出。这一心理学的分析揭示了言语"习得性"的规律，为我们语文教学"习得性"原则提供了心理学、生理学上的依据。布卢姆认为学习是一种过程，教知识教学生学，通过树立目标、群体教学、评价、矫正，学生就可以掌握知识。这一理论，强调的是学习的实践性、训练性，重过程、重掌握，为语文"为会使用母语而教"的教学目标提供了很好的理论佐证。

总之，教学是教学生学会学习。把教学的重心放在学生"会学"上，才是现代教学。语文教学是教学生学会言语使用，把教学重心放在学生"会言语"上，才是现代语文教学。皮特·科德说得好："我们应当做的是教人们一种语言，而不教给他们关于语言的知识。""我们要培养的是使用语言的人而不是语言学家，是能'用这种语言讲话'的人而不是'谈论这种语言'的人。"这是语文教学的实质，是语文教学的方向，是每个语文教师都不能忘记的，这是我们应该树立的新观念。

语文"习得性"原则还要求语文教师十分重视学生的语感培养。所谓"语感"，就是社会的人对语言的感觉，就是在视听条件下不假思索地感知语音、字形而立刻理解语音、字形所表示的意义的能力。这种能力当然是靠实践、训练习得的。

2. 语文"开放性"教学原则

20 世纪 80 年代中期，河北特级教师张孝纯提出了"大语文教育"主张，并进行了长达十年的教改实验。他在《一条广阔的语文教改之路》中阐述了他"大语文教育"的构想。他认为，语文教学应是"一体两翼"的，"一体"即课堂教学主体，"两翼"即配合主体的语文课外活动和家庭、社会生活的语文学习。这一思想符合语文学科的社会性、生活性的特点。美国教育家科勒涅克说："语文学习的外延与生活的外延相等。"这一句话说明了这样的一个道理：语文教学的对象是处在生活网络上的学生，语文教学的内容是存在于生活网络上的鲜活的言语，语文教学的目的是教会学生正确理解和使用生活言语。因此，语文教学与其他学科就有本质的区别，它除了学校课堂的教学外，更应走向广阔的社会生活，充分利用一切有利的语言环境、言语生态来训练学生的语言能力。语文教学"开放性"的原则要求语文教师更加重视语文的课外活动和课外阅读。不仅如此，语文教师还要有目的、有计划、有针对性地开设"语文活动课"，促进学生在丰富多彩的学习过程中学会言语、使用言语，让学生走向生活、走向社会、走向自然、走向心灵，做生活的主人。

在贯彻这一原则时，一要"得法于课内，受益于课外"，教学生学习方法，培养自学能力，养成良好的语文学习习惯；二要体现语文学习"多师性""随时性""随地性""终身性"的特点，走开放性、长期性的语文教学道路；三要引导、教育学生从我做起，共同创造良好的语言环境，与那些不文明的语言现象做斗争。

3.语文"创新性"教学原则

所谓语文创新性原则，是指在语文教学中教师要充分利用教材发挥学生的积极性、主动性，开动脑筋发现、分析、解决教学中遇到的新问题，培养学生创新性思维的教学原则。

这一教学原则提出的依据是：第一，语文学科思维性特点及语文学科"开发智力"的教学任务。第二，素质教育的需要。21世纪素质教育实施的核心是创新教育。"为创新而教"已成为学校教育的主要目标。第三，社会发展的要求。当今世界，科学技术突飞猛进，知识经济初见端倪，国力竞争日趋激烈。时代呼唤创新人才，培养创新人才靠创新教育。

传统的语文教育，存在诸多弊端，封闭、单一、被动的教学模式，传授型、填鸭式的课堂，压制了学生的主动性和积极性。在这样的背景下，提出语文教学的"创新性"原则，显得尤为重要。

语文创新性教学的主要目标是培养富有创新思维的人才。所谓"创新思维"就是"创造过程中的思维活动"。它包括发现新事物、揭示新规律、创造新方法、建立新理论、解决新问题、获得新成果等思维过程。语文教学的新方法、新模式、新观点、新措施、新媒体、新角度，都是创新教育。

创新性教学原则还要求语文教师尊重学生学习的主体地位，让学生积极主动地思考，形成一种主动适应、开放多样、向前发展的教学新局面。《语文教学大纲》指出："要激发学生学习语文的兴趣，调动学习的积极性和主动性，反对注入式，提倡启发式。通过多种方式，引导学生积极思考，鼓励他们进行创造性思维活动，让他们自己动脑、动口、动手，在学习语文的实践中，自觉地提高认识、获取知识、增强能力、发展智力。"这为我们进行创新性教学指明了方向。

法国教育家斯普朗格说："教育的最终目的不是传授已有的东西，而是把人的创造力量诱导出来……"这才是语文教学的真正意义。

如何实施这一原则呢？语文教学要做到：第一，尊重学生的主体地位，发挥教师的主导作用。第二，培养学生求异求新求优意识和能力。第三，启发诱导，鼓励学生积极探索。第四，因材施教，扬长避短，发展个性。第五，引导学生在创造实践活动中学习创新，强调学生多动脑、动口、动手。

4. 语文"审美化"教学原则

语文审美化教学原则，也称语文"艺术化"教学原则。它是指施教者按一定时代的审美意识，充分发掘施教媒介的审美因素，向受教者施加审美影响，从而开启其内在情智的一种教学原则。

语文审美化教学原则的要求与传统的教学只重视"传道、授业、解惑"有着明显的区别。因为传统的语文教学是注重"认知规律"的教学，因而平淡枯燥，缺乏情趣，审美化的语文教学是现代语文教学鲜明的特点，它不仅仅重视"认知规律"，更重视"美学规律"。按美学原理、艺术原则从事语文教学，因此比传统语文教学更加富有形象性、感染性、愉悦性、和谐性、新奇性和情趣性。因学生在课堂上得到的不仅仅是知识，由此更直接、更深刻地得到震惊感、倾慕感、景仰感、欣慰感、荣誉感等各种美的感受。

审美化的语文教学原则要求语文教师尽可能发掘教学媒介，主要是教材中的自然美、科学美、社会美、艺术美，努力提高学生感知美、理解美、评价美、欣赏美、创造美的能力，从而塑造学生美的心灵，培养学生对完美人格的涵养和对美的人生境界的追求。

语文审美化教学作为一大原则，它指导着语文教学的方方面面。一方面，审美教育是语文教学的目的之一，语文教学要尽可能让学生身心得到愉悦，情操得到陶冶，心灵得到净化，从而提高发现美、欣赏美、创造美的能力；另一方面，审美教育作为手段，贯彻于整个语文教学的进程，施教者以美的语言、美的形式在课堂上发现美，引导学生感知美、理解美、评价美，在学生主动参与、情感愉悦的同时掌握知识、培养能力、发展智力。教育家阎立钦说得好："教育是科学，也是艺术。教育理论若不包括美育的研究，就是不完备的理论。语文学科教育缺乏美的教育，将是贫乏的教育。"

5. 语文"个性化"教学原则

21 世纪是一个"知识化时代"和"学习化时代"。为了适应这个时代，教育者工作的重点，不再是教给学习者固定的知识，而应转向塑造学习者新型的自由人格。学校教育的根本任务是培养个性化的主体，培养独特的、独立的个体，身心和谐统一的个体。在这一背景下我们提出了语文"个性化"的教学原则。

我国目前正轰轰烈烈地推行素质教育。素质教育是针对"升学教育"提出的教学理念。它要彻底打破升学主义的束缚，在人人成功的教育原则下主张多价值教育；根据每个学生的特点、性格、兴趣爱好、需要、天赋等来培养学生。语文教学是实行素质教育的主要途径。因此，语文教学必须走"个性化"的道路。

所谓语文"个性化"教学原则，有两个含义。其一，语文的教学要尊重受教育者的个性，挖掘受教育者的"个性""人格"等因素，对学生因材施教，培养学生独立的人格。邓志伟先生说："个性化的目的是实现自由的人格。"这便道出了"个性化"教学原则的宗旨。其二，语文教学"个性化"还表现在语文教师教学艺术的个性化，即语文教学积极追求教学风格的多样化，形成不同的风格流派。风格的形成是教师成熟的标志，流派的产生是教育繁荣的征兆。我们倡导语文教学的风格化、个性化。目前，我国出现以钱梦龙为代表的"导读派"、以魏书生为代表的"自学派"、以于漪为代表的"情感派"、以陆继松为代表的"得派"、以段力佩为代表的"茶馆派"，这些是语文教学流派的典型代表，是语文教学个性化的典型例子。

德国教育学家赫尔巴特指出："一切教育的起步在于个性，终点在于德行。""个性化"教学原则要求教师必须尊重个体发展的特征，服从个体身心变化的发展规律，借文质皆美的课文塑造富有个性的人格。这一原则还要求语文教师走自己的路，创造富有自己独特风格的教学方法，形成自己的"个性化教学"风格。

6.语文"民主化"教学原则

现代"民主化"教育要求教育机会均等和教育平等，要求恢复人类求知的自然动力。

传统意义上，教师是课堂的主宰，是学生的"警察"，课堂上"独裁"，一味地"满堂灌"，重视师道尊严，学生没有积极性、主动性，更谈不上自觉性。因此培养出来的学生听话、守规矩，却没有个性，更没有创造性，这样的教育是违背初衷的。教育的目的在于全面开发人、发展人，因而教师应是学生的引导者、伙伴、朋友，与学生平等相处，尊重学生的个性，同时发展他们的个性。这一"民主化"教育思想应该树立。

语文教学更讲民主。言语学习讲究语感、语境，追求美感、愉悦，因此它要求施教者与被教者平等相处，形成和谐、轻松、活泼的课堂气氛。只有这样，语文课才能真正做到潜移默化，无形中熏陶感染学生。当年魏书生打出"科学""民主"的口号进行教学改革，取得了令人瞩目的成功，值得我们深深思索。

"民主化"教学原则，要求教育者尊重受教育者独立的人格，树立为他们服务的思想。"没有独立的人格，也就失去了作为人的根本特性，更谈不上人的创造性和德行。"学生是学习的主人，他们享有自由发展的权利。只有让学生主动学语文，才能真正学好语文，这是不争的事实。因此，我们提倡师生共同协商、平等相处。上课要求语文教师态度温和、语言幽默、方法灵活、手段多样，提倡使用富有现代化民主思想的问题教学法、谈话法、讨论法、辩证法。上海育才中学校长段力佩当年倡导的"有领导的茶馆式"教学的成功，就是教学"民主"思想实践的成功，值得学习、推广。

以上是我们根据时代的要求、语文教学的特点提出的六大教学原则。我们相信，它将成为新世纪语文教学的方向、现代语文教师的教学指南。我们盼望着语文教学的春天早日到来。这六条原则，实际上反映了语文教学最基本的内在规律，是语文教学所要遵循的最基本的教学原理。

语文教学的过程实质上是一个矛盾运动的过程，语文教学的每一条原则，都反映了语文教学过程中彼此对立而又相互联系的两个方面，体现了既矛盾又统一的辩证关系。在语文教学原则的具体表述上，或曰"相统一"，或谓"相促进"，或称"相结合"，无一例外地都体现出一种正确处理语文教学过程中矛盾运动的辩证思想。这给语文教学设计以深刻的启迪：语文教学要用辩证思维，要讲辩证法。因此，站在哲学的高度，运用辩证唯物主义的认识论和方法论，正确认识和处理语文教学中人和书、师和生、文和道、知和能、内和外等诸种矛盾关系，便是语文教师教学设计的匠心所在。

（四）语文教学的活动对象

教育是人的活动。人，不仅是生产力中最基本最活跃的一个因素，而且也是教育结构中最本质最活跃的一个因素。教学过程是师生双边活动的过程。无论是作为施教者的教师，还是作为受教者的学生，都是教育教学活动的主人。

教学，就是教学生学。学生在语文教学过程中是认识和发展的主体。教会学生学习，是语文教学的出发点和落脚点。如何教学生学？教学方法从何而来？何时需要引导？如何进行启发？这就需要了解学生、熟悉学生，以充分调动学生学习语文的积极性、主动性、自觉性和创造性。

二、语文教育的特点

语文教育的特点，从不同的角度可以有不同的认识。《语文课程标准》在"基本理念"部分主要强调了语文教育特点的三个方面。

（一）语文教育的人文性

语文属于人文学科，它与数学、物理、化学、生物等自然科学不同。自然科学的学科可以由原理、公式、定理、法则等组成，这些原理、公式、定理、法则是人们对客观世界的认识，具有客观真理性。语文则不同，一方面它是对人们精神领域起作用，而且对人们精神领域的影响是深远的；另一方面，许多语文材料本身就是多义的，具有丰富的内涵和很强的启发性，人们对语文材料的反应往往也是多元的。

重视语文的熏陶感染作用，通过优秀作品的浸染，影响人的性情，提高人的人格魅力和道德水准。语文对人的影响是深广的，有时是隐性的、长期的、潜移默化的，短时期不容易看出来，而且，常常是"有意栽花花不开，无心插柳柳成荫"，因而不能指望学习效果立竿见影，不能急功近利。如果像理科学习那样，围绕知识点、能力点做大量的练习，难以让学生领悟语文丰富的人文内涵。

注意教学内容的价值取向。学生学习语文，接触大量语文材料的过程也是一个文化建构的过程。语文对人的影响往往是终生的，其影响之深广不可低估。语文课程应该从对人的发展负责、对国家未来负责的高度来选择教学的内容。

尊重学生的独特体验。学生的多元反应是正常的，也是非常珍贵的。尊重学生在语文学习过程中的独特体验，是对学生的尊重和鼓励，也是对真理的尊重。这是由语文的特点所决定的。

(二) 语文教育的实践性

在人文学科中，语文与哲学、历史等学科有所不同。哲学可以由概念、范畴、法则、方法等构成一个知识体系，历史则是由大量的史实和历史观构成历史知识，而语文课程却具有很强的实践性。阅读与表达本身既是一种实践的行为，又体现了实践的能力。着重培养学生的语文实践能力，这包括识字、写字、阅读、写作、口语交际、搜集处理信息的能力以及良好的语感等。

重视学生的语文实践活动，在语文实践中培养学生的语文实践能力。靠传授阅读的知识来培养阅读能力，不如让学生多读几本书；让学生记住了一整套完整的写作知识，而没有写作的实践，也难以形成写作的能力；学生背诵了许多语法规则，而没有在大量的语言实践中形成良好的语感，还是说不好话，这些都是很简单的道理。这样的知识没有实践的环节是难以转化为能力的，因此，语文实践能力应主要在语文实践中培养，而不能片面强调以"知识为先导"。

义务教育阶段不宜刻意追求语文知识的系统和完整。语文知识是需要的，但是诸如语法修辞之类的知识，在初中阶段不必讲授过多，也不必追求系统和完整。这一时期学生还处于感性的时期，应该让学生多接触感性的材料，参加感性的实践活动，在实践中提高实践能力，把握语文规律。

　　语文课程要注意学习的生活化，这是与实践性联系在一起的。语文是母语课程，它与外语不同。学生进校前都有一定的语言基础，因而不必像学外语那样从零开始，花很多气力去记忆大量的词汇，掌握语法的规则。学生生活在母语环境中，生活中处处都是语文学习的资源，时时都有学习语文的机会。正如《语文课程标准》所说："学习资源和实践机会无处不在，无时不有。"因而，应该充分利用这些资源，在生活中学习语文，运用语文，在大量实践中接触大量的语文材料，丰富语言积累，形成良好的语感，培养阅读与表达的能力。应强调日常生活中的习得，强调日积月累。尤其是在高中阶段，更要注重语文应用、审美和探究能力的培养。这是实践性的深化，可以更好地促进学生均衡地有个性地发展。

　　（三）语文教育的民族性

　　语文课程应该考虑汉语语言文字的特点，考虑这些特点对识字、阅读、写作、口语交际和思维发展等方面的影响。

　　汉语别具个性，它是具象的、灵活的、富有弹性的，可创造的空间特别大。汉语没有多少强制的规定，应该说，它是一种真正从人的思维与表达的需要出发的以人为本的语言。这种语言宜在模糊中求准确，用西方语言的条条框框来分析汉语实在是勉为其难。所以，传统的汉语教学词类讲虚实二分，句法重语序，修辞讲比兴二法。

　　汉语的文化性也特别强，尤其是它的词汇和词组系统具有非常深厚的文化底蕴。与这些相联系，我国的文学作品以抒情性强而著称于世。中国的诗歌代表了中国的艺术精神，可以说，中国的文化就是诗性的文化。

　　汉语重视积累、感悟、陶冶和语感，提倡多读多写；应该克服浮躁焦虑的心态，不能急功近利，不能期望立竿见影；不应照搬分析西方语言的思维方法，要重视培养整体把握的能力。

三、语文教学的过程

(一) 语文教学过程内涵

语文教学是一个系统，它的各个子系统、各个要素之间相互联系、相互制约，形成纵横交错的坐标式网络。系统中的各种关系，不是孤立的、静止的、杂乱的，而是联系的、动态的、有序的，是按照一定的内在规律发展变化的。语文教学过程就是其中的一个子系统，它以教学目标、内容、形式和方法等为横轴，以教学阶段、环节、步骤等为纵轴，构成纵横交错的坐标系。不同单元、不同课题、不同课时的教学过程，犹如在这个平面直角坐标系中形成一个个不同形态、不同规模的象限。

教学过程，也称为教学程序（教程），或教学流程。不同的词语表达相同的概念，都具有教学的进程、历程、经过、推进与演变等内涵，它反映了教学发展的各个阶段、各个环节之间的紧密联系，相对独立，并且是有规律的交替和推进。

第一个明确地提出完整的教学程序的理论和方案的，是德国的哲学家、心理学家和教育家赫尔巴特。他在19世纪上半叶，通过对学生心理活动规律的探究，认为学生在教学过程中的一切心理活动都是观念的运动，提出教学程序要经过四个阶段：第一阶段，明了。主要由教师讲授新知识，并运用直观性原则，集中学生的注意力，使他们专心致志地学习，正确理解所学内容。第二阶段，联合（也作联想）。运用谈话的方式，使学生把新学的知识同他们已有的知识和经验联系起来，促进新旧知识的同化，深入理解所学知识。第三阶段，系统（也作概括）。指导学生深入探究和理解，对所学知识进行整理和贯通，使之系统化，寻求规律，归纳出原则或概念，得出结论。第四阶段，方法。指导学生独立思考，运用所学的系统知识进行练习或完成作业。赫尔巴特运用心理学来阐释教学过程，认为教学过程中"明了—联合—系统—方法"四个阶段，同学生获得知识的心理过程中"注意—期待—探究—行动"这样几种心态是一致的。这种教学程序的理论后来风行欧美，盛行五十余年，竟逐步形成"赫尔巴特学派"。赫尔巴特被公认为教学过程理论的首创者，成为近现代教育史上传统教育学派的开山鼻祖。

（二）语文教学过程的特征

语文教学过程是教师根据语文教学的目的、要求和学生身心发展的特点，引导学生有目的有计划地学习语文知识、培养语文能力、开发智力、陶冶情操、完善人格的过程。从系统科学的观点来看，语文教学过程是由教师、学生、语文教学内容和语文教学手段等要素构成的动态系统，缺少其中任何一个要素都不能构成语文教学过程的系统。

语文教学过程具有明显的多层次性和复合性。从认识论、课程论、学生论、教师论等多视角，可以归纳它的本质特征是：

1.语文教学过程是一种特殊形态的认识过程

语文教学过程首先是一个师生双边活动的认识过程。辩证唯物主义的认识论认为，认识从实践开始，实践—认识—再实践—再认识，循环往复，螺旋式上升，从必然王国走向自由王国。在语文教学过程中，教师的教既是一种教学语文的实践，又是一种对语文教学规律的认识，学生的学既是一种学习语文的实践，又是一种对语文知识和能力的认识，符合辩证唯物主义认识论的一般规律。同时，语文教学过程又是一种特殊的认识过程。

其一，它是有目的的认识过程。语文教学过程是在有经验的教师的组织下，按照既定目的，在特定的教学制度和教学形式的规范之下，有计划地引导学生主动完成的过程。这种认识，缩短了摸索的距离，速度快，效率高。学生学习语文知识，不必再像前人认识语文规律那样去长期搜索，而是在教师的指导下，通过语文教材，以十倍、百倍、千倍的速度超越前人。

其二，它的实践具有一定的间接性。对一般事物的认识，大多事必躬亲，身体力行。而语文学习，主要是学习书本知识、间接知识，并非都是直接经验。"一切真知都是从直接经验发源的。但人不能事事都通过直接经验获得知识，事实上多数的知识都是间接经验的东西，这就是一切古代和外域的知识。""一个人的知识，不外乎直接经验的和间接经验的两部分。因此，就知识的总体说来，无论何种知识都是不能离开直接经验的。"

2.语文教学过程是具有专业特点的教学过程

首先，语文课是口头语言和书面语言合称的语言课。其次，文学是语言的艺术，文章借语言而表现。教学时，要使学生通过诵读课文受到形象感染，进而分析欣赏，认识形象的社会意义和现实意义。学习一般文章，也必须符合文章学、文体学教学的规律，记叙文、说明文、议论文、应用文各有不同的教法，不能千篇一律，公式化、刻板化。再次，语文是具有工具性和思想性的基础学科，语文教学过程要体现学科特点。既然是工具，就要练习运用，因此教学中必须强调听说读写训练；既然有思想性，就要进行思想熏陶、审美教育，以此净化和美化学生的心灵。这样就把双基训练和思想教育紧密结合起来。

3.语文教学过程是促进学生发展的教育过程

语文教学过程还是使学生身心得到全面培养和发展的教育过程。语文是学校的一门主课，开设时间最长，课时最多，内容相当丰富，使学生受到的影响也最多最深。一方面，语文课是语言课，而语言与人的心理发展密切相关。听说读写的各种语言训练，可以从各个层面开发学生的记忆力、观察力、联想力、想象力、具体的和抽象的思维力等。另一方面，语文课里丰富多彩的知识、教育、情感教育（审美教育）和品德教育，将使学生的各种心理过程和个性心理特征以及行为习惯得到相应的培养和发展，产生以认知为基础，知、情、意、行全面发展的效应。

4.语文教学过程是促使教师自我提高的过程

教师在语文教学过程中起着主导作用，引导学生积极主动地学习，并在教书育人中自我提高和自我完善，不断获得新知识，提高认识能力，锻炼育人本领。

5.语文教学过程是语文教学信息的传输过程

凡是有序的符号系列都可以承载信息。以语文教科书为主的语文教学内容是教学信息的重要载体。

6.语文教学过程是一个错综复杂的动态过程

语文教学过程既是一个连续不断的思维流程，又是一个错综复杂的结构系统，表现为一种纵横交错的动态结构。它既有共同性，又有差异性。它既有连续性，又有阶段性。整个语文教学过程是一个连续的教学流程，而其中又可以分为许多不同的教学阶段。它既有独立性，又有渗透性。教学阶段是相对独立的，而各个教学阶段之间，在教学内容和形式上可能又有交叉渗透。它既有稳定性，又有变通性。语文教学过程是一个稳定的整体，而又可以根据时代发展的不同要求作出调整。

第二节　语文教育教学的基本理念

所谓理念，是指人们观察问题、分析问题和解决问题所依据的原理和观念，或者说是原则和准则。语文教学的理念就是语文教学活动的指导思想和行为准则。

《语文课程标准》中关于语文课程的基本理念有四个方面的要求：一是要全面提高学生的语文素养，二是要正确把握语文教育的特点，三是要积极倡导自主、合作、探究的学习方式，四是要努力建设开放而有活力的语文课程。根据这四点要求，我们把语文教学的理念概括为三句话：人文关怀是语文教学的最高价值追求，个性发展是语文教学的根本方针，回归生活是语文教学的必然途径。

一、语文教育的人文关怀

语文教育要促进个体的身心和谐发展，要使个体的发展过程获得精神上的价值和人生上的意义。也就是说，个体通过在语言上的学习和训练，文学上的熏陶和感染，不仅要获得各种知识和技能，而且还要体验到各种深刻的人类情感，唤起自身的主体意识，从而追问人生的意义，探询人生的道路，形成独特的人生态度。我们把语文教育的这种功能称之为语文教育的人文关怀。

语文教育目标是整个基础教育目标的有机组成部分，对于培养德智体美劳全面发展的社会主义建设者和接班人具有重要的导向作用。语文作为一种兼具人文性和工具性的综合性学科，在人的发展过程中起着核心性的决定作用。同其他学科相比，语文教育除了要完成一般学科必须共同承担的智育任务之外，还要密切关注审美教育、人生观教育与人格教育，并以此作为自己的最高价值追求。语文学科这种人文关怀的功能是标示其学科独特性的根本要素，也是语文教育目标的最高追求。我们把语文教育的人文关怀的功能提到这么高的位置，一方面取决于对语文学科性质的深刻洞察，另一方面取决于对人的最终发展目标的深刻认识。人的发展的最高境界是精神上的自由和解放，人格上的完善与独立，而所有为此目的所进行的知识的学习、技能的训练、能力的获得及社会生活的实践等工具性行为都必须服从这一最高目的。要实现人作为发展手段的工具价值到作为发展目的的精神价值的飞跃，必须通过人文教育的洗礼。在现行基础教育体制中，语文教育只有自觉地承担起人文教育这一历史使命，把人文教育费穿到整个语文教育过程中去，关注人的精神世界的构建和人格的养成，才能为人的全面发展开辟道路。

（一）语文教育的人文精神价值

人文精神不是徜徉流溢在语文教育本体之外的美丽动人的幻影，而是来自语文文本之中的人性之光。它飘忽不定、难以捉摸，是因为它只对那些敏感睿智、关注内心精神生活的心灵展现自己的魅力。它至刚至大、吐纳宇宙，是因为它超然于万物之上，寄身于纯真、至善、完美之境。

语文教育的人文价值，从静态的文本分析来看，文学与人生的关系是它的集中体现。吴宓教授指出哲学是汽化的人生，诗是液化的人生，小说是固化的人生，戏剧是爆炸的人生。文学与人生这种水乳交融、血肉一体的内在联系，使文学成为人生的另一种存在。尽管它不是社会现实本身，却比社会现实更加真实、深刻、感人。人们更多的是从文学艺术创作这面镜子中发现并认识了人本身。因此，文学就是人学。

文学把人的精神不断地引向光明和崇高，是文学在维护着人类那脆弱的社会良知和道德心，也是文学在不断地拓展着感性人生的丰富性与多元性，捍卫着人类理性的尊严和纯洁。因此，语文教育一定要重视文学作品的人文教育价值，把语文教育从工具中心论中解救出来，还其人文教育的本来面目。

语文教育的人文价值，从动态的教学过程来看，其人文性主要体现在师生关系的民主性、文本解读的多元性和写作训练的生活化上。只有以民主化的师生关系作为教学的前提，才能充分激发调动师生双方的积极性，使语文教学充满生命的张力，从而对文本展开开放性、多元化、个性化的阐释，释放出文学作品中深层的人性力量，引发情感上的共鸣，启迪思想上的解悟。

（二）语文教育目标的人文追求

语文教育成为人文精神之载体。因此，人文关怀理应成为语文教育之目的。语文教育目标是一个有机的整体，按现在比较流行的观点来看，它由德育目标、智育目标、美育目标三部分构成，而这三个目标之内又有更细致的分类。人文关怀同它们之间是一种什么关系呢？这是我们应该解决的根本性问题。

人文关怀作为语文教育的最高目标，它不等同于技术操作层面的教学要求，而是着眼于语文教育根本性的价值导向。也就是说，人文关怀与现行的语文教育目标体系不属于同一层面的问题。前者根植于语文教育本体论，后者立足于语文教育方法论；前者制约语文教育的根本价值取向，后者决定语文教育实践的进程与开展。因此，人文关怀不可能以技术化、操作化的方式单独地起作用，它只能以精神导引的方式进入语文教育目标体系，通过影响语文教育目标系统的内在调节与协作间接地发挥作用。

坚持语文教育的人文精神的价值取向。因此，语文教育的德育目标除了重视传统的政治品质、思想品质、道德品质、个性心理品质等发展目标之外，还要关注人的主体性发展、人格的完善、精神生活的和谐。在智育目标上，除了重视传统的知识、能力、智力发展之外，还要注意智力与非智力因素的协调发展、情感陶冶与生命体验。在美育目标上除了重视传统的审美知识、审美能力的发展目标之外，还要尊重个体的审美经验、审美感受，激励个体的审美想象、审美创造以及倡导对人生的审美观照、对人格的审美塑造。也就是说，人文关怀是一切语文教育手段与工具的灵魂，人的精神发展是所有操作性目标的最终归宿。

语文教育人文关怀目标不是空洞的口号，它既具有悠久的精神价值传统，又具有生动具体的时代内涵。作为一种优良的文化传统，它孕育了生生不息的人类文明；作为一种新兴的社会思潮，它发出了振聋发聩的时代呼声。吴宓提出的文学教育八个方面的作用，可以作为传统语文教育人文关怀目标的历史性总结：涵养心性、培植道德，通晓人情、洞悉世事，表现国民性，增长爱国心，确定政策，转移风俗，造成大同世界，促进真正文明。面对 21 世纪风起云涌的社会变革，人文精神的时代风貌也将经历时代性的变革。

英格尔斯提出现代人应具备的十四个特征，归纳起来主要有三个方面：第一，现代人具有开放性，乐于接受新事物。他们准备和乐于接受他们未经历过的新的生活经验、新的思想观念，准备接受社会的改革和变化。他们思路开阔，头脑开放，尊重并考虑各方面不同的意见和看法。第二，现代人具有自主性、进取性和创造性。他们注重现在和未来，守时惜时。他们有强烈的个人效能感，对人和社会的能力充满信心，办事讲求效率。他们尊重事实和验证结果，注意科学实验，认真探索未知领域，不固执己见。第三，现代人对社会有责任感，能正确对待自己和他人。他们能相互理解，能自尊并尊重别人。他们有可依赖性和信任感，不相信命运不可改变，认为依靠社会力量能使人生活得更好。语文教育的人文性应着眼于新世纪受教育者人文素养的培植。我们把新时代的人文精神的内涵概括为以下八个方面：人格健康、高创造力、主体意识、求实求真、乐于竞争与善于合作、个性和谐、乐观开放、热爱生活。这八个方面是新价值观的具体体现，也是未来人才培养的方向和标准。以此为基础，语文教育的人文价值应包含以下几个方面：

（1）引导学生走近生活、观察社会、体悟人生，帮助他们形成乐观开放、乐于竞争与合作的人生态度。

（2）培养学生的人文品质，继承民族文化传统，汲取现代文化精神，奠定文化底蕴。

（3）陶冶学生的情操，启迪学生的悟性，培养学生的批判思维和创造思维，形成健全独立的人格。

（4）培养学生的主体意识，确立学生在教学过程中的主体地位，发挥学生学习的主动性、能动性与创造性。

（三）人文意蕴的开掘

语文教育中人文价值目标的最终实现取决于语文教育实践的正确走向。从语文教育过程的展开来看，选择文质兼美的教材，加强语文教学过程的审美性，立足现实生活，激发学生的自我表现与表达，是开掘语文教育人文价值的有效途径。是否符合文质兼美的标准，是制约语文教育人文关怀目标实现与否的关键因素。选文是否具有深刻的思想文化内涵、广阔的文学视野、浓郁的人文情怀，直接决定着语文教育人文性的深度、广度和力度。

文质兼美应包含以下几层基本含义：

1. 文道兼美，一多并举

选文的思想内容与语言表达要做到有机统一，而且还要求选文在思想内容上具有深刻的文化意义、人文意蕴和审美价值，在语言表达上生动准确、隽永晓畅、富有个性。这样的文道观对于语文教材的选文标准才具有真正的实际意义。

文道兼美的选文标准，并不意味着把文道关系限定在狭窄的意识形态、伦理道德和正统文论的域界，而是应该一多并举。从"道"的标准来讲，"一"指的是教材选文应体现人类所崇尚的以真善美为代表的精神价值；"多"指的是选文要体现人类思想文化的丰富性、多元性、开放性。应以一种博大的文化胸襟和高远的发展眼光来看待文章的思想文化内涵，切忌鼠目寸光、意识狭窄。在选文中，既要有传统的政治伦理教化内容，还要有体现人类普遍的精神价值追求的内容；既要有以明道为旨归的皇皇之论，还要有抒发个人性灵的小品佳作。从"文"的标准来看，"一"指的是选文的语言表达，必须规范、准确，具有代表性、示范性，思想内涵必须源于生活、积极向上；"多"则是强调语言艺术特色的多样化、个性化和风格化，文化内容的开放化、立体化、层次化。只有放眼宇宙，博采万物之精华，才能广开眼界、启人心智、有益身心。

2. 内外兼顾，和谐统一

教材选文，作为语言学习与文化陶冶的范本，应具有内外两个方面的价值，或曰本体价值与工具价值，即精神陶冶价值和语言教育价值。只有做到这两种价值的有机统一，才能体现文质兼美的全面要求。选文的语言教育价值体现在对学生听说读写等基本语文能力的培养上，精神陶冶价值则立足于学生的精神发展、人格完善。这两者是相辅相成、互为依存的。因为，从文章本身的统一性来看，语言因素与思想因素是水乳交融、不可分割的。没有思想的语言表达没有实际意义，脱离了语言轨道的思想同样难以表达。从学生语文学习过程的综合性、复杂性来看，学生的语言发展同学生的思维发展、思想成熟、精神成长有内在统一性。它们之间相互影响、相互作用，和谐共存、共同发展。脱离思想教育、精神陶冶的语言训练会使语文教育变得枯燥乏味、机械生硬；而脱离语言训练的思想教育同样会把语文教育变成迂腐的道德说教。因此，选文的这两种价值标准不可偏颇，应当兼顾。

3. 兼顾选文内外价值的和谐统一

除了独具慧眼外，还要具备科学的编辑加工能力。选文的编排、教材体例的选择、语文知识的穿插、课后作业的设计等环节，都应该体现选文内外教育价值的统一。教材既要避免唯知识智能训练为中心，也要防止唯主题思想分析推理至上。教材的编辑加工向来不被重视，只被看作是一种技术性的工作。其实这是一种错误的看法。教材的编辑加工是展现语文教育价值、实现语文教育目标的重要途径，它需要以正确的哲学观、教育观、心理观为指导，以语文教育的内在规律、师生相互作用的互动模式作为依据，并要对语文教育的知识掌握、能力发展与精神发展的内在统一关系有深刻的洞察与理解。它既需要有博学的眼光，又需要有科学的程序，还需要有艺术的手法。从选文到编排，从封面到插图，从设计到印刷，所有步骤都关系到教材的质量。因此，文质兼美不仅是一种对文本的内在要求，还是一种指导具体编辑工作的根本原则。

4. 开放思维，审美观照

人文精神从某种意义上讲又可以理解为人类对真善美孜孜不倦的价值追求。因为真善美代表了人类精神的最高境界。这种追求不仅仅包括对知识形态的科学、道德、美学领域的探索，它还指向人类在获取这些知识的过程中所孕育滋生出来的科学精神、道德意识和审美体验。其中，审美体验不仅具有相对独立的价值意蕴，而且还是科学精神与道德意识所追求的最高境界。美存在于自然之中，而科学的发现，不仅指向知识，还要关注审美体验。在道德与审美的关系上，审美同样是道德境界的需求。古人强调"文以载道""文以明道"，其用意也在于此。只有把抽象的道德规范和理念渗透到由文学语言所塑造的美好的道德理想人格形象中，才能使个体获得道德实践的驱动力。审美是沟通知识和德行的津梁，是培植人文精神的必由之路。语文教育要走向人文关怀，就必须通过开掘隐含在文本中的真善美精神价值以唤醒激励学生的求知、向善、爱美之心，通过审美教育塑造他们的人文精神。

5. 语文教育的审美观照，以阅读教学为重

语文阅读活动中的审美教育是美学在阅读活动中的具体应用。它的任务和作用是按照美的规律，用美的信息去激发、引导阅读活动的主体——学生的审美心理和情感，培养学生符合人类崇高理想的审美意识，帮助学生获得健康的心灵和高尚的审美情趣，使他们在开放的语文阅读活动过程中逐步形成正确的审美观念和健康的审美品质，把握辨真伪、识善恶、分美丑的正确的审美意识，提高学生的审美素质和审美能力，培养全面发展的人。语文阅读活动与审美教育有着难解难分、血脉相承的特别关系，加强审美教育有助于提高语文阅读质量，深化语文阅读效果。语文教材编选的课文，大都是依照美的法则筛选出来的"文质兼美"的典范佳作，是集中反映社会、艺术、科学、语言等客观美的结晶。文章精美的语言，展示出崇高的美的艺术境界，而美的艺术境界本身，又丰富并加强了语言的艺术表现力。在阅读活动中，一方面可以抓住精彩传神的关键性字词语句，把学生引入进它所展示的优美境界，使他们在美的艺术享受中受到熏陶，提高审美能力；另一方面，又可以抓住令人心灵颤动的意象、情境和形象，引导学生反转过来深入体味、领悟文章中高超的语言艺术技巧，提高运用

语言表达的能力。语文教师要充分利用文章的美学意境，创设审美情境，善于敏锐地发掘文章中的美点，揭示深蕴其中的审美情趣；要善于借助审美意象，启发学生的审美想象，根据文本的特点设计审美议题，以增强学生的审美体验；还要确定审美目标，指导学生展开审美鉴赏活动。调动各种手段，把学生引入美的艺术境界，诱发学生联想探求，观察体验，既对学生进行了审美教育，又把审美教育和语文阅读活动有机地交融在一起，使学生深入理解了课文，提高了阅读效果和质量。在这种活动中，教师要从各种不同的审美角度、不同的审美层面引导学生深入地分析和理解。这样既可以使学生受到审美教育，又有助于学生对课文从表层性的体味感知发展到深层性的领悟理解。

二、语文教育的个性发展

（一）语文教育个性发展的内涵

人的发展的核心是个性的和谐发展。语文教育在学生的良好个性的形成与发展中扮演着主导性角色。传统语文教师在这方面存在着一定的缺陷，没有认识到语文教育对个性培养的重要意义，在教育理念和实践中都陷入了机械化的教育模式，过分追求语文教育的应试价值，忽视了语文教育在个性培养方面的积极作用。

斗转星移，教育日新月异，放眼海内外，个性教育已成为世界教育改革所关注的重大主题。"每个学生有其独特的个性、兴趣、能力和学习需要"，学生之间存在差异是"正常的"。因此，学习必须据此来适应学生的需要，而不是学生去适应预先规定的、有关学习过程的速度和性质的假设，以学生为中心的教育有益于所有的学生，其结果有益于作为整体的社会。

1.个性是完整的，创造力、想象力等品质是个性健全发展的表现

把一个人在体力、智力、情绪、伦理各方面的因素综合起来，使他成

为一个完整的人，这就是对教育基本目的的一个广义的界说。因此，个性是道德、体力、智力、审美意识、敏感性、精神价值等品质的综合，是一种"复合体"，即一个个完整的人，不能把某一种或某几种品质从完整的人分离出来孤立地培养。所以，应该向青少年提供一切可能的美学、艺术、体育、科学、文化和社会方面的教育和实践机会，而不应该局限于短视的功利需求。

2. 个性是独立的、具体的、特殊的

尽管个性发展离不开与他人交往，但每一个个体都首先具有内在的独立性，每一个人都有其独特的发展史，因此每一个人都是具体的、特殊的、鲜活的。

每个人都有自己的历史，这个历史是不能和任何别人的历史混淆的。每个人都有自己的个性，这种个性随着年龄的增长而越来越被一个由许多因素组成的复合体所影响。这个复合体是由生物的、生理的、地理的、社会的、经济的、文化的和职业的因素所组成的。

3. 个性发展内包含了社会性的发展，每个人的发展必然带来整个社会的发展

把个性发展与社会性发展、把每个人的发展与整个社会的发展孤立起来、对立起来或并列起来，都是二元论思维方式的产物，都不能正确理解个性发展的本质。个性发展应当与社会性发展相联系，以每个人个性的发展去推动社会的发展，社会的发展又反过来影响人个性的塑造。

4. 个性发展是一个无止境的完善过程

人和其他生物的一个重要区别是人的"未完成性"，也就是说人的生存是一个无止境的完善过程和学习过程。终身学习不只是社会要求，还有着个性发展的内在需求。由此看来，追求学习者的个性发展是世界教育改革或课程变革的重要趋势。从本原上看，每一个性都是完整的，亦是独立的、具体的、特殊的。因此，培养个性应尊重个性的完整性、独立性。个性发

展内在包含了社会性，因此个性的成长是在生活中、在持续的社会交往中进行的。个性发展是无止境的完善过程，因此终身学习应成为每一个人的内在需求。在我国，当代教育改革也在 20 世纪 80 年代后期把个性培养列为教育的主题与使命之一。把发展人的个性作为教育的培养目标，因为教育在今天只有赢得了个性和个性发展，才能赢得社会发展的未来。个性教育，就是真正的、具体的、独特的人的教育，就是使一个生物意义上的实体不仅获得社会性、文化性，更是获得自身独特性、自我确认性的过程。因此，语文教育凭借其自身的人文学科优势理应成为个性教育的核心，发挥中流砥柱的作用。

（二）语文个性教育的作用

1.语文个性教育的价值追求

语文个性教育的价值观是语文教育功能观的直接反映，汉语语文教育有其独特的功能和价值，其功能和价值又具有多层次复合性。

功利本位与人文本位是最能概括当前各种对立观点的一对范畴。功利本位论强调把语文教育的功利性放在首要地位，把学生对汉语的听说读写能力和水平作为语文教育追求的根本目的，突出语文教育的工具价值。在此前提下，他们一般不反对语文教育的人文价值，甚至也十分强调语文教育的教化作用。人文本位论则认为语文教育的最大功用在于教化，最大价值在于弘扬人类和民族的优秀文化传统和人文精神，培养学生健康的人格。在此前提下，他们一般也不反对语文教育的工具追求和工具价值，甚至认为人类精神传递的前提是对语言文字工具的掌握。

汉语语文教育的特点决定了汉语语文教育的功能绝非单项功能，而是复合功能。所谓复合功能，就是将语文教育的各种功能有机地整合为一体的功能。汉语语文教育的复合功能由两大类要素组成，即由工具性要素和人文性要素组成为复合功能球形图，两类要素组合不存在孰先孰后、孰上孰下的问题。

工具性要素的主要内涵是：听说读写、知识方法、思维。人文要素的主要内涵是：情思、审美、伦理、历史文化。工具性要素和人文性要素之所以能够合二为一，关键在于中介要素的作用，中介要素就是汉字和汉文，其作用于语文教育过程之中。通过汉字汉语的教育，使要素之内涵发生联动和整合，使两大类要素产生有机连接和整合。汉语语文教育的复合功能是一个有机的开放的组合系统，是一种弹性机制，它在信息交换过程中不断地做出自己的选择和应对，系统也会因此发生相应的变化：汉语语文教育的复合功能铸就了我国民族文化特性，发挥了全面综合的素质教育作用。汉语文的复合功能观念对于语文个性教育价值观的构建起了决定性的作用。语文个性教育的核心就是要通过语文教育促进学生个性的和谐健康发展。它打破了以往单功能观的狭隘视野，把语文教育置于一个更为广阔、互动性更强的历史文化背景之中，突出强调了语文功利性价值与人文性价值之间互为依存、相辅相成、血脉一体的内在联系，从而为人的个性发展铺就了一条更为切实、明确、广远的通道。

语文教育的多功能整合观很好地协调了语文教育的工具性价值和人文性价值、内在价值与外在价值，把个性教育与社会需求有机地结合起来，这对于培养符合社会需要的良好个性品质起到了积极的促进作用。因此，多功能复合的语文教育价值观是语文个性教育的重要理论基石，在当代具有重要的现实意义。在新世纪里，语文个性教育的价值追求表现在受教育者的素质规格上就是要重视个人的自由发展，尤其是人格的健康成长。这一点具有世界性、终极性意义。通过教育，尤其是以人文性为核心特征的语文教育，重塑现代人的人格精神，是促使社会和个人协调发展、可持续发展的重要基础。

2.语文个性教育在个体人格的塑造方面应发挥积极的作用

通过对自身的人文价值、文化底蕴、思想内涵的充分释放和展开，为个体的精神发展、人格形成创设一个良好的成长环境。语文个性教育在人格塑造方面要坚持以下三方面的价值追求：

第一，重塑人格基础，由关注知识技能转向关注个性整体发展，并主要关注精神世界的构建。语文教育要重塑人格的基础，必须正视这一现实，努力扭转这种不良局面与风气，重新把语文教育的重心放在对个性人格的塑造与培养上。要实现语文教育的根本价值，促进个性的和谐发展与人格的健康成长，必须做到两个转变。从理论上要转变对语文教育本体价值的认识，树立起牢固的多功能复合价值观，真正理解语文本体的质的规定性对语文教育多功能复合价值观的内在决定作用。在实践上要处理好语文知识技能掌握与文学熏陶、精神启迪、审美体验等隐性因素的关系，使前后两种因素相互联系、相互支持、相互转化，一方面把语文知识、技能因素融入个体精神活动、人格意识、行为模式的整体中去，使其有所附加；另一方面，则把个体的精神世界建构在牢固的语文知识技能之上，为个性的发展打下坚实的语文基础和文化根底。

第二，重塑人格形成机制，由关注教学目标转向关注教育目的，将人文关怀贯彻到教学实践中去。现在的语文教学过分追求教学目标的细化、可操作性、确定性、完整性等行为性标准，相对忽视了情感性、体验性、审美性、情境性等隐性目标。这种目标教学的偏颇在应试教育模式中表现得尤其突出，忽视了学生的主动性和创造性。我们知道，语文教育的目的应当着眼于个性的全面和谐发展，尤其是个体人格与精神的发展。它是整个语文教育的立足点，也是归宿，对于具体的教学实践具有终极性的决定意义与规范价值。语文教学目标则是为了便于实践操作而从教育目的中分化出来的，它对加强语文教学的程序性、规范化具有实际的指导作用。但是，这并不意味着在教学实践中按部就班地完成了各种具体的教学目标就能够达到教育目的的要求。按照教学系统论的观点，教育目的的内涵要高于各种具体教学目标。因此，个体个性的自由、充分的发展，精神世界的积极构建，要以教学目标的实现为基础和媒介，又要超越其上对其进行积极的转化、扬弃和提升，使其获得个性的特征、人格的意义。各种语文教学目标所规定的知识、技能、思想、文化等学习内容，必须通过个体自我意识的同化、顺应的整合、行为模式的内化与外现的转化，才可能真正地变成个性的有机组成部分。这一过程的实现，一方面要以各种具体语文教学目标的实现为前提，另一方面又要借助于特定的教育环境，通过个体的自我教育、自我发展、自我提升来实现。教育环境除了课堂学习，更重要的是心理氛围、情景诱导、教师的人格魅力及教学活动的潜在影响等隐性因素。因此，语文教育要重塑人格养成机制，必须标本兼治、内外双修，为个性的和谐发展创设良好的教育环境。

第三，重塑人格境界，由"功利人生"的定位提升到"审美人生"的设计。应试教育以其功利主义价值取向为主，忽视了语文教育的审美价值，把文学教育驱逐出语文课堂。语文教育要重塑人格境界，必须加强审美教育。因为只有审美教育，才能为个性的精神世界创造一个超越功利的自由发展空间，才能使个体认识到人生就是一件弥足珍贵的艺术品，从而唤醒他们热爱美、向往美、创造美的美好情感。因此，语文教育只有成为审美教育的过程，才可能充分释放汉语言文字及文学作品中的美感，把学生的精神引向纯净、高尚、理想之境。

（三）语文个性教育的实践走向

语文个性教育价值观的确立为语文个性教育实践指明了方向。语文教育在教学实践中应始终坚持以个性的和谐发展、人格的健康成长为指针。个性的发展、人格的形成是多方面、多层次、多方位的，其中创造性是核心因素。从某种意义上说，个性教育就是创新教育或创造性教育。我们知道，个性的独特性是个性得以确立的根本依据，个性教育就是要立足于客观存在的学生的个别差异性，通过因材施教，充分调动每一个学生的积极性、主动性、创造性，让每个人都体会到成功的快乐，体验到作为学习主体的自主感、成就感，从而释放每个人的学习热情和创造能量，培养出个性鲜明、朝气蓬勃、积极进取、勇于创新的社会主体。只有承认学生的个性差异和客观事物的多元性，才能真正地培养出学生的创造性。因此，个性教育必定是创新教育，而创新教育又是促进个性发展的关键因素。语文教育多功能复合价值观决定了语文创新教育内涵的丰富性、多元性。一方面，作为工具学科，语文教育对培养学生独特的个人语言表达能力、语言风格具有促进作用；另一方面，作为人文学科，语文教育对培养学生独特的人格精神、审美意趣、道德素养又具有重要意义。因此，语文个性教育的创造性就是要培养学生的良好语感、独特的语言风格、语文思维创造性以及积极向上的创造性人格。

1.语感教学与语言风格的养成

一个人的语言往往就是他的精神世界的表征，尤其是以文字为表达手段的书面语，更能较系统、全面、深刻地反映一个人的文化修养、价值取向、审美趣味以及精神追求。而语言风格又是标示一个人语言独特性的重要因素，它是一个人的符号化外貌。语言风格的形成有赖于个体语言的积累与语感生成，良好语感的获得是形成个人语言风格的根本前提。因此，语感教育是语文创新教育的重要内容。

2.语感的性质及语感教学

什么是语感？语感是一种修养，是在长期的规范语言应用和训练中养成的一种对语言文字（包括口头语言、书面语言）比较直接、迅速、灵敏的领会和感悟能力。它具有敏锐性、直觉性、完整性、联想性、体验性。语感虽然具有模糊性、会意性等非理性化的特点，但可以将它做科学地、辩证地分解，分项确定其训练目标。从广义的角度看，语感可以分为听感、说感、读感、写感。从语文理解的过程及方式的角度来看，一个人的语感能力大致可以分解为相互关联的两种判断力：一是对语言对象在语言知识方面的判断能力，包括语音感、语义感、语法感和语气感，这是直觉性语感；二是对语言对象在内容上真伪是非与形式上美丑的判断能力，它包括思想观念、情感意志、人格状态、审美鉴赏等，这是理解性语感。老一代语文学家把语感和语感教学看作是语文教学的本质和核心，是语文教学的最终目的。

3.语感训练的途径和方法

语感之"感"源于所感之"语"。它是对人的语言器官长期雕琢、不断积淀的结果。因此，要培养准确、敏捷的语感必须注重语言的积累，加强语感的实践训练。

第一，培养学生对字词的感受力。要做到有效的语言积累，多看多记。多看就是既看生活，又看书本。多记就是要在理解的基础上背诵一定数量的名篇佳作。

第二，强调诵读。

第三，凭借生活经验获取语感。

第四，依靠对语言行为意义的感知。语感实际上是经由言语、通过言语又超越言语去感受语言使用者的内心情感和思维。

语感分析训练是提高语言感受力、加强语言意象积累的重要手段。语感的分析侧重是在对文本整体感性理解与把握的基础上，针对某些具有文学解读意味的句子或词语进行深层次的理性分析。语感分析最大的难点是把握语言的蕴含信息、语言的自我表达。语言的自我表达能力是语文教学所要培养的重要技能，它集中地体现了个体的语言个性、创造性和独特风格。

语言表达能力的培养并不仅仅是一种简单的技能训练，它是同个性的思想发展、精神成长、人格追求紧密相关的。促进语言表达能力的发展，必须从促进个性精神和谐发展入手。自我表现是个性精神发展的一个重要方面，它对个体的语言表达能力的发展起决定性作用。激励学生勇于表现自我，敢于发表自己的见解，抒发自我的生活感情，这是提高个体语言表达能力的重要原则。

（四）语文思维创造性培养

语文能力的核心是思维能力，思维能力的最高层次是创造性思维。创造性思维是一种具有开创意义的高智能的思维活动。它既具有一般的思维基本性质，又具有自身的独创性、突破性和新颖性。

语文学科作为基础教育中的基础学科，对培养学生的创新意识和创造能力具有决定性的意义。这也是深化语文教育改革、实施语文素质教育、实现语文教育个性化的关键，培养学生创造性思维能力的途径和方法主要有：

1.立足个性差异，培养求异思维

由于每个学生先天遗传特质和后天所受的教育及经历不同，心理发展又不处于同一水平，思维能力便有较大的差异。所以，发展学生的创新能力，就必须承认学生的个性差异和客观事物的多元性。传统的语文教学往往忽视学生的个性差异，按照一种整齐划一的僵化模式对待个性迥异的学生。这不仅损害了学生的自主性和积极性，也抹杀了他们的创造欲望。因此，加强语文个性教育，就必须积极培养学生的求异思维，发展学生的个性，鼓励他们的创造性。

2.深挖教材内蕴，积极诱导启发

学生作为学习的主体，对同一篇文章的感受是不同的。"一千个读者心目中就有一千个哈姆雷特。"因此，教学切忌求同过多，应尽量引导学生用发散眼光，立体地、全方位地审视文章的立意、题材、结构和语言，尽可能地激发学生去感受体味、大胆想象，形成自己的独特见解。教师只有用全新的、多角度的眼光分析教材，才能开阔学生的视野，使他们运用与众不同的思维方式对问题进行分析、比较、抽象和概括。我们应鼓励学生去思考、去发现，从而在潜移默化中提高自己的鉴赏力、创造力。

3.激发求知兴趣，鼓励创新精神

创造性思维能力的培养，是以激发求知兴趣为前提的。《论语》中有

"不愤不启，不悱不发"的启发性教学原则。语文教学应坚持启发性原则，提问设疑，强烈刺激学生的学习情绪，活跃思维，使学生振奋起来，产生积极探求新知的欲望。激发学生的学习兴趣，关键在于精心设疑。问题是创新之源，疑问是探究思索的动因。在语文教学中，基础知识训练、阅读和写作等均可通过精心设疑来激发学生的学习兴趣和创新精神。

4. 丰富想象能力，捕捉直觉灵感

直觉思维是人脑对事物及其本质和规律做出迅速地识别、敏锐地观察、直接地理解和整体判断的思维过程，它是构成创造性思维活动的必要因素，培养创造性思维能力，就必须加强直觉思维能力的培养。

一要通过阅读教学，提高学生的想象能力。二要加强朗读和进行语感训练。汉语重视语言主体的心理因素，强调直观感受，这种直观感受正是直觉思维力强的表现。加强朗读，进行语感训练，正是凭借着阅读活动的经验直觉对语言做出敏锐感受，从而瞬时性地感知和领悟语言，是培养直觉、体味语言的重要途径之一。三要创设情境，触发创新灵感，，创设情境是触发创新灵感的有效手段。生活展示、实物演示、表演体会、音乐暗示等都是触发灵感的重要手段，在语文教学中应注意发挥这些因素的作用。

（五）创造性人格的养成

语文创新教育不仅仅是语文创新能力的培养问题，创新人才培养的最核心问题其实是自由精神的培植、创造性人格的养成。创造性与其说是一种能力，不如说是一种精神气质、人格倾向。自由精神是一个人创造力的灵魂，它体现在教育管理者、教师与学生三个层面。创新教育不仅要求学生做好知识、技能及思想上的准备，而且还要求教育管理者和教师具有开放的意识、民主的管理、勇于探索的精神，使创造性成为教育的一种自觉的价值追求。培养创造性的关键是教师要站在学术的前沿，切实了解社会发展及学生发展的需要，灵活多变地调整自己的教学计划与教学设计，以激发学生的创造力为旨归。教师要通过设置特定的问题情境，让学生感受到问题的现实挑战，诱发他们克服困难的内驱力、意志力和人格信念，从而使创新教育与人格的发展联系起来。

语文个性教育要通过语言载体，充分挖掘依附其中的人文精神、价值意蕴，去引导学生求真、求善、求美，培植其主体性，鼓励其自由创造精神，真正把创造性教育与个性的人格发展融合起来，使创造教育获得持久稳定的内驱力。

三、语文教学的生活归属

面对信息社会发展、知识经济时代挑战的教育使命，课程脱离生活世界、学生缺乏承担社会义务的态度和参与社会实践的能力的现实，国内外一系列课程改革呼吁：把教育回归生活世界、培养社会实践能力作为强调的重点之一。

终身教育的宗旨是"四种基本学习"（即"四个知识支柱"）：学会认知、学会做事、学会共同生活、学会生存。

传统教育过分倚重"学会认知"，然而教育的新概念应谋求"这四个'知识支柱'中的每一个应得到同等重视"，谋求这四者的整合。这四个支柱中，"学会做事""学会共同生活"和"学会生存"集中体现了教育、课程回归生活世界的发展取向。"学会做事"绝不只是熟练某些操作技能、学会某些重复不变的实践方法。

"学会做事"意味着要特别重视发展处理人际关系的能力，也就是说"人格魅力"在知识经济时代具有特别重要的意义。学会共同生活、学会与他人一起生活"，是信息社会对教育的又一挑战。因为日益发展的信息技术既便于人与人的交往，但也可能造成"地球村"里人的孤独和疏离。因此，教育应采取两种相互补充的方法，既要教学生逐步"发现他人"，懂得人类的多样性和差异性，又要通过从事一些社会公益活动而帮助学生寻找人类的共同基础。当人们"学会做事""学会共同生活"的时候,就能够在人类社会生活中"学会生存"。

教育在社会生活中的主体地位指出,"教育处于社会的核心位置"。这样的观点认为教育是与家庭生活、社区环境、职业界、个人生活、社会传媒融为一体的,但教育并非被动适应纷繁复杂的社会生活,而要对社会进行主体参与式回归,要通过培养每个人的判断能力而对社会进行批判与超越。由此看来,回归生活世界是课程变革的必要趋势,回归生活世界的课程在目标上意味着培养在生活世界中会生存的人,即会做事、会与他人共同生活的人。

这种人既具有健全发展的自主性,善于自知,又具有健全发展的社会性,善于发现他人。回归生活世界的课程在内容上意味着要突破狭隘的科学世界的束缚,除了科学以外,艺术、道德、个人世界、自由的日常交往都是重要的课程资源。这些资源在教育价值上丝毫不亚于科学,而且只有当科学与这些资源整合起来的时候它才能在走向"完善的人"的心路历程上发挥作用。要秉持一种"课程生态学"的视野,寻求学校课程、家庭课程、社区课程之间的内在整合。

(一)语文教学必须贴近生活

语文是最重要的交际工具。语文是工具性极强的基础学科。它既是人们交际的工具、学习的工具、生活的工具,还是人类文化的重要组成部分、文明程度的标志、历史文化的结晶。在当代信息社会,语文能力更是一个人获取、加工、输出信息,进行思维创新的重要工具。语文教学必须贴近生活,这是由社会生活所具有的独特的语文教育作用所决定的。

首先,丰富多彩的社会生活是语文课文的源头。语文课在学生面前打开了现实生活的一扇街口,通过它的选择和过滤,学生们可以自由地观察这个千变万化的世界,洞察生活的秘密,领悟人生的真谛。所以,生活是语文的来源,是学生学习的内容,语文教育不应忽视学生的自主发展对社会生活的内在需求。

其次，现实生活为学生的语言交际活动提供了直接经验的情境和基本的发展动力。学生最初的语言能力是从现实生活中习得的。语言能力在某种程度上可以说就是一种基本的生活能力。现实生活为学生言语交往设置了特定的对话情境，激发了交流的欲望，使学生的言语交流能够获得一种持续的稳定的内驱力。在生活中学生所进行的这种语言上的交流深刻地反映了个体语言学习的内在规律：语言学习需要特定的情境来提供背景信息的支持以创造交流的可能性；同时，语言交流又必须是有所指的、定向的，交流的动力来自某种生活情境而产生的思想和思维上的碰撞或冲突。正是现实生活中所存在的各种矛盾、冲突和问题，才引发了学生语言交流的动机，促进了其思想的发展以及语言水平的提高。所以，语文教学要重视生活情境在教学过程中的暗示、激励作用，为语言能力的发展铺设一个坚实的生活基础。

再次，语文的工具性决定了语文教学的生活化方向。语言作为理解的工具，不仅为个体与个体之间的思想情感交流创造了可能、提供了手段，而且在个体与历史、个体与传统之间架起了一座沟通的桥梁，个体通过它把历史与文化灌注进自己的精神生活和生命意识之中。历史和传统之所以能够进入到当代并影响到个人生活，就是由于语言的作用。

语文教育既要满足个体生活的工具性需要，又要关注个体精神生活的发展。在生活中沟通历史传统与现实，探索理想的人生价值，构建生命的终极意义。所以，语文教育必须贴近生活，关注生活。

（二）语文教学必须植根生活

学生语言学习的规律表现在三个方面，一是语言的发展与思维的发展紧密相连、相辅相成，而思维的发展起源于动作与活动，是一种经验的建构过程；二是语言的习得必须借助于特定的生活情境，语言能力不是一种抽象的形式，它必须包含实质性的生活经验与价值体验；三是语言的学习是实践性的，它的途径不应局限于课堂教学，应面向生活实际，因为生活的变化对语言学习具有实质性的影响。这三个基本规律，体现了语文教学与生活之间的密切联系。

认知心理学的研究成果已经证明，学生的语言与思维的发展同学生自身的动作与活动具有实质性的联系。从发展过程来看，人的思维的发展要经历动作思维、形象思维与抽象思维几个阶段。个体在与环境相互作用的过程中，思维能力不断地由低级阶段向高级阶段发展。在学生思维发展的早期阶段，学生自身的动作是沟通环境与主体之间意义联系的桥梁。学生通过自身动作，在动作中进行思维，借助于动作表达思维的成果。在成人的语言的引导口，学生逐步把语音刺激与动作建立起稳定的联系，从而使思维获得了最初的语言表现形式。随着学生动作的复杂化以及活动范围的日益扩大，学生的形象思维开始发生，并不断地向前发展，形成抽象思维能力。学生的语言能力也相应地从感性水平发展到理性水平。在这一过程中，学生不断地修正所习得的概念，从而使语言能力不断地发展变化，逐步形成了一定的语感。教师要使学生所习得的语言获得实质性意义，具有经验上的价值，就必须加强语言学习与生活经验的联系，在生活的经验中使语言及概念获得稳定、准确、真实的意义，从而使个体的思维水平不断地由动作思维、形象思维向理性思维转化，不断地由即时性、联想性向推理性过渡。也就是说，生活经验在思想与语言之间架起了一座沟通的桥梁。因此，语言学习在本质上与生活相连，只有通过生活，并在生活中学习语言，才可能真正培养学生的听说读写能力，使其获得真正的发展。

语言学习必须借助一定的生活情境，才能形成积极有效的思想沟通。语言学习之所以需要一定的情境，是因为情境能创造语言交流的可能性，还可以提供语言交流所必需的背景信息。此外，它又构成了语言交流的动力基础。学生掌握语言的过程其实是一种心理图式不断建构的过程，这种建构需要特定的生活情境提供发生的契机。在特定情境的诱发和激励下，个体才可能形成一定的问题意识和思维定向，促进思维的发生和发展。思维的过程其实就是概念的运算过程，因为生活情境的变动，个体的思维活动就会处于不断地适应与调整状态。思维的适应与调整的过程，就是内部言语不断地生成、转化、运作、发展的过程。

从生活的发展变化对于语言学习的影响来看，语文教学必须联系现实生活，使学生的语言发展获得源头，变得生气勃勃。语言系统相对于社会生活，是一个相对静止的封闭的系统。社会生活不断发展，尤其是现代信息社会瞬息万变，必然对语言系统产生重要的影响，促使其做出相应的反应、调整和变化。除了语言学习自身的规律要求语文教学要生活化外，在语文教学中学生对各种文化知识的掌握、对价值观念的习得、对精神世界的探究等方面都要求学生具有深厚的生活经验作为基础。因为生活的切实经验不仅为学生提供了各种学习的初步的感性知识基础，而且还使学生孕育了学习的直接兴趣与心理动力，培植了学生基本的生活态度与价值观念。因此，生活化是语文教育走向深入的必然选择。

（三）语文教学必须聚焦生活

语文学科课程向生活化发展的方向，应该由原来重视语文知识的教学转向对语文能力的培养，特别是对生活实践中运用语言能力的培养，这是编写语文教科书应掌握的重要原则。语文教材通过广泛取材，兼收并蓄，沙中淘金，成为社会生活的聚焦、人生智慧的结晶。在编写语文学科教材时，应充分拓展语文教材的生活价值、发展价值，处理好以下几个关系：

1. 处理好语文知识序列、个体心理发展序列和个体生活序列的关系

理想的语文教材应该是语文知识序列、个体心理发展序列与个体生活序列的有机统一。三者之间应是相互渗透、相互促进、相辅相成的关系。也就是说，语文教材的编写既要考虑到语文知识的系统性、逻辑性和完整性，又要考虑学生心理发展的阶段性、递进性、反复性，还要考虑学生实际生活的需要与社会生活的需要。

语文教育的根本任务就是要提高学生的语文能力，而学生语文能力的提高是同认知能力，尤其是思维能力的发展紧密相连的。而个体思维能力的发展又具有普遍的序列性和规律性，即要经历动作思维、形象思维与抽象思维的过程。因此，学生语文能力的提高也必然具有一个基本的序列，这个序列理应成为我们设置语文知识与技能阶段性目标的依据，成为不同学段语文教材选文的标准。另外，学生的实际生活经验对语文的学习具有重要影响，不同年龄阶段的学生具有不同的亚文化特征，往往形成不同的生活经验序列。

我们应以学生的心理发展序列为基础，以学生的实际生活序列为指导，以语文知识的可接受性为标准，以语文能力的发展为目标，设计生活化的语文教材。

2. 要处理好阅读、写作与生活的关系

阅读和写作并不是一一对应的线性因果关系，而是由量变到质变的过程。阅读是学生感知、吸收、消化并理解语言材料的过程，它是写作的必要准备。因此要提高学生的写作能力，就必须扩大学生的阅读量，开阔学生的视野，使学生积累大量的语言材料，获得丰富的语感刺激，形成一定的思维能力。写作不仅需要学生的阅读能力，它还需要以个体的生活感悟作为触媒或催化剂。否则，语言就失去了生命力与创造性，写作就会陷入痛苦的技术制作之中。学生只有通过对生活的独到的观察、切身的体悟、深刻的反思，才可能激活头脑中已有的知识经验、事物形象和语言材料，才可能文思泉涌、下笔千言、一气呵成。因此，语文教材一方面要扩大信息量，加大阅读的力度；另一方面又要设计一些引导学生观察社会、体验生活、思考人生的课堂语文活动，以激发学生写作的欲望，创造学生写作的契机。

3. 要处理好语文知识学习与语文能力提高的关系

语文课程生活化，意味着要在语文知识与语文能力之间架构生活化的桥梁，使语文知识的学习为语文生活能力的提高服务。学生语文能力的提高并不是单纯地由语文知识转化而来的，它还要借助于个体的生活经验、语言交际的经验以及模仿他人语言的学习经验等多方面的因素的支持和作用。因此，语文课程生活化要在坚持语文知识基础地位的同时，加强对语文能力的训练，突出语文生活经验对语文能力提高的重要作用。

4. 要处理好文言文和白话文的关系

语文课程的生活化，要以白话为主体，但这并不意味着否定文言文的生活经验价值。文言文作为古典文化的载体，它是历史生活生动、逼真的写照，具有极其丰富的生活教育价值。因此，语文课程生活化不但不应排斥文言文教学，而且还要在适当的范围内加强它。

文言文内容的选取要充分尊重历史的真实性与现实性，不可以政治功利主义的眼光武断地、不负责任地对经典文献进行肆意地歪曲、附会与篡改，使文言典籍中的传统精神遭到肢解和割裂。文言文的教学要采取渗透原则。文言与白话之间存在着千丝万缕的内在联系，白话中含有不少有生命力的文言。因此，在白话文中渗透文言文教学，不仅是可能的，而且是可行的。文言文教学要从现行的以语言文字的学习为中心的课程目标转化为以古典文化的学习为中心的课程目标，处理好语言与文化之间具有的既有机统一又分主次本末的关系。对于学生来讲文言文主要是认读经典的工具，对文言表达能力不做要求。因此，切不可以枯燥的古典语言文字学的要求和标准设计语文课程，以免误导学生对文言文的学习。

我们所追求的是使学生通过文言文的学习，获得基本的文言阅读能力和对传统文化经典作品基本思想的掌握，并在学习过程中获得传统文化的陶冶、熏陶和精神的教育，而不是培养专门的古汉语文字学家。

第二章　语文教学的过程、原则与设计理论

　　语文是最重要的交际工具，个人生活发展、工作学习和休闲中用到最多的就是语文。因此，在中学教学中，语文教学是一项十分重要的内容。在本章中，将对语文教学的过程、原则及方法的相关内容进行简要阐述。

第一节　语文教学的过程分析

　　语文教学的过程是指学生在教师的组织和指导下，有目的、有计划地学习课文及语文基础知识，进行听说读写训练，从而使学生获得语文知识、形成语文能力的过程。

一、语文教学过程的特点

语文教学的过程具有显著的特点，概括来说主要包括以下几方面：

（一）整体性和局部性的统一

语文教学过程的这一特点在阅读教学中表现得尤为明显。在阅读教学中，理解一篇文章的合理顺序应该是"整体—局部—整体"。因为只有从整体上把握了文章作者的感情、思想以及文章的内容、形式特点，对局部的

理解才能做到融会贯通。

（二）稳定性和变动性的统一

语文教学的过程就是使学生朝着一定的目标一步一步地"循序渐进"的过程。这个"序"就是规律，这个规律使得语文教学的过程具有了稳定性的特点。但如果把教学过程理解成一个固定不变的过程那就是大错特错了。在语文教学的过程中，由于教学方法、学生的知识积累以及思想状态等的不同，语文教师要对语文教学过程进行不断的研究和探索，这就使得教学过程具有了一定的变动性特点。由此可以说，语文教学的过程具有稳定性和变动性统一的特点。

二、单篇课文的一般教学过程

语文教学就是以一篇文章为范例，教会学生阅读同一类文章。单篇课文的一般教学过程如下：

（一）预习阶段

凡事预则立，所以教师在上课之前一定要做好备课工作，而学生也要预习教材的内容，做好准备，只有这样才能取得良好的教学效果。

1.预习的作用

具体来说，预习的作用主要包括以下几方面：

第一，对教师来说，可以提前发现学生在学习新课文时的疑难点，加强下一阶段教学的针对性。

第二，促使学生养成主动学习的良好习惯，培养自学能力。

第三，使学生初步感知教材，掌握大意，整理出疑难点，加强听课的针对性。

2.预习的类型

根据不同预习方式，可以将预习分为不同的类型。

不定向预习：要求学生对课文做初步地、全面地理解，从字、词、句到课文内容、形式的掌握都有所要求。

课外预习：有利于学生独立思考能力的充分发挥。

质疑式预习：要求学生在预习课文时提出一些有深度的问题，以促使学生在读课文时，学会透过文章的字面意义，理解文章的深层含义。

单元预习：单篇预习的基础上，将单元内的几篇课文做比较，同类文章可找出规律，不同文章可辨别各自的区别。

3. 预习指导

（1）预习指导的程序。一般来说，预习的程序如图 2-1 所示。

图 2-1　预习的程序

（2）指导学生使用工具书。指导学生使用工具书应做到以下几方面：

第一，向学生介绍、推荐常用的字（词）典。

第二，教会学生查阅常用词典的方法。

第三，要求学生养成借助工具书独立阅读文章的良好习惯。

（3）教师适时给学生补充相关知识。在预习课文时，经常会涉及一些相关知识，教师应该鼓励学生自己动手查阅相关知识，必要的时候教师可以为学生进行讲解，以便学生能够顺利阅读。

（4）指导学生相互质疑问难。在预习时，学生之间的质疑问难，既可以达到互相帮助、交流、共同提高的目的，又能够养成主动学习的习惯。

（二）教读阶段

教读阶段是指教师指导学生在预习的基础上全面深入地理解课文，解决在预习中不能独立解决的疑难问题，传授读书方法、培养阅读能力的阶段。教读阶段一般有下列八个环节：

1. 指导理解文章标题

2. 介绍作家和时代背景等相关知识

3. 文字教学

4. 词汇教学

5. 句子教学

6. 段落教学

7. 求旨教学

8. 篇章教学

（三）复习、巩固阶段

这一阶段要复习、巩固前两个阶段所学习的知识，并将知识转化为能力。通常来说，复习、巩固主要有以下几个环节：

1. 熟读课文、增强记忆

2. 整理归纳、掌握规律

3. 指导运用、形成技能

第二节　语文教学的基本原则

语文教学原则是依据语文教学规律制定的规范语文教师教学工作的行为准则，也是学生学习语文的行为准则。概括来说，语文教学应遵循以下几条基本原则：

一、素质教育与人文素养培养相融合的原则

素质教育与人文素养培养相融合的原则是语文教学应遵循的重要原则。具体来说，要贯彻这一原则应做到以下几方面。

（一）在教学中渗透人文教育，调动学生的积极性和创造精神

要想在语文教学中渗透人文教育必须要做到以下几点：

1. 尊重学生的个性

每个学生都有不同于他人的自我意识，而不同于他人的意识，便成了个性。在语文教学中，教师不但要关注学生的自我意识，更要尊重他的个性，鼓励学生发展个人意识，强调个人的选择自由以及对自己的选择应该承担的责任，帮助学生养成一种学会对自己负责的生活态度。

2. 关注学生的心灵

在语文教学中，教师一定要多关注学生的心灵，具体应做到以下几点：

第一，要处理好师生之间的关系。

第二，要有意识地引导学生学会关注心灵。

（二）对学生进行严格的听说读写训练

学生听说读写能力的高下是语文教学质量优劣的反映，也是素质教育成功与失败的一个重要评价标准。因此，语文教师要在全面提高学生素质的思想指导下，对学生进行严格的听说读写训练。

二、课内语文学习与课外语文学习互相促进的原则

要贯彻课内语文学习与课外语文学习互相促进的原则必须做到以下几方面：

（一）树立"大语文"教学观，扩大语文教学视野

语文是母语教育课程，因此应该是开放而富有创新活力的，应尽可能满足不同地区、不同学校、不同学生的需求，并能够根据社会的需要不断自我调节、更新发展。因此，语文教师一定要树立"大语文"教学观，扩大语文教学的视野，灵活运用多种教学策略，积极开发课程资源，引导学生在实践中学会学习。

（二）鼓励学生深入社会实践

完整的知识应该由书本知识加实践知识组成，完整的能力应该由认识能力加实践能力构成，没有实践能力，认识能力就失去了实际意义。因此，语文教师要鼓励学生深入社会实践，在实践中学习语文、使用语文。

（三）给学生创设语文课外活动的条件和环境

语文教师要积极给学生创设语文课外活动的条件和环境。

第一，请求学校为语文教学配置相应的设备。

第二，与社区建立稳定的联系，争取社会、家长等各方面的支持，开展多种形式的语文学习活动。

三、听说读写综合训练的原则

在语文教学中要贯彻这一原则应做到以下几方面：

（一）培养学生养成良好的听说读写习惯

语文教学课堂是通过师生双方的听说读写综合运用来实现教学目的的。教师要着力培育学生综合运用四种能力的习惯，学生读书时，教师应要求他们勤查工具书，学会圈点批注，上课勤做笔记，课后写读书笔记。平时听到别人说的有用的知识，或从书上、报刊上看到有价值的资料，及时摘录并分类整理，不断积累，学识就会不断丰富。

（二）结合课文内容，以点带面，综合训练

在语文教学中，教师要注意结合课文内容，以点带面，既突出重点，又兼顾综合训练，使学生的听说读写能力真正得到协调发展。另外，语文教师要有意识地把听说读写综合在一起进行训练，为学生提供更多的练习机会。如上课时记笔记、写作文前先"说文"等。

（三）营造全面训练的大环境

由于课内时间有限，相对完整的听说读写往往安排在课外进行，比如阅读文章后写心得体会、编写"手抄报"等活动在课内是难以完成的。所以，进行听说读写的综合训练需要课外的配合。教师要重视课外活动的指导，要根据学生的思想、能力、兴趣等不同情况将听说读写的综合训练延伸到课外，以便切实提高学生的综合能力。

第三节　语文教学设计的理论基础

语文教学设计是以教育哲学、普通教育学、课程论与教学论等作为理论基础，分析语文教学实际问题和客观需要，制定语文教学规划。对于语文教学设计，要充分发挥师生双方在教学中的主动性和创造性；努力体现语文课程的实践性和综合性；重视情感态度和价值观的正确导向；正确处理基本素养与创新能力的关系；遵循学生身心发展的规律和语文学习规律选择教学策略。新课程理念下的语文教学是以培养学生的综合语文素养为着眼点。教学设计应先考虑教学任务、教学背景、教学对象，分析三方面的关系，整体设计构思教学思路，阐明设计理念，这样才能做到教学设计具有科学性、可操作性。语文教学设计理念是在当代有重要影响的课程观、学习观、知识观的基础上提炼而成的。了解构成语文教学设计理念基础的课程观、学习观、知识观，有助于理解和认同上述语文教学设计理念。

一、课程观与语文学科教学设计

语文学科教学设计是课程设计的微观层次，是语文教师对宏观、中观层次的课程的理解、把握，体现的是语文教师的课程观。在信息化、学习化社会，语文教学设计要适应社会发展和学生发展的需要，语文教师的课程观就要有相应的改变。

（一）关于大课程观

持"大课程论"观点的学者一般认为课程是一个广泛的概念，是学校教育中一个大系统，教学则是一个特殊的现象和子系统，课程作为一种教育进程包含了教学。大课程论把课程的本质看成既是一种"教育计划"，又是一种"预期教育结果"，同时也是一种学生获得的"教育经验"，等等。进而，把课程看成是"一段教育进程"。课程不仅仅是存在于"观念状态"的可以分割开的"计划""预期结果"或"经验"，课程根本上是生成于"实践状态"的无法分解的、整体的"教育活动"。既然是"教育活动"，就必然现实地而不是抽象地包含着和关涉着教育的各个方面、各个要素和各种成分。课程实质上就是实践形态的教育，课程研究就是实践形态的教育研究，课程改革就是全面的实践形态的教育改革。

在物化构成上，大课程论超越了课程就是教材的观念，扩大为课程材料包括课程原理、课程计划、课程标准、课本、教学指南、教师指导、补充材料、课程包（多媒体课件）等。其中，教师活动实际上贯穿了整个课程研制过程。在课程实施和评价阶段，教师都是参加者。即使在课程规划阶段，教师也是直接或间接的参加者。每位教师的备课，实质就是在学校情景中班级层次上的课程规划。

（二）大课程观指导下的语文学科教学设计

大课程观的基本观点对语文学科教学设计的指导意义表现在以下几个

方面：

1.重视语文学科教学过程的系统设计

语文学科教学过程，按历时态课程要素可以划分为：语文学科教学规划、语文学科教学实施、语文学科教学评价。按共时态要素可以划分为教师、学生、教材、教学环境等要素。在历时态课程要素中，语文教师的学科教学设计要延伸到语文学科教学规划阶段，参与语文课程标准的制定、语文教材的编写、教学参考资料的编写。语文学科教学设计还要下行到语文学科教学评价。在共时态课程要素中，教师、学生、教材、环境等要素各有其系统功能，并且它们相互作用，构成不同的系统运行方式。

2.重视课内语文学习与课外语文学习的结合

课内语文学习，主要是指学校课堂的语文学习。课外的语文学习包括家庭的语文学习、社会的语文学习。课内语文学习要与课外语文学习相结合，教师在进行语文学科教学设计的过程中，要充分考虑到学生原有的语文学习知识和经验，联系学生生活环境，进行必要的拓展延伸。此外，语文教师要指导学生进行课外的语文学习，培养学生在家庭、社会生活中学习语文、运用语文的习惯和能力。

3.教师用教材教

在大课程观的视野中，显性课程与隐性课程同样重要，在课程系统中都能发挥各自独特的功能。那么，在语文学科教学中，这一理念告诉我们不但要重视语文教学物化的载体——教材，也要关注语文教学非物化的载体，如教师和学生的知识和经验。在使用教材、落实语文课程标准的教学目标的时候，也要考虑到当地学生的实际情况，根据学生的实际需要和原有的认知水平和能力，选择适合其能力发展水平的课程内容。

4.语文校本课程建设

校本课程就是以学校为本的课程。我国的校本课程是在学校本土生成的，既能体现各校的办学宗旨、学生的特别需要和本校的资源优势，又与国家课程、地方课程紧密结合的一种具有多样性和可选择性的课程。实施校本课程建设的最主要目的是让所有的学校、教师、学生、家长等都"动起来"。校本课程建设把学校推到了课程改革的前沿，学校成了课程建设的主体。在校本课程建设的过程中，教师亲自参与课程编制的整个过程。国家提供的课程标准，成为他们主动学习研究的指导性纲要，国家提供的配套教材成了他们自主选择的对象，不再是提供给教师的课程集装箱。校本课程建设让学校的教师、学生、家长、校长、校外课程专家和学科专家以及社区成员等各方面的人员彼此沟通起来。高度集中的课程编制使得所有学校、所有的教师、所有级别的教育行政人员各自分别地对中央负责，他们彼此之间缺乏沟通和理解，校本课程建设使不同职责的人士为了一个共同的目的走到一起，他们不仅更容易了解对方，而且更渴望了解对方。在语文校本课程建设过程中，把语文校本课程单列出来，设置为学科课程来教学是不现实的。由于各级考试的内容仍然是以国家课程为主，学校就不可能不重视国家课程的教学。把语文校本课程的建设放在国家课程、地方课程研制运行的框架里面，做一些适应地方经济、文化发展需要的处理和加工，让语文课程的学习与学生的生活经验更完美地结合在一起。

5.教师参与语文课程的研制

教师作为语文课程实施的主体，实行国家的课程规划，这是天经地义的，但是教师参与语文课程研制和课程评价是语文教学改革的新思路。让语文教师参与语文课程研制的目的就是让他们具有课程的视野，从课程建设的角度去考虑语文课程实施的具体方案和策略，更容易接受课程改革的新理念。

二、学习观与语文学科教学设计

不同的心理学流派，有不同的学习理论。对语文学科教学设计影响最大的学习观分别是行为主义学习观、人本主义学习观、认知学习观、建构主义学习观。

（一）行为主义学习观与语文学科教学设计

行为主义学习观认为，心理学研究应局限于有机体可观察的外在行为，反对研究内在的意识或心理过程。行为主义心理学把心理学看成自然科学，强调客观实验研究。心理学的任务应该是客观地描述行为与外部条件之间的关系。行为是外部变量，行为的外部条件是函数。

行为主义学习观对语文学科教学设计的影响是客观存在的。这些影响有正面的，也有负面的。其正面影响在语文课程标准中仍然存在，如强调语文教学目标的可操作性。

（1）在确定语文学科教学目标的时候，强调目标的可操作性，也就是着眼于学生的学习结果，将其表述为可观察的行为目标。在语文学科目标的陈述上，主张用可观察、可测量的行为动词表述学科教学目标。

（2）在语文学科教学内容的组织上，提倡根据程序教学原理编制教材。

（3）在语文学科教学活动设计中强调模仿和强化的运用。有机体任何一项联结的获得都是刺激和反应反复作用的结果，重复练习对联结的形成十分必要。对于书写和朗诵的技能，重复练习是必要的。语文基本技能的学习单调乏味，必须激发个体的学习动机，强化就是一种激发学习动机的手段。因此，语文学科学习活动的设计应该始终伴随着强化。

（4）在语文学科教学评价中主张测验外显行为和进行客观测验。语文学习应该测量学生言语行为的变化状况。

（二）人本主义学习观与语文学科教学设计

产生于20世纪50年代末60年代初的人本主义心理学，并无严密的理论体系。这个流派是由许多持相近观点的心理学家和学派联合发起的一种学术思想运动。在语文学习上，他们的基本观点如下：第一，注重分析和研究人性。第二，重视研究个体的心理特点。人本主义学习观认为，个体的行为基本上是由他对自己和周围环境所获得的知觉决定的；个人对自己和外界环境的知觉，有纯属主观的判断和自主的判断，这种判断主要受到个人信念的影响。不同的人有不同的信念，因而，不同的人有不同的行为。第三，心理学研究方法要与研究对象相适应，强调研究人类行为，必须深入个体的内心世界，注意了解其内在的心理历程，分析其主观体验。

以人本主义学习观指导语文学科教学设计，就要关注学生个体的发展，基于学生的学情进行语文学科教学设计。主要包括：

（1）语文学科教学设计的根本目标是使每一个学生能够挖掘自身潜能，个性得到充分的发展，满足自我实现的人生需要。

（2）语文学科教学设计要选择对学生具有个人意义的材料。

（3）语文学科教学设计要以学生为中心，突出学生的主体地位。

（4）在语文学科教学评价中实施"情境性测量"和自我评价。

（三）认知学习观与语文学科教学设计

认知学习观认为，人们进行信息加工的过程是识别和确定刺激符号的特征、功能和意义的过程。这个过程的实现既依赖于来自环境的外部信息，又依赖于来自储存在长时记忆中的信息。而且，只有在外部信息与已有知识形成一定联系时，才能产生意义。所以，已有的知识将决定信息加工的过程和结果。认知学习观还指出，学生的学习过程就是运用已有知识加工由外部环境输入的新信息的过程。

认知学习观对语文学科设计产生了深刻的影响，具体表现在以下三个方面：

（1）语文学科教学设计要遵循学生的认知特点和发展规律，要有助于学生通过知识的学习获得合理的认知结构。语文学科教学目标的设置，应该着眼于学生知识的获得。

（2）语文学科教学设计要按照学生加工语言文字信息的规律和认知活动的特点展开教学活动。

（3）语文学科教学设计要注重评估个体的认知结构和这种认知结构的功能与外在表现。

在评价标准上，认知学习观不强调答案的唯一性或标准性，而是更侧重于学生完成这些任务（解决问题）的过程中运用已有知识进行建构和推理的过程，允许学生在进行认知加工时有自己的独特偏好和方式。

（四）建构主义学习观与语文学科教学设计

建构主义认为认识并非主体对客观存在的、简单的、被动的反应，而是一个主动的、不断深化的建构过程。个人的经验世界是用我们自己的大脑创造的，不存在唯一的、真实的存在。学习过程就是知识的建构过程。在知识建构过程中，学习者已有的知识经验有着非常重要的作用，每一个学习者都以不同的方式想象外部世界。建构主义学习观鼓励学生积极面对复杂的学习环境或问题情境。

建构主义学习观对语文学科教学设计的影响是全面而深刻的：

（1）语文教学目标应该是教师和学生协商制定的。学生参与到目标设计的整个过程中，学生和教师共同协商、相互配合来完成目标的设计工作。

（2）语文教学任务和教学内容应该是开放而灵活的，并将随着学生学习进程的变化而有所变化。

（3）语文教学方法的设计应该根据具体的学习情境采取相应的、灵活的教学策略。

三、知识观与语文学科教学设计

（一）知识观的演变

知识观就是回答知识与认识者的关系问题，知识与认识对象的关系问题，知识陈述本身的问题，知识与社会的关系问题。围绕这四个关系的回答，历史上形成了四种不同的知识观：理性主义知识观、经验主义知识观、实用主义或工具主义知识观、生命知识观。

理性主义知识观认为，知识是理性认识的结果，知识与真理是同等的。知识是"理性的作品"。只有由思想获得的知识才是清晰可靠的，是人类独有的，强调知识构成中的逻辑成分及知识形成中的理性作用。

经验主义知识观认为，人类所有的知识都来源于感觉经验。

实用主义知识观产生于 19 世纪末 20 世纪初，以美国心理学家詹姆斯和杜威为代表。他们将知识看成行动的"工具"，因此又称为工具主义知识观。

生命知识观认为，知识是生命创造的，反过来知识也应当创造生命。柏格森认为，生命与知识的关系其关键在于人的生命支配知识还是人的生命被知识支配。在生命理论家看来，生命知识是人生的内在自我经验。

（二）各种知识观指导下的语文学科教学设计

以上理性主义知识观、经验主义知识观、实用主义或工具主义知识观和生命知识观对语文学科教学设计都有不同程度的影响。

1.理性主义知识观指导下的语文学科教学设计

理性主义知识观重视知识的逻辑和理性。这种观点对语文学科教学设计的规范性、逻辑性、科学性、规律性有重要的指导作用。

（1）理性主义知识观指导下的语文学科教学设计要规范化。理性主义知识观要求人们充分运用理性，使认识更加清晰明确，减少经验中模糊不清的成分。在语文学科教学设计中，我们也在做这样的努力，尽量使语文学科教学设计规范化，符合人们理性认识的习惯，能够在规范化的框架中明晰地表达语文学科教学设计的意图。这种明晰表达在语文学科教学设计的任何一个阶段都是重要的。

（2）语文学科教学设计要有逻辑性。理性主义知识观对逻辑的重视是显而易见的。他们希望通过逻辑构建一个可以推理的、可以解释的世界。尽管语文学科具有人文性，在文学审美的过程中强调情感体验，但要解释这种情感，分析这种情感的社会意义却也离不开理性，因此也不能完全用个性体验去反对逻辑分析和推理。语文学科教学设计内在要求有清晰的逻辑线索，才能称为教学设计。

（3）语文学科教学设计要有科学性。语文学科教学设计的科学性是理性主义知识观的反映，这是由语文学科教学设计的目标决定的。语文学科教学的最终目的是提高学生的语文素养，造就能够适应现代社会发展的公民。这是一个理性的目标，要实现这样一个理性目标，语文学科教学设计就应该讲究科学性，避免主观臆断。语文学科教学设计更要讲究过程的科学性，尽量使每一步都是可以操作、证实、验证的，形成一种符合语文学科教学规律的教学模式。

（4）语文学科教学设计要总结语文教学的规律，反映语文学科教学的本质特征。理性主义知识观注重事物的共性，语文学科教学设计要总结语文教学的规律，也就是语文学科教学的共性，按照语文学科教学的共性进行设计。

2.经验主义知识观指导下的语文学科教学设计

经验主义知识观强调的是经验，因为知识来源于经验。这个思想对语文学科教学设计的影响是，发挥语文学科教学设计主体的主观能动性。利用经验进行语文学科教学设计。首先，语文学科教学设计者要把所有的语文学科知识当成经验，都具有知识来源的价值和功能。其次，语文学科教学设计者是多元的，不仅是语文教师，还应该包括语文学习的主体——学生。最后，语文学科教学设计重视学生各种经验的积累，而不仅仅是书本知识的堆积。

3.实用主义知识观指导下的语文学科教学设计

实用主义的知识观的要义是把知识当成是工具，而且是有用的工具，否则它就不是知识。在这种知识观的指导下，语文学科教学设计应该重视语文学科教学设计的应用价值。

4，生命知识观指导下的语文学科教学设计

生命知识观主要强调知识中的自我经验的价值。因此，对语文学科教学活动中的主体以及主体的主观感受都给予重视。语文学科教学设计在生命知识观的指导下，就要重视发挥教师和学生的主观能动性，把语文教学过程理解为主体之间对话的过程，重视每一个参与者的体验和感受。

第四节　语文教学设计有效性的影响因素

有效的教学是指教师在遵循教学活动的客观规律下，以尽可能少的时间、精力和物力投入，取得尽可能多的教学效果，为了满足社会和个人的教育价值需求而组织实施的活动。教学的有效性是教学的生命，有效教学的核心就在于"效益"。教学效益产生的主体——教师和学生，在教学中是至关重要的。除此之外，教学的媒介教材也是影响教学有效性的关键性因素。

一、课堂的主体——学生因素

教师的任何设计，都因有了学生才能变为真正的教学实践。在整个语文教学活动中，学生应该是一个积极主动的参与者，而不是一个被动的服从者。故而在进行教学设计时，学生这个因素要被充分地考虑进去。

要想教育学生，必须了解学生。教师必须始终有一个观念，教是为学服务的。这就要求教师换位思考，在教学设计的时候首先要想到的就是学情。所谓"学情"，就是学生学习的相关情况。成功的教学设计，必须建立在对每个学生情况的了解之上。

语文教育最终的指向是人的发展。语文教育关心的不应该仅仅是分数，更应该关心学生的个体生命成长。无论是语文知识的习得，还是文化底蕴的积淀，乃至于最后人文素养的提升，从学生一生的发展来讲，这些东西比分数更重要。语文课程的设计，一定要有立足学生发展的长远眼光。

要关注层次、关注个体的差异。班级教学要有层次，对于语文能力强的学生，要着眼于对他们语文素养的拔高和境界的提升，帮助他们进行更多的课外拓展，指导其大量阅读；对于中等的学生，要打牢他们的基础，促使他们向着更高水平迈进；对于语文基础差的学生，则要进行积极的基础训练指导。此外，还要根据他们的性格进行指导。

二、课堂的主导——教师因素

主体性教学重视发挥学生的主体作用，但绝不能贬低和排斥教师的主导作用，课堂的主导永远是教师。这个"主导"指的不是教师独断专行，搞"一言堂"，而是要强调教师在教学中循循善诱的引导者身份。学生是学习的主体，但同时也是发展中的主体。在教学中，教师掌握的理论知识、技术技能、教法手段，对课程标准和教材的理解和掌握，都要优于学生，在教学过程中起着主持和主导作用。今天倡导的教学，既不是以教师为中心的被动接受式，也不是以学生为中心的完全发现式，而是在教师指导下的主动探究式。

三、课堂的依托——教材因素

对于语文教学而言，文本的作者是不会"死"的，文本也不可能被任意阐释、随便发挥。在基础教育的语文教学中，我们提倡，既要尊重文本，又要尊重作者。

（1）熟悉文本，热爱文本。熟悉文本主要指的是，教师要对自己所讲解的内容了然于胸。在熟悉的基础之上，教师还要热爱文本，教师的情感对学生是一种带动和感染。那些人尽皆知、感人至深的文章，教师一看就激动不已，一读就朗朗上口，这样的课相对好讲，学生也爱学。但也并非所有的课文都是这样，不同的课文承载着不同的使命。教师如何唤醒自己对那些看似枯燥无味的文章的热爱，并以这种热爱去打动学生，这才是教师最应该去做的。

（2）多角度深层解读文本。阅读是一种读者与文本（潜在的作者）之间的对话活动，读者是阅读的核心，是解释文本的权威。面对文本，我们应该以不同的视角尝试着去了解、去接纳、去审视，力争做到多角度交流，全方位把握。

（3）对文本的整合与拓展。教师要明确教材的作用，教材的作用主要有三点：积累、示例和引发。"积累"是指学生语言知识、文学常识、文化常识的不断沉淀；"示例"是在语言表达、艺术手法、创作特色、精神内涵、文化情感等方面提供范例；"引发"是以该文本为出发点，由此而产生的思考、关联、创造与拓展。对教材的创造和拓展可以从师生两个角度来理解：从教师的角度，可以对现有的教材进行取舍和增添，也可以对教材进行加工和再创造；从学生的角度，可以对教材文本的任何内容提出合理的质疑，可以进行多方的对比阅读，或针对文章中的空白点合理地发挥。

以上三个因素是影响教学设计有效性的最关键因素，但它们不是独立作用的，它们彼此渗透、交叉，综合影响教学设计的有效性。

第三章　语文教学模式

第一节　教学模式的概念和特点

一、教学模式的概念

教学模式思想的提出源于夸美纽斯、赫尔巴特等人。特别是赫尔巴特提出的"明了—联合—系统—方法"的教学模式以及后来由莱因等人修订而成的"五段教学法",作为传统教学的经典模式一直沿袭至今。但教学模式作为一个正式的科学概念是由美国学者乔伊斯和韦尔于 1972 年在他们合作出版的《教学模式》一书中正式提出的,他们认为:"教学模式是一种可以用来设置课程(诸学科的长期教程)、设计教学材料、指导课堂或其他场合的教学的计划或类型。"

我国近些年来也对教学模式进行了研究,但对什么是教学模式则众说纷纭。《中小学教学模式》的解释是:"教学模式是在教学实践基础上建立起来的一整套组织、设计和调控教学活动的方法论体系,它由教学(哲学)主题、功能目标、结构程序及操作要领构成。"而《当代西方教学模式》的编著者则进一步指出:"教学模式是思考课堂教学的一种工具,它用一组精心安排的基本概念,也就是几个主要的变量来解释课堂教学里的活动。"这是从教育方法论的视角，把教学模式看作思考和解释课堂教学活动的一种工具。

有的学者认为教学模式是"教师根据教学目的和教学任务在不同的教学阶段，协调应用各种教学方法过程中形成的动态系统"，是"特殊的教学方法，适用于某些特定的教学情境"；有的学者则从教学结构范畴来定义，认为教学模式是"反映特定教学理论逻辑轮廓的，为保持某种教学任务的相对稳定而具体的教学活动结构"，是"人们在一定的教学思想指导下对教学客观结构作出的主观选择"；有的将教学模式看成是"小型教学论"；有的从设计与组织教学的范畴来定义教学模式，认为它是依据教学思想与教学规律，根据不同的教学目标设计相应的操作体系来实现既定的教学目标，是"根据客观教学规律和一定教学指导思想而形成的，是师生在教学过程中必须遵循的比较稳固的教学程序及其实施方法的策略体系"。

以上各种定义虽各有千秋，但都不贴切。模式与方法有联系，但并不等于是方法。何为"小型教学论"，何为"大型教学论"，本身就存在着分歧，把教学模式看成"小型教学论"，是没有了解教学模式的内涵和本质。教学模式是教学过程的静态表现形式，是由其内部诸因素相互作用、相互联系而构成的一个独立的系统，它排除了教学过程中那些次要的和非本质的东西，反映教学过程的本质要素、关系和机理。一个完整的教学模式包含许多因素，如教师、学生、教材、教学思想、教学目标、教学方法、教学方式、教学程序、教学评价等。而在这个系统中，起决定作用的即主要的因素是教学思想、教学目标、教学程序和教学方法。

1.教学思想，即人们对教学的认识以及由此形成的为什么教学和怎样教学的指导思想。它是教学模式形成的思想基础。

2.教学目标，即人们预期的通过教学要产生的结果。它对教学模式的形成起着定向的作用。

3.教学过程中教师、学生、教学材料的组合方式以及由此必然形成的教学程序。它是教学模式在时间和空间上的表现形态。

4.相应的教学方法和策略，它是教学模式的技术基础。

据此，教学模式应定义为在一定的教学思想指导下，为完成规定的教学内容，达到既定的教学目的而在实践中把构成教学的诸要素合理配置并有机结合起来而形成的较为稳定的教学活动结构与过程。其特点表现为它有一定的完整性与程序性，有一定的目的性与针对性。

二、语文教学模式的特点

现在的语文教学模式，虽然在理论依据、具体实施步骤及所取得的效果各有不同，然而通过对各种教学模式特征的分析，我们还是可以从中找到一些基本特点。

（一）以知识学习为基础，以智力发展为中心，将知识、智力、能力密切结合

教学过程是一种特殊的认识过程，也是学生得到全面发展的过程。只有当教学处于合理的结构之中，它才可能为发展提供多于它自身直接结果的东西，才能走在发展的前面。而教学目标则是教学的鲜明主体。教学目标贯彻和主导着整个教学模式体系，支配着教学模式构成的其他因素，是人们设计教学模式时处理结构、安排程序、选择策略方法的依据。目标不同，模式设计也会有所区别。语文教学模式应贯彻发展的观点，视学生为能动的主体，是知、情、意、行的统一体，强调学生获得系统知识的同时发展智力与心力，实现知识、智力、能力的统一，摆脱僵化的以知识教学为中心的格局。首先，在教学的主攻方向和衡量学生学习的标准上，以发展学生智力为前提，以培养学生能力为目标。"教育是对整个人的健全教育，而不是只关注某一方面发展的畸形的教育。"教学，就其本质来说，就是按照既定目标有计划地指导学生，通过学习教材掌握人类已有的知识经

验并获得智力、情感、意志、品德和个性的统一发展。教学的任务在于培养学生，使他们获得知识，发展能力，培养人格。新时期教学模式追求的教学目标不仅在于学生是否读懂了，读会了，还在于学生是否掌握了科学的读书方法，是否真正会读了；在教学中，教师倡导的是一种能促进学生发展的高品质的自主学习，能够给学生带来智慧的挑战，使学生有足够的学习空间，同时保持强烈的学习需求和学习兴趣，从而让学生在积极、主动地认识与实践中发展智力，形成语文能力。

其次，教学模式都把自学作为语文教学过程的一个有机组成部分和最终目的。教学过程是教师借以摆脱学生的过程。学生的认识过程是知识、情感、技能的内化过程，是谁也无法代替的。以上教学模式都是从学生的"学"上着手进行改革，把以"讲"为主的模式变为以"学"为主的模式。教师有意识地引导学生在学习中进一步深入探讨，获取新知，而且尊重学生思维的独立性。不仅重视培养学生分析问题、解决问题的能力，更加重视指导学生在学习的过程中，进行积极主动地探索，培养其发现问题、提出问题的能力，使教学活动真正成为教师指导下的学生自觉的、积极的认识活动，从而打破了传统课堂教学"齐步走""一刀切"的格局，提高了教学的起点，增加了教学的密度。

（二）以学生为主体，以教师为主导，教与学有机统一

构成教学活动的基本因素包括教学目的、教师、学生、教学内容、教学方法、教学环境和教学反馈等。在这个特殊的关系集合中，最基本也是最重要的关系是教师与学生的关系及其各自的行为所构成的教与学的关系。

从获得知识和能力方面来讲，学生是矛盾的主导方面。学生应在教师的指导下，积极主动地学习。其过程是从未知到已知，从知之不多到知之较多，从知其然到知其所以然，不断发展、不断深化、不断提高的过程。从传授知识和技能方面来讲，教师又是矛盾的主导方面。教师的主导作用在教学过程中应得到充分地发挥。其过程又是利用多种教学手段，充分调

动学生学习的积极性和主动性，使学生获得的知识不断扩张，不断发展，不断运用，向能力不断转化的过程。

教育的本质应当是回归生命本体的教育，其根本任务就是不断提高受教育者的主体意识和能力，使之成为能够进行自我教育的社会主体。因而它的认识、发展的主体只能是学生，学生的发展归根结底必须依赖自身的主观努力。教师只能为学生的认识创造种种有利条件，永远不能代替学生去认识。对教师，叶圣陶以"导演"为喻来说明其作用，他指出："我认为先生应该是一幕戏中的导演，更应该是戏中的角色，他应该指导学生怎样排演，并跟着他们一起演。"张志公则以"导游"一词作喻，他认为，"游"是游人自己去游，不能让他们坐在树荫底下乘凉，由导游代替他们去周游一遍。但是导者还是需要的，他应该知道先游哪里，后游哪里，免得走弯路；还要知道哪里是重点，多游一会儿，哪是非重点，走马观花一遍就行了。导者也还得一边导着，一边适当地介绍所游的地方。当然，游还是主要的，导者不能说个没完，给大家大讲特讲历史，让大家花了整整一天的工夫却连一个地方也没有游完。学生是学习的主人，"教"是为"学"服务的，"教"不是统治"学"，也不是代替学生"学"，教师的"教"是启发学生"学"，引导学生"学"。"导"是"教"的出发点和归宿，直接规定和影响着"教"。所以，尊重学习者自己主动学习的权利，提供给学生自己主动学习的条件与机会，不断帮助学生学会主动学习，是教育者必须承担的责任。在教学活动实践中，只有形成师生和谐相容的局面，做到教与学的和谐共振，才能最充分地发挥教师的主导作用和学生的主体作用，才能有教与学的高效率和高质量。在传统的教育观念和教育实践中，往往割裂了两者的有机统一，只强调其单一侧面。教师凌驾于学生之上，以"严格要求"为借口，以强制的手段训斥、羞辱，特别是打低分数、向家长告状等，来强迫学生服从教师的意志。在这种情况下，很容易伤害学生的自信心、自尊心，引起学生对教师的反感甚至怨恨，从而扼杀学生的学习兴趣，致使他们厌恶学习，引起很多矛盾和冲突。

以上教学模式则充分考虑了教与学两个方面的位置、关系的处理，使教师的教和学生的学共同构成一个有机整体。在重视教师的引导、启发、指导的同时，把学生的"学"放在相当突出的位置上，积极创设和谐情境鼓励学生积极学习，主动参与，使学生最大限度地处于主体激活状态，使学习成为学生自己的自主活动，学生感到自己是独立自主的主体，而不是教师教育影响的客体。这样的教学模式，有利于发挥教师与学生两个方面的积极性，更有效地完成教学任务。

（三）师生之间、学生之间构建起纵横交错的信息交流网络

学习是学习者吸收信息并输出信息，通过反馈、评价获得经验及行为变化的整个过程。课堂教学作为一个多要素的构成的系统，其组织结构必须达成多种反馈渠道的畅通，使教与学都能从不断获得的反馈信息来矫正目标，调整教学步骤、速率和方法等，使课堂教学要素有机协调，使课堂教学系统能得到有效控制。要在教学过程中实现信息的不断反馈，就是要使"学对教的反馈"和"教对学的反馈"贯穿于教学的全过程，并随时注意教师与学生两个子系统的自我反馈。

传统教学在信息传递上多为纵向传递，这种模式的信息来源单一，往往只有教师传递信息（讲授知识）、学生接受信息（接受知识）一条渠道，反馈的面很窄或几乎没有反馈，导致教学的片面性、盲目性。新时期的课堂教学模式共同关注教学要素间的横向联系，通过师生共同的讨论、探究，在教师与学生、学生与学生的信息交流中实现信息的交换，形成了教师和学生之间、学生和学生之间的相互辐射，体现出以学生为学习主体、以教师为教学主导、以合理的知识结构为教材主线的"三主"空间新结构，并与时间上的纵向程序相辅相成，相互渗透，建立起纵向交流与横向交流相互交织的多向立体式信息交流结构。不仅为学生提供了更多的活动机会，而且能够促进学生听、说、读、写能力的提高，从而大面积提高教学效率。

以上几点，是从不同的模式中概括出来的，是教学的一般规律在教学模式中的具体运用。这正是教学模式之所以具有活力，有推广价值的关键所在。反过来说，一切好的教学模式的构建，都必须考虑以上几条规律。

第二节　传统语文教育模式

纵观多年来对教学模式的研究，从赫尔巴特的四段教学模式到杜威的五步教学模式，再到第二次世界大战之后教学模式研究出现诸侯争霸、百家争鸣的局面，乔伊斯和韦尔在 1980 年统计的二十二种教学模式，以及我国在教育改革实践中创造出的十多种教学模式，在相互批判和借鉴中各自都充分发挥了自己在教学中的独特功效，对教学模式研究的发展做出了自己应有的贡献。说到底，这些模式的创建大都是在二元对立的思维模式基础上进行的，在价值选择上，体现了社会本位和个体本位的左摇右摆；在教学目标上，体现了实质教育和形式教育的你进我退；在师生关系上，体现了教师中心和学生中心的此消彼长；在教学策略上，体现了强迫灌输和自由学习的冷热参半。随着现代科学综合化趋势愈来愈明显，教育理论研究愈来愈深入，打破这种二元对立的思维模式，对多种理论、多种模式进行整合，越发激起众多理论工作者的研究兴趣。但是，究竟在什么基础上进行整合，整合要达到什么目的，至今仍是一个谜。在目前的教学模式研究中，各路英雄虽也在强调全面，也高唱着整合的进行曲建构着自己的模式，然而，普遍的整合方式都有以自我为中心的倾向，常常批评别人非此即彼，自己又不知不觉陷入了历史"钟摆"的惯性之中。有一些共同现象是值得我们思考的。

一、价值错位

人们在建构教学模式的时候，总不会忘记批评赫尔巴特单纯注重知识传授而忽视或压抑学生主动性积极性的发挥；也不会忘记批评杜威仅仅注重学生的本能、兴趣而忽视了知识的系统性和连贯性。我们企图使二者整合，但却不知不觉地把价值选择定位在如何快速、高效地使学生掌握知识，接受社会要求方面，我们的教学模式普遍都是按照科学要求和教学法专家的憧憬设计出来的，一切以传达知识的有效程度作为衡量标准。批评赫尔巴特，主要是认为缺乏主动性、积极性的学生学习效率不高；批评杜威，主要在于其学生虽主动发展，却丢掉了知识的系统掌握。众多教学模式的有效操作，造成了"教学质量"的不断提高，不光是统考、会考、中考、高考的成绩愈来愈高，托福、GRE 成绩也令外国教授面对众多的高才生而无法取舍，各种奥林匹克竞赛更是常胜不败。学生的生活、学习、行为因此变得更加枯燥、呆板、完全表面化和外在化，不再有丰富而深刻的内心体验。教师和学生竞相追逐分数、奖牌、升学率和一切与外在评价有关的东西，而宁愿把内在精神的提升和对美好生活的追求放在一边。本来，我们希望是建构一种严格而细密的教学模式，希望把每一个个体培养成独一无二的、不可替代的、具有全面发展和独特个性的人。现在，我们的努力满足了前者，建构和设计了多种多样确实是严格、细密、快速、高效的教学模式，却在更隐蔽的形式上造成了教学领域的见物不见人，造成了学生同自然的疏离、同社会的疏离、同他人的疏离、最后同自己也疏离了。因为在教学过程中，学生没有成为真正的人，而仅仅是一个证明某种教学模式成功的工具。人的生命体验仅仅是提高教学效率的一种手段、一种外在价值，而没有成为教学本身的一种内在价值和目的。

二、目标虚置

各种不同的教学模式，都会规定不同的教学目标，无外乎传授基础知识、训练技能技巧、发展智力体力、陶冶情操美感。说到底，都是以知识的传授和训练作为目标，后来为了区分学生是主动学习还是被动接受，考虑到了学生的发展，考虑到了学生的意志、情感对掌握知识的作用，即所谓从"要我学"转变为"我要学"，不同的目标体系层次愈来愈多，要素愈来愈多，要点也愈来愈多。似乎什么都考虑到了，遗憾的是教学中最应落到实处的个体在教学过程中的生命体验被众多的目标架空了。这正是叶澜先生一针见血地指出的"现在中小学教育中存在重学科知识传授和技能训练价值，轻学生个体生命多方面发展价值的弊病。这些弊病是学校领域里见物不见人的最突出的表现，也是目的与手段关系的倒错。"说得更尖锐一点，是目标的虚置。其共同表现为虚空目标、虚幻目标和虚假目标。

所谓虚空目标，是用具体目标替代长远目标，单一目标替代整体目标，外在目标替代内在目标，使教学的真正目标落空。比如将现成知识的掌握理解为学生的发展，将各科成绩优秀理解为全面发展，将特长理解为个性发展，将自学理解为学生的主体性。在各种外在压力和要求之下，知识技能转换成了分数，能力、体力转换成了测量表，甚至学生的道德情操和美感体验也可通过表格计算出优劣短长，即使是我们所津津乐道、苦苦追求的认知目标也未能真正落实，学生整体的生命体验和生命成长的目标怎么会不落空呢？

所谓虚幻目标，一是将成人世界的过去经验当作教学的主要目标。比如，我们几代人因种种原因而未得到诺贝尔奖，我们让全体学生去争取；我们几代人都在做着中国成为世界强国的梦，希望学生去实现；我们过去未做好的，要让我们的学生做好；我们过去取得的成功，要让我们的学生继续成功；我们想得到的一切东西，都要学生去得到；我们失去的一切东西，要让学生拿回来。另一种是为全体学生设置一个以"人才选拔制"为导向的垂直上升阶梯，从小学读到高中都是为了要考大学，大学后还有硕士、博士、博士后，诱使每一个学生去争取分数、名次、奖牌，永远没有最好，只有更好。但这种阶梯并不是每一个学生都能爬得上去的，大多数学生会永远达不到要求，而永远处于一种毫无结果地被驱赶着做无休止地攀爬状态。这种情况看似合理又十分可怕。

所谓虚假目标，就是对教学外在目标的追求必然导致以虚假的东西代替学生在教学过程中的真实体验，使教学越来越远离学生生命的本源。例如，忽视对学习过程和完整知识的理解而代之以教学过程中的分数和名次的追求；忽视学生自觉的发自内心的道德体验和人品修养而代之以操行评定和文明评比；忽视体育、美育中人的自我完善而代之以外在技能的反复练习和参赛获奖；把学生的全面发展代之以升学率；把整个教学工作代之以瞄准各种考试试卷的具体要求。人们还真正以为自己快速、高效地达到了我们预期的培养人的目标，殊不知学生在获得了这些虚假的东西之后，学习的兴趣消失了，美好的想象消失了，对生命的意义漠然了，对世界的意义漠然了。这种虚假的目标扼杀了学生对生命意义的真正的体验。

三、教学分离

师生的角色定位历来是教学模式研究中的一个关键问题，它决定着不同教学模式的策略设计和方法选择，也是所谓"传统教学模式"和"现代教学模式"的分水岭。从教学模式研究的发展过程中，我们可以看到一开始便存在着教与学的严重对抗和分离。在以赫尔巴特为代表的传统教学模式中，实施的是以教师为中心的主体建构策略，为达到规范个性和开启蒙昧的目的，在教学过程中建立起了"权威——权威崇拜者"的绝对教与学的关系。在这种关系中，命令、灌输成了教学过程中的唯一法则，教与学充满着强迫与服从、施与和拒绝、暴力与反抗的冲突。在以杜威为代表的所谓现代教学模式中，强调教育领域中"哥白尼式"的革命，提倡学生是中心，教师围绕学生转，反对教师作为"指导者"的引导，作为组织者的宏观调控，强调学生的绝对兴趣和自由表现。这种关系的颠倒并未带来教与学之间对立和冲突的解决，相反造成了另一种更严重的教学分离。在当代，随着多学科研究的不断交叉和渗透，多种教学模式在建构过程中的交流和碰撞，使教与学的矛盾和冲突显得更加突出。一方面，教训与受教、灌输与接受的方式在教育中愈来愈捉襟见肘，分科教学带来的学生个性的畸形发展，知识中心主义造成的高分低能，教师中心主义带来的师生对抗，学生不堪重压出现的厌学、逃学、弄虚作假，无一不表现出这种关系带来的深刻危机，近段时间因老师体罚学生而造成学生自杀现象的屡屡出现使这种冲突的尖锐性更加表面化。另一方面，那种过分强调学生兴趣和自由的教学方式也逐渐暴露出提倡者所不愿看到的弊端，无指导的课堂内显出的沉闷和零乱，无交流的多主体表现出的无所适从，既失去了过程也看不到结果，既没有接受也没有发现，没有了经验的积累，也没有了体验的乐趣。厌学、逃学依然存在，弄虚作假有过之而无不及，教与学似乎处于一种冷战状态。在这种情况下，人们又想到了整合（在这里不如叫作折中）。认为在教学过程中，师生都是主体，或为主客体，在教的活动中，教师是主体，学生是客体，在学的活动中，学生是主体，教师是客体。这种理论虽然在师生角色和教学策略中进了一步，还是没有摆脱二元对立的主客绝对二分的思维模式，还是未能解决教学过程中教与学的矛盾和冲突。因为它把教学过程中作为整体、共时的教与学的活动肢解了、割裂了，在另一个层面上使教与学产生了对立和分裂。

综上所述，在教学模式的构建过程中，我们常常希望综合多种教学理论，综合多种教学模式，但却缺乏一种在更高层次上，更深意义上的整合，这就使得我们一边批评非此即彼的价值取向，一边又陷入了以知识为中心、以科学为中心的价值取向中；一边希望强调全面发展的教学目标，一边又不知不觉地受各种外在的、短期的、狭窄的、功利的目标所驱使；一边强调师生平等、教学相长，一边又在更大的范围内扩大师生之间的对立与冲突。这可能正是我们不断构建和寻找新模式的动力，这需要教学模式建构者继续对之作出不懈的努力。当然，要寻找一种完美无缺的教学模式几乎是不可能的，而且现存的各种各样的教学模式，几乎都无一例外地在适宜的环境和条件下发挥着自己独特的功能。其实，教育最根本的目的就是要培养人不断地领悟世界的意义和人本身存在的意义。体验就是人对生命意义的把握。因此，教学模式的建构需要立足于学生的生命体验，将人的生命体验作为教学模式建构的核心。而以人对生命体验的把握过程为前提的教学模式，并不是一种完美无缺的，在任何条件下都适用的模式，也不能将其他一切模式都取而代之。在此，我们寄希望于通过此种教学模式的建构，冲破二元对立的机械思维模式，吸收多种模式中的精华，在教学模式的百花园中，培植一朵更为鲜艳的花。

第三节　多媒体化语文教学模式

随着计算机技术的不断发展，多媒体计算机技术已被广泛地应用于社会各个领域，计算机技术开始与教育相结合，产生了计算机辅助教学 CAI，这是随着现代科学技术的发展而兴起的一种教学方法。实践证明，如果把计算机引入教学过程中，让学生积极参与，不仅教学内容精简实用，教学方法灵活多样，而且更能调动学生学习的主动性，提高教学的质量。语文学科的特性，使广大的语文教师能充分利用多媒体计算机收集语文素材，制作出图文并茂，形象生动，图、声、文交互性强，界面友好，操作简捷方便，灵活易用，易于控制的语文课件，利用多媒体计算机技术在语文教学中可以发挥其优势，改变传统的语文教学模式，使语文课堂教学更加多姿多彩。

一、多媒体化语文教学模式与传统语文教学模式的比较

(一) 模式类型及程序的变化

传统的教学模式是以"讲授—接受"为主的接受式认知模式，也称赫尔巴特教学模式。后在我国盛行为"五段教学法"，即"组织教学—复习过渡—讲授新教材—巩固新教材—布置课外作业"。虽然这种教学模式对于系统知识体系的传授的确具有较好的效果，但模式类型单一，基本上以教师、课堂、书本为中心，忽视学生的主体性，已难以适应时代的需求。而近年来，信息技术与课程整合模式的研究引起了教育技术界的重视，很多专家学者提出了不少信息技术与课程整合的模式，比如克抗教授提出的讲授、个别辅导、探索、协作等五类网络教学模式；祝智庭教授总结归纳的个别授导、教学模拟、智能导师、问题解决等二十三种信息化教学模式；李克东教授提出的情境—探究式、小组合作—远程协商式等四种数字化学习模式，此外还有多媒体演示型、网络专题研习型，这些多样化、偏重学生为主体的信息化教学模式对于传统语文教学都是震撼性的冲击。

(二) 教学环境的变化

传统的教学环境观认为，教学环境是由学校建筑、课堂、图书馆、实验室、操场及家庭中的学习区域所组成的学习场所。这显然是一种静态的教学环境论。现代教学环境包括物质环境和心理环境两大方面。环境物质教学环境是"硬环境"，它由教学设备、教学信息和教学组织形式等因素构成。心理教学环境是由学校内部各种人的心理要素所构成的一种无形的"软环境"，是学校教学活动赖以进行的心理基础，它由人际关系、课堂心

理气氛、教与学的形式等因素构成。

现代信息技术融入语文课堂以后，教学环境发生了根本的变化。电化教学设备成为教学信息的第一载体，各种特定功能的教学设备在学校教学中有了广泛地使用，如语音室、计算机房、视听室、多媒体教室等，尤其是以计算机为核心的多功能教学设备在教学中的广泛运用，为语文教学构建了一个多媒体、网络和智能有机结合的个别化、交互式、开放性的动态教学环境，使现代物质教学环境发生了前所未有的变化，为现代学校提供了良好的教学环境。此外，教学环境不只局限于"场所"类的物质环境，还包括教学信息、人际关系、课堂心理气氛等要素。它与教学活动共存共生，随着教学活动进程的展开，教学环境中的情况和条件也不断发生变化。

（三）教学媒体及作用的转变

教学媒体是指在教学活动中传递教育信息的载体和中介。在传统教学模式中，媒体基本是"教科书＋黑板＋视听媒体"，其中视听媒体还是缺少互动功能的单向传输，传统教学媒体的作用也只是教师讲解和演示用的辅助工具。在信息时代的新型教学模式中，传统的教学媒体正逐渐向现代教学媒体，即"教科节＋多媒体＋网络"转变。教学媒体的功能不再只是传递教学内容的载体，而是多样化的，不仅作为教师讲解和演示的辅助工具，更用于指导学生主动学习和交流的认知工具和资源环境、交流工具、成果发布工具。总而言之，现代教学媒体不仅可以增进学习效果，扩充学习资源，而且可以提高学生的学习兴趣，增进学生的互动、协作，其所能达到的教学效果，远非传统教学媒体所能企及。

（四）教学方式及过程的转变

教学方式指各种教学方法的配合方式，不仅包括教师进行教学的方法，而且包括学生进行学习的方法及整个教学组织的方式。传统语文教学模式以"教"为中心，在多媒体、网络的教学环境下，教学方式在重视"教"时更把重点逐渐向以"学"为中心转变。单一的班级授课制转变为个别化教学、小组教学、班级授课、协作学习、远程教育等多种教学组织形式。传统教学方法基于归纳或演绎的讲解，教学过程也按部就班，而基于现代信息技术的语文教学将教学过程转化为师生通过情境创设、问题探究、协商学习、意义建构等活动组织的以学生为主体的学习过程，学生在自我探究、自我发现、自我建构的基础上获得知识、形成能力。教学过程成为课程内容持续、动态地生成与转化、意义不断建构与提升的过程。

（五）师生角色及关系的转变

传统教学模式中教师处于"传道、授业、解惑"的主体地位，是知识传递的权威，是课程计划的执行者，是学生学习的控制者。学生在封闭的状态下被动地接受知识，师生关系必然体现着"师道尊严"。师生、生生之间缺乏双向信息和多向信息的交流。在语文教学信息化整合模式中，教师不仅是教科书的执行者，而且是课程的建设者、开发者和教育教学的学习者、研究者；不仅仅是教学活动的中心、知识的传授者、教学的管理者，更多地成为学生学习和发展的引导者、组织者、合作者。学生角色则从机械接受知识的封闭被动的学习者，转变为能动地建构知识、操作认知工具、积极寻求合作、参与教学活动的开放主动的学习者、研究者。他们将在教师的引导下积极、主动学习，发现、探索和钻研知识，把握学习的主体地位，真正成为学习的主人。师生角色的变化必然构建新型的师生关系。新型师生关系应该是教师和学生在人格上是平等的、在交互活动中是民主的、相处的氛围是和谐的。

（六）教学评价的转变

教学评价是教学各环节中必不可少的一环，它的目的是检查和促进教与学。传统的教学模式存在着评价主客体单一、方式简单、内容浅显、层次较低等诸多问题。信息技术与语文教学整合的新型教学模式的教学评价有以下特点：

评价客体（对象）重心由教师转向学生。传统教学评价的主要对象是教师，对学生的评价更多地集中于对教师所传授知识接受的数量有多少、掌握程度的深浅。新模式提倡以学习者为中心，所以教学评价的对象必然从教师转向学习者，评价学习者的学习。对教师评价的出发点则从教改变成是否有利于学生的学，是否为学生创设有利于学习的环境及能否引导学生自主地学习等。显而易见，对教师的评价标准是围绕着学习者制定的。

评价主客体的多元化。传统教学评价主客体单一，忽视评价主客体的多源、多向的价值。新模式评价对象除了对教师、学生、教学内容进行评价之外，还要对教学媒体如多媒体使用、网络教学支撑平台和学习支持服务系统等进行评价。同时新评价将教师、学生、家长等纳入评价主体的行列。这样，传统的被评价者成为评价主体中的一员，在评价主体扩展的同时，加强评价者和被评价者之间的互动，在相互沟通协商中，增进双方的了解和理解，易于形成积极、友好、平等和民主的评价关系。

评价方法的多样化。新模式综合采用多种评价方式，如形成性评价和终结性评价相结合，定性评价和定量评价相结合，注意教师的评价、学生的自我评价与学生间的互相评价相结合，有时还可以让学生家长积极参与评价活动等。

评价重过程和综合性。评价重心的转移从过分关注结果逐步转向对过程的关注；评价功能从注重甄别与选拔转向激励、反馈与调整；着重综合评价，从知识与能力、过程与方法、情感态度与价值观几方面进行评价。以全面考察学生的语文素养，融现代信息技术于语文课程与教学，实现二者的有机整合，探索更新、更丰富的教学模式。这将是 21 世纪我国语文课程发展的一个方向，也是当前语文教学创新的有力"生长点"。

二、多媒体化语文教学模式的进步性

（一）运用信息技术创设问题情境，激发学生思维

在课堂教学中，利用信息技术创设丰富多彩的语文学习情境，直观形

象、极易吸引学生的注意力。利用多媒体，对课文进行字体、颜色、动画、视频和音频的处理，配上相应的音乐，加上动画效果，呈现在师生眼前，不断调动学生情绪、兴趣，使语文课堂变得生动、活泼、完整、有序而又重点突出。如教《骆驼寻宝记》这课时，把大自然整体图、百兽百鸟图制成课件，呈现于教学课堂之上，让学生如临其境。爱因斯坦曾说过："兴趣是最好的老师"，利用信息技术不仅可以激发学生兴趣，而且可以使学生兴趣持久。再如教《苏州园林》时，开课便给学生呈现一幅幅园林图，配上优美的音乐和老师富有诗意的简短解说，一开课就抓住了学生的心，打开学生记忆的闸门，表达欲望"喷薄而出"，使学生"畏难"的情绪没有了。运用多媒体信息技术创设情境不仅仅能吸引学生注意力，更激发了学生学习的兴趣、表达的欲望，从中体验到成功的喜悦，让学生学得轻松却体会深刻。

（二）运用信息技术架设桥梁，增加学生感知量

在教学中运用多媒体的教学手段，可以使学生获得丰富的想象，从而来帮助其思考，在语文古体诗教学中，古诗因其精练、简短，加之年代久远，某些字词意义变化，意境深远，理解起来较困难。多媒体可以在古人与学生之间架设起一座"桥梁"来沟通帮助学生领会诗词的意境和情感。如教古诗《白雪歌送武判官归京》，在学生理解诗意的基础上体会诗的意境和作者当时的感情，学生往往"蜻蜓点水"，体会不深刻、不完整。这时教师出示课件，让学生一边看将士们跋山涉水，夜宿寒疆，一边听着风雪呼啸之声进行对这首诗的有感情朗读，引领学生入情入境。多媒体现代技术为学生领会诗词的意境和情感充当了媒介，提供桥梁，实现了思维的转化与跨越。不仅古诗，课文中许多脱离现实生活，或距离学生生活实际较远的部分，都可以发挥多媒体虚拟功能，让学生获得在现实生活下无法获得或不能获得的感性材料。

（三）运用信息技术优化课堂结构，提高教学效率

瑞士心理学家皮亚杰认为，学习者要真正获得知识，主要不是通过

教师传授得到的，而是学习者在一定的社会文化背景和情境下，利用必要的学习资源，通过与教师的协商、交流、合作和本人通过意义建构方式获得。传统的语文教学是教师在理解教材的基础上，指导学生阅读文本、获取相关的语文知识。教师是知识的传授者、灌输者，学生只是知识的接受者。而信息技术在教学中的运用，可以促进语文教学方式发生根本性的变化，改变传统的一人、一支粉笔、一本书的教学方式。教师可以利用信息技术去启发、引导学生"如何去研究，如何去学"，教学方法由过去的灌输式转变为启发式、协作讨论式的教学，学生由被动地接受转变为主动探究，教师角色也随之转变为学生学习的引导者、参与者和促进者。信息技术是作为获取信息、探索问题、协助解决问题的认知工具，优化语文教学方式，达到促进学生语文能力提高的教学目的。

如《鲁迅自传》一文，鲁迅个人的情感是丰富的，经历是曲折的，而作者却用极简朴的文字介绍人生经历，内容上就有很多令学生困惑的地方，更谈不上理解思想感情。执教本文时，教师在课前制作了一个名为"鲁迅文学院"的网页，其中涵盖有鲁迅作品选、人生经历、画像、作品评论等大量资料。教学时教师首先引导学生打开"鲁迅文学院"这个网页，每人定一个研究主题，根据研究主题搜索相关的资料，然后在小组讨论时展示自己搜索的信息，共同探讨、分析、归纳，感受鲁迅伟大的人格魅力和"俯首甘为孺子牛"的奉献精神。此环节中学生所接受的知识不仅仅停留于文本，利用大量网络信息这一优势，阅读相关的资料，然后通过自主、合作、探究的学习方式进行研究性学习，从而对人物的精神品质和课文内容有了更深入的理解。

第四节　"互联网＋"环境下语文教学模式

一、"互联网＋"环境

(一) 概念

互联网有六个特点：跨界融合、创新驱动、重塑结构、尊重人性、开放生态、联结一切。"互联网＋"的提出，是源于互联网的第一个特征，即跨界与融合。它强调的是人与环境之间的跨界融合，学科与学科之间的跨界融合，能力、习惯与性格之间的跨界融合，信息技术与教学、科研和学校管理的跨界融合。互联网环境，即网络环境，是指构成国际互联网（Internet）以及与国际互联网相连的局域网络物理空间的各种硬件设备，以及形成网络正常运行空间的各类软件。一方面指构成教学环境有机因素的各种网络技术，包括网络自身和以网络为载体的 QQ、微信、微博、博客等软件；另一方面指运用网络技术营造出来的教学环境或教学赖以开展的背景。网络信息，是指网络上储藏着的各种形式的信息的集合，包括信息内容本身、记录信息的载体、信息的表达形式、信息的组织结构和信息传播的手段等要素。学校里的网络环境有两种，一种是相对封闭的网络教室，它的网络可以由网络教室服务器和教师机进行控制；另一种则是开放的与互联网直接连接的校园网，校园网上的每一台计算机都可以直接上网，并可以进行校园网上的互访，实现跨越学校、国界的资源共享。

(二) 互联网信息资源的特点

网络信息内容非常丰富，网络信息资源取之不尽，用之不竭，不但在数量上具有海量的特征，种类也丰富繁多。在网络信息中，除文本信息外，还包括大量的非文本信息，如图像信息、声音信息等，呈现出多类型、多媒体、非规范、跨地理和跨语种等特点。

网络信息呈现开放状态。网络信息被存放在网络计算机上，所有信息均对外开放，信息资源分布呈现分散、开放状态，它突破了时间和空间的限制，可以实现随时随地地学习。每一个人都可以自主地去寻找自己所需要的资料，没有地域和时间的限制。

网络信息能够实现共享。网络的大门对任何人都是敞开着的，你可以自主地去寻找自己所需要的资料。你既可阅读，也可下载。网络信息除了具备这些一般意义上的信息资源共享性外，还表现为一个 Internet 网页可供所有的 Internet 用户随时访问，不存在传统媒体信息由于副本数收的限制所产生的信息不能获取现象。

网络信息资源具有时效性。网络信息的时效性远远超过其他任何一种信息，网络媒体的信息传播速度及影响范围使得信息的时效性增强。同时网络信息的增长速度非常快，更新频率也非常高。

网络信息可以自由选择。网络信息被存放于网络计算机上，随时随地可供学习者阅览。学习者只要打开电脑登录互联网，就像进到了一个很大很丰富的仓库，学习者想浏览什么内容都可以自由选择。网络信息比传统信息具有更强的可选择性。

网络信息使用经济。由于网络信息资源非常丰富，且具有开放性、共享性、时效性和选择性，使得它成为一种低成本、高产出的可再生资源。使用者花很少的投入，也能尽情享用。在当前，使用网络教学是一种比较经济的行径。在教学过程中，我们通常要为学生准备各种各样的资料，无论是复印还是打印，和网络相比较花费都是很大的，而使用网络中的共享资源则经济得多。

二、"互联网+"环境下的语文教学模式

"互联网+"环境下的语文教学是一种依托丰富的网络资源，运用现代信息技术，快节奏、高效益地实施语文教学的新型教学形式。它主要依靠互联网和校园网实施教学活动。它更多地以师生、生生之间的平等交流和共同探索的状态呈现出来，而且始终受制于网络环境。在这里，"教学"这个概念在教与学两个主体方面均被赋予新的内涵。其中，"教"不排除教师必须进行的讲授行为，但应当更多地理解为教师的指导和参与；"学"也不排除学生必须接受基本的传授，但应当更多地理解为学生的自学与研究。网络环境下的语文教学信息量大，自主性强，合作程度高，极具挑战性和创造性。

(一) 与传统语文教学区别

网络环境下的语文教学，引发教育理念、教师角色、教学内容、教学方式以及学习方式等方面的深刻变革，完全改变"以课堂、书本、教师为中心"的传统教学模式，对传统教学产生巨大的冲击和深刻的影响。这种新型的教学与传统语文教学的区别主要有：

1. 互动的协作性

这里的协作包括师生、生生之间的协作。在传统教学中，虽然教师与学生、学生与学生同在一个空间里，但相互之间的交流却极为有限。教师难以实施适合学生需要的教学方式，教学内容、教学策略、教学方法和教学步骤等都是教师事先安排好的，教师与学生之间较多发生的是一种单向广播式联系，学生很难有机会系统地向教师表达自己对问题的看法以及他们解决问题的具体过程；同班同学之间就学习问题进行交流的也极少，更不用说和外地的学生交流与协作了。网络为师生、生生之间能在教学中友好相处、交流合作提供了良好环境和便利手段。从师生合作来看，网络教

学改变了传统教学中师生之间的结构关系，也改变了师生既有的角色地位，使二者容易建立起齐学共融关系，有时候甚至会出现教师后学于学生的情况。因此，向学生学习，把学生视为亲密的合作者，成为现代语文教师应具有的非常重要的教学理念。从学生之间合作关系来看，网络教学为学生合作提供了广阔空间和多种可能，使个性化学习成为现实。学生可以自助、自主地从事学习活动，根据自我情况安排学习，也可以通过交流商议、集体参与等方式实现合作学习，并在合作中提高学习兴趣和学习效率，通过贡献智慧，分享成果，进而学会合作。

2.自主的创新性

传统教学在很大程度上束缚了学生的创造力。各种教学活动都是把学生置于共同的影响之下，让学生读相同的教材、听相同的讲授和参考相同的资料。教学的各种措施都是在同化人性，用统一的内容和固定的方式来培养同一规格的人才，学生的个性得不到充分发挥，学生的学习需要难以完全满足，教师只能根据大多数学生的需要进行教学，即使是进行个别教学，也只能在有限的程度上为个别学生提供帮助。网络教学可以进行异步的交流与学习，学生可以根据教师的安排和自己的实际情况进行学习，克服了传统教学中人为的"一刀切"现象。学生和教师之间通过网络交流，及时发现自己的进步和不足，及时按要求调整学习。利用网络可在任何时间进行学习或参加讨论，获得在线帮助，从而实现了真正的个别化教学。此外，网络中有大量的个性化教育资源，为学生个性化学习提供了前所未有的选择。

3.知识的整合性

传统教学以书本知识的静态传授为主要的目标之一。而网络教学非常强调教学中知识信息资源的多元化，并且根据教学的要求，通过提供对现有多种资源进行再次利用的技术方式方法，与其他学科整合。在这种整合模式下，教师和学生运用信息技术手段分别进行教学和学习。教师根据教学目标对教材进行分析和处理，决定用什么形式来呈现什么教学内容，并以课件或网页的形式呈现给学生。学生接受了学习任务以后，在教师的指导下，利用网络信息资源进行个别化和协作式相结合的自主学习，并利用信息技术手段完成任务。最后，师生一起进行学习评价、反馈。在整个教学过程中，学生的主体性和个别化得到了充分的体现，这样的教学氛围十分有利于学生解决问题能力和创新精神的培养。

（二）与传统多媒体教学区别

多年来，传统多媒体教学的推广应用无疑为提高课堂教学效率、促进教师教育观念的转变起了一定的作用。但传统的多媒体辅助教学仍主要是遵循行为主义的理论模式，基本上是以教师为中心呈现教学内容，学生被动或机械练习，因材施教的效果不够理想。而网络环境下的教学则是一种在教师指导下学生自主建构学习的活动，教学过程中学生是知识学习的主动建构者，外界信息经过教师的组织、引导，学生主动建构，转变成为学生自身的知识。网络环境下的教学充分发挥了教师主导、学生主体的作用，形成优化的课堂教学模式和结构。新型"互联网＋教育"，首先对教师而言，丰富了教学的手段，从互联网学习调查来看，教师全天候、高频率使用互联网教育产品，教师使用互联网的行为开始发生在课堂教学时间段内，表现课堂教学具有了开放性、个性化特征；传统"辅助式"教学应用行为仍然是教师使用互联网的基本取向，"在线学习类"新型应用方式逐渐受到了关注。

（三）"互联网＋"环境下语文教学的基本模式

网络给语文教学开创了一片全新的、广阔的天地，语文教师要打破传统课堂的封闭围墙，利用网络资源的海量化、形式的多样化、活动的交互性等特点来创设最佳的教学情境，优化教学手段，实现学生在教学活动中的主体转变，创建出新型的教学模式，让网络为语文教育服务。语文教学中，教师们探讨的最多的是阅读教学、作文教学和综合性学习。所以，这里仅就这三种形式介绍它们基本的教学模式，分别是专题探究模式、阅读教学模式和作文教学模式。

1. 专题探究模式

网络环境下的专题探究是指在现代教育理论的指导下，学生在教师的引导帮助下自主确定主题，并充分利用网络平台，主动搜集信息、阅读信息、加工信息和创造信息，从而达到拓宽知识面、获取丰富体验、培养创新精神和提高实践能力的教学活动。在语文专题探究教学中，学生在语文教师的指导下确定主题，并围绕主题广泛搜集、阅读、整理相关材料，进行专题研究和讨论，形成有独到见解、有一定价值的结论。这种课型有以下特征：（1）主题的丰富性、灵活性。主题可以是内容方面的，也可以是艺术方面的；可以是比较异同的，也可以是单纯求同或单纯求异的；可以很大，也可以很小；主题及有关文本可以由教材提供和教师提供，也可以由学生自己选定。（2）信息容量大、外延宽。可以是纯语文的，也可以是多学科的；可以是纯课内的，也可以是纯课外的，或课内课外结合的。网络专题探究是信息社会借助互联网络进行阅读的典型方式，也是开展科学研究时查找资料、研读文献所用的最主要的研究方式。专题探究教学的操作流程一般为：确定主题，设计方案—收集资料，自主探究—成果交流，评价总结。具体如下：

确定专题设计方案。探究专题的确定直接影响到探究活动的质量和学生探究的热情，在引导学生确立探究专题时既要体现学生的自主性，又要把握专题的可行性和价值意义，既要体现语文性，又要体现综合性。从专题确立的步骤维度来看，可以分为大主题的形成和小专题的确定，既有小范围内的各求所需，又有大范围内的相对统一，以利于资源共享和深入挖掘。从专题确立的内容维度来看，可以从四个方面获取：一是某篇课文的拓展，如学习了《莫高窟》一文后，可以引导学生确立几个探究专题：莫高窟是怎样形成的、莫高窟的遗憾和莫高窟的现状等；二是一组课文的综合，如学习了《剪枝的学问》《阳光与彩虹》《维生素 C 的故事》等一组课文后，根据这些文章的特点，组织形成了"身边的科学"探究主题，在这一主题下，学生又自主地确立了"厨房的学问""吃穿的学问"等小的探究专题；三是与其他学科的融合，如学习了《把我的心脏带回祖国》一文，可以结合音乐、美术、数学、历史等学科知识形成"走近肖邦"主题，然后自主确立"肖邦的音乐创作成就""肖邦的爱国情""肖邦的创作年表"等专题作深入探究；四是与社会生活的结合，从专题确立的形式维度来看，可以有问题表达式和任务阐述式两种。方案是探究活动展开的蓝图，指导学生写探究方案就是要使学生从中感悟做某一件事先要考虑些什么问题、怎样搭好完成这一件事的大体框架和怎样根据这个框架去做好这一件事等，尽管方案的设计不必拘泥于如何规范化、如何系统化，但一些基本要素还是必须有的，如探究的方法、时间的安排、小组人员的分工、基本的保障措施和恰当的成果表达形式等，这样做有利于提高学生的元思维能力，激发出学生的自主意识，并可根据学生各自的多元智能特点进行互补组合。如果确定建立协作小组，师生还必须考虑小组成员之间要有利于平等会话，发挥各自的智能优势。另外，在探究方案设计完后，还应该组织学生利用网络平台进行方案的交流与评点，分析方案中潜在的问题，在讨论过程中完善方案设计。例如专题"肖邦的爱国情"的探究方案主要内容可以是：探究时间为两节课，小组成员四名，一人收集表现肖邦的爱国事迹，一人收集表现肖邦爱国的乐曲，一人收集诗歌的创作要求，一人收集现有的关于肖邦的诗歌，资料收集后四人共享资源，然后协同创作赞扬肖邦爱国情的诗歌，探究成果形式为二至四首诗歌。

　　主题搜索"自主探究"这一环节是指根据探究方案，通过有目的的检索、有深度的阅读和有创新的加工，验证假设，形成解释，获得结论的过程。它是整个学习过程的核心，同时对学生在网络环境下学习的能力提出了较高的要求，如果不顾学生的实际水平让学生自主探究，势必会影响探究质量，挫伤学生的探究积极性。因此，应坚持从指导到放手、从课内到课外、从网络辅助到驾驭网络的原则，循序渐进地提高学生的网络学习能力。例如，我们在运用这一模式开展探究活动之前，就要先立足于课堂、立足于课文，运用网络环境下的超文本整合、问题指导和互动拓展三种阅读教学模式开展教学活动，重视网络学习技能的提高和网络学习方法的指导，使学生掌握收集信息、筛选信息、整合信息和创造信息的一般方法。这样，学生才会更容易地过渡到更多信息量的加工与处理过程。在探究的过程中，还要灵活处理好独立与协作的关系，并非事事都要协作。独立探究以深思、钻研、独辟蹊径见长，协作讨论以共享、多角度启发、即时生成见长，两者在某些探究环节可以交叉使用，互为补充。

展示交流"评价总结"。展示交流的过程是发布探究成果、学习分享成果的过程，是思维火花不断碰撞的过程，学生在交流过程中应该学会客观地分析和辩证地思考，敢于和善于思辨。由于是在网络环境下，成果的交流可以是并行式的，也可以是单向式的，最大可能地促进生生之间的交互。考虑学生的年龄特点和网络优势，成果的交流不必拘泥于小论文，还可以有很多形式，如主题网页、多媒体文稿、创意图画、激情演讲和统计图表等。根据成果交流的需要，既可以是同步的，成果发布在网上就可以获得评点与交流的机会，还可以是异步的，选择任意适当的时间和地点进行成果品评和交换意见。

评价总结要从两个方面入手，一是贯穿整个探究过程的形成性评价，以促进学生发现自己的不足和潜力，得到更大程度的发展；二是探究活动接近尾声时的阶段性评价，以促进学生对一个阶段的学习进行反思，在加深知识内化过程的同时进一步提高探究意识和能力。第一个方面的形成性评价既是改革传统教学的有力举措，又是网络环境下学习活动的优势所在，应该得到特别的重视。首先，在学习进行前为学生提供评价工具，对学生的自主探究起到导向的作用，如适时地提供探究方案设计法规、小组合作设规、收集与分析信息设规、探究成果显规和学生作品范例等评价工具，让学生适时地明确学习任务和学习要求，提高学习效率。其次，利用网络平台储存过程性学习记录，便于教师和学生分析学习行为，找出差距，有针对性地进行个别辅导。其三，还要为自评与互评设计良好的氛围，及时反馈在线评价信息，让学生在多角度会话过程中自主建构专题知识，体验探究的经历与情感。

网络环境下的专题探究教学不再局限于教材中某篇课文的学习，不受教材的束缚，以学习者的兴趣与需要等内部动机为基轴确定专题，在探究过程中学生的语文知识综合运用能力和听说读写能力得到整体发展，他们的思维在广阔的网络天空随意地跳跃，完成了真正意义上的自主学习和探究性学习。可见，网络环境下的专题探究是开展语文综合性学习的核心模块，它不仅能够培养学生创新精神和实践能力，提高学生的综合素质，而且为开展语文综合性学习乃至开展综合实践活动课程奠定坚实的基础。

2. 阅读教学模式

语文教学应充分利用网络优势，构建新型的、开放的语文阅读教学模式。这种新型的教学充分运用现代信息技术，依托丰富的网络资源，有目的、有计划地指导学生在课堂上进行阅读实践，以培养学生的语文能力，提高学生的语文素养。网络环境下的语文阅读教学由一个中心（学生的发展需要）、三个基本要素（教师、学生、网络）构成。教师是教学过程的引导者；学生是课堂教学的主体，他们实质性地参与教学过程，能积极主动地利用网络交互工具获取学习资源，协作共享交流，完成学习任务，发布学习成果；网络提供阅读所需的丰富信息和交互工具。以教师为间接主导，以学生为直接主体，以网络为信息媒介，三位一体，立体直观。

在该教学模式下，尽管学生对网络的操作水平提高了，并尝试运用多种网络交互手段，但教学的基本点还是引导学生更全面、更深刻地解决课文的重点问题，注重对课文的整体把握和深入思考，追求阅读的"质"，要求学生在网络环境中能够快速浏览信息、筛选信息、处理信息，形成较强的网络阅读能力和创新能力。一般而言，网络环境下的语文阅读教学过程包括五步、两点和一线。"五步"指阅读教学的五个步骤，可用"导—感—研—议—结"五个字来概括；"两点"指"自主探究"和"交流对话"两个基点；"一线"指以读代讲为主线。这种教学模式可以简称为"五步两点一线"阅读教学模式，其基本流程如下：

创设情境，导入课题。建构主义学习理论强调创设真实情境，把创设情境看作意义建构的必要前提，并作为教学设计的最重要内容之一。语文是教育资源最丰富、与现实生活联系最密切的一门学科，网络更为语文学习提供了丰富的教学资源。网络作为创设真情实境的有效工具，具有视听结合、声形并茂、形象直观的特点。教学一篇课文时，能充分利用网络媒体创设具体生动的情境，可以激发学生的学习兴趣和求知欲望，充分调动学生学习的积极性、主动性和创造性。课堂伊始，从学生的学习心理和需要出发，根据当前学习主题，一方面可以创设尽可能真实的情境；另一方面，根据认知心理学家的理论，可以激发学生认知需要，引导学生进入课文情境，产生强烈的学习动机，进入最佳的学习状态。例如：学习《十里长街送总理》一课，可以通过上网，用真实的历史资料剪辑成片段《十里长街送总理》进行播放，让学生们在凄婉的哀乐背景中，再次浮现当年的黑纱和白花，再次浮现那长长的、自发的送行队伍，再次感受那心如刀绞的分离。这些丰富的、极具感染力的资料，更激起了学生们对周总理的无限爱戴和崇敬之情，为课堂教学的顺利有效展开奠定了良好的基础。

整体感知，提出问题。学习一篇课文，首先要读通课文，整体感知课文大意，这是阅读教学的基本要求。一方面，可以通过网络手段让学生更快地掌握生字新词的音、形、义；另一方面，可以适当补充网络信息资源，扩大课文的知识背景，让学生更容易地理解课文大意，从而激发学生深入学习课文的欲望。教师让学生感知课文，并适时让学生明确拓展阅读的内容、方向，选择出与当前学习主题密切相关的问题作为学习的中心内容。在这个阅读教学模式中，问题是重要的载体，它既是思维的起点，又是思维的动力；既是深入学习课文的切入口，又是在网络环境下交互学习、浏览信息的出发点。问题可以由学生自己思考确定，也可以由教师提供。不管由谁得出，都必须是能够统领课文学习的几个中心问题，它们不但能引起争论，还能将讨论一步一步地引向深入，解决这几个问题成为贯穿整篇课文学习的主线。这样，学生通过自己去读书，去思考，并结合自己通读的体验和感悟，进一步明确课文学习的目标和方向。

网上冲浪，自主探究。叶圣陶老先生说过："课本无非是一个例子。"如果把课本看成语文教学的全部内容，那就有悖于"大语文"的观点了。《新课标》明确指出："要利用图书馆、网络等信息渠道尝试进行探究性阅读。"因此，阅读教学应该充分利用网络特有的优势，引导学生开展网上阅读。学生通过网上冲浪，搜索符合要求的资料，为解决问题积极做准备。开放的网络环境使学生能够获取更多的学习信息，使学生对原文加深了理解，拓宽了知识面。网络的无限容量，使得语文教学所需要的资料大量储存，而面对大量的原始材料，大多数的学生受年龄、心理、能力等多种因素的影响，很难快速准确地获取所需信息，教师应该具体指导学生如何阅读、处理网络信息。首先指导学生怎样根据所要解决的问题选择相关的网上资源，为他们提供充分的信息资料，如教师列出超链接的文章标题，指导学生根据标题筛选信息等；其次在阅读教学时，指导学生紧扣问题快速阅读相关信息，不要被无关信息干扰，让学生在信息面前学会选择，学会思考，形成良好的自学习惯；第三要教学生学会使用信息，既可以通过网络信息丰富感性认识，又可以运用精练的语句概括网络信息，补充课文中没有讲到的要点；第四是进行必要的提示和启发，并密切关注学生学习进展，建立敏感的反馈系统，在学生遇到困难时及时地帮助他们，防止学生产生过强的挫折感，丧失学习信心。

3.作文教学模式

写作是运用语言文字进行表达和交流的重要方式，是认识世界、认识自我、进行创造性表述的过程。写作教学应贴近学生实际，让学生易于动笔，乐于表达。应引导学生关注现实，热爱生活，表达真情实感。高职语文教学内容编制可依据高职学生心理发展调整课程内容，主动适应社会需求。根据现代科学及学科发展的新变化，应组合、选择或增加新内容，教学手段也要更新，要采用新的教育技术。而今，科学技术的发展，计算机网络的普及，为教学的改革和发展提供了一个新的平台。同阅读方式一样，在信息技术的冲击之下，写作方式也发生了重大变革：一是从手写走向键盘输入、扫描输入、语音输入；二是图文、声形并茂的多媒体写作方式；三是超文本结构的构思与写作。作为语文教师应该随着网络文化的兴起与发展，在作文教学中摸索出一条网络作文教学新模式，充分利用网络资源，结合课本知识和学生的阅读水平，把各种优秀的文学作品，通过网络传媒工具引入课堂，让学生在这些优秀的文学作品中陶冶心灵，塑造自我，培养学生欣赏美、鉴别美、创造美的能力，让学生在特定的环境中学会运用语言文字这种认知和交往的工具，表达自己的所见、所闻、所感，培养学生的写作能力和写作素养。网络环境下作文教学的操作流程一般为：确定文题，创情激趣—网上浏览，开源导流—说说议议，网上写作—网上发表，互评互改—归纳总结，共同提高。因为该模式教学过程包括五个环节，所以简称为五环网络作文教学模式。

第四章 "互联网＋"环境下实施语文教学的理论基础

第一节 建构主义理论

建构主义也称作结构主义，其代表人物是皮亚杰、科恩伯格、斯滕伯格、卡茨、维果斯基，是认知心理学派中的一个分支。皮亚杰是认知发展领域最有影响的一位心理学家，他所创立的关于学生认知发展的学派被人们称为日内瓦学派。皮亚杰关于建构主义的基本观点是，学生是在与周围环境相互作用的过程中，逐步建构起关于外部世界的认识，从而使自身认知结构得到发展的。学生与环境的相互作用涉及两个基本过程："同化"与"顺应"。同化是指个体把外界刺激所提供的信息整合到自己原有认知结构内的过程；顺应是指个体的认知结构因外部刺激的影响而发生改变的过程。同化是认知结构数量的扩充，而顺应则是认知结构性质的改变。认知个体通过同化与顺应这两种形式来达到与周围环境的平衡；当学生能用现有图式去同化新信息时，他处于一种平衡的认知状态；而当现有图式不能同化新信息时，平衡即被破坏，而修改或创造新图式（顺应）的过程就是寻找新的平衡的过程。学生的认知结构就是通过同化与顺应过程逐步建构起来，并在"平衡—不平衡—新的平衡"的循环中得到不断的丰富、提高和发展。

建构主义理论的一个重要概念是图式，图式是指个体对世界的知觉理解和思考的方式，也可以把它看作心理活动的框架或组织结构。图式是认知结构的起点和核心，或者说是人类认识事物的基础。因此，图式的形成和变化是认知发展的实质，认知发展受三个过程的影响：同化、顺化和平衡。建构主义学习理论是 20 世纪 80 年代末、90 年代初以来兴起的一种学习观，其建构的观念可追溯到皮亚杰和早期布鲁纳的思想中。20 世纪 70 年代末，布鲁纳等人将苏联教育心理学家维果斯基的思想介绍到美国，受其影响，建构主义思想得到了进一步发展。

建构主义者认为，世界是客观存在的，但是每个人对于世界的理解以及对于世界所赋予的意义却是不同的。人们以自己的经验来理解世界。由于人们的经验各不相同，对世界的解释也就大不相同。古宁汉认为，"学习是建构内在的心理表征的过程，学习者并不是把知识从外界搬到记忆中，而是以已有的经验为基础，通过与外界的相互作用来建构新的理解。"建构主义认为，"知识不是通过教师传授得到的，而是学习者在一定的社会文化背景下（一定的情境），借助其他人（教师和学习伙伴）的帮助，利用必要的学习资源，通过意义建构方式获得的。"它强调学生在学习过程中处于核心地位，教师应当充分利用丰富的教学资源和灵活多样的教学手段，帮助学生建构知识，促使学生由"要我学"向"我要学"转变。建构主义理论的内容很丰富，但其核心可以概括为：以学生为中心，强调学生对知识的主动探索、主动发现和对所学知识意义的主动建构。而不是像传统教学那样，只是把知识从教师的头脑中传送到学生的笔记本上。

建构主义教育理论认为：知识是相对和不断变化的，不能通过直接传授的方法教授给学生，而必须依靠学生积极主动地建构，即学习者在一定的情境和社会背景下，借助其他人的帮助，充分利用各种学习资源，通过意义建构而获得。由于知识是在一定的情境下借助他人的帮助而实现的意义建构过程，因而"情境创设""协作学习""会话交流""意义建构"是学习环境中的四大要素。其中"情境"是指学习者学习活动的社会文化背景，它有利于学习者对所学内容的意义建构。因此，教学设计不仅要考虑教学目标分析，还要考虑不利于学生建构意义的情境创设问题，并把情境创设看作是教学设计的重要内容之一。"协作"是指学习者在学习过程中教师和同学相互作用，协作发生在学习过程的始终。"会话"是协作过程中不可缺少的环节，是建构的重要手段之一，学习小组成员之间必须通过会话商议如何完成规定的学习任务计划。"意义构建"是整个学习过程的最终目标，其建构的意义是指事物的性质、规律以及事物之间的内在联系。在学习过程中帮助学生建构意义就是要帮助学生对当前学习内容所反映的事物的性质、规律以及该事物与其他事物之间的内在联系达到较深刻的理解。这种理解在大脑中长期存在的形式就是图式，也就是关于当前所学内容的认知结构。同时，对于许多学科，特别是人文学科来说，应该鼓励学习者建构出他自己独特的意义，形成他自己独特的认知结构。

建构主义提倡在教师指导下的以学习者为中心的学习，也就是说既强调学习者的认知主体作用，也不忽视教师的指导作用。教师是意义建构的帮助者、促进者，而不是知识的传授者与灌输者。学生是信息加工的主体，是意义的主动建构者，而不是外部刺激的被动接受者和被灌输的对象。信息网络的基本特征和它映射于语文教学所体现出来的特征，契合于建构主义的基本理论需求。网络信息的丰富多彩给探究问题达到深层理解提供了材料上的保证，网络的空间特征满足了语文教学创设学习情境并对之实施及时动态的有效控制的空间要求。网络传播的解构功能不仅可以增强学习者的兴趣和挑战心理，而且它也是促成学习者对周围瞬息万变的真实信息世界进行理解性重构的重要因素之一。建构主义理论是网络环境下实施语文教学的重要理论基础。建构主义的教学思想有：

（1）建构主义的知识观。首先知识不是对现实的纯粹客观的反映，任何一种传载知识的符号系统也不是绝对真实的表征。它只不过是人们对客观世界的一种解释、假设或假说，它不是问题的最终答案，它必将随着人们认识程度的深入而不断地变革、升华和改写，出现新的解释和假设；再者知识并不能绝对准确无误地概括世界的法则，提供对任何活动或问题解决都实用的方法。在具体的问题解决中，知识是不可能一用就准、一用就灵的，而是需要针对具体问题的情景对原有知识进行再加工和再创造；其次知识不可能以实体的形式存在于个体之外，尽管通过语言赋予了知识一定的外在形式，并且获得了较为普遍的认同，但这并不意味着学习者对这种知识有同样的理解。真正的理解只能是由学习者自身基于自己的经验背景而建构起来的，取决于特定情况下的学习活动过程。否则，就不叫理解，而是叫死记硬背或生吞活剥，是被动的复制式的学习。

（2）建构主义的学习观。第一，学习不是由教师把知识简单地传递给学生，而是由学生自己建构知识的过程。学生不是简单被动地接收信息，而是主动地建构知识的意义，这种建构是无法由他人来代替的；第二，学习不是被动接收信息刺激，而是主动地建构意义，是根据自己的经验背景，对外部信息进行主动地选择、加工和处理，从而获得自己的意义。外部信息本身没有什么意义，意义是学习者通过新旧知识经验间反复的、双向的相互作用过程而建构成的。因此，学习不是像行为主义所描述的"刺激反应"那样；第三，学习意义的获得，是每个学习者以自己原有的知识经验为基础，对新信息重新认识和编码，建构自己的理解的过程。在这一过程中，学习者原有的知识经验因为新知识经验的进入而发生调整和改变；第四，同化和顺应，是学习者认知结构发生变化的两种途径或方式。同化是认知结构的量变，顺应则是认知结构的质变。同化—顺应—同化—顺应……循环往复，平衡—不平衡—平衡—不平衡，相互交替，人的认知水平的发展，就是这样一个过程。学习不是简单的信息积累，更重要的是包含新旧知识经验的冲突，以及由此而引发的认知结构的重组。学习过程不是简单的信息输入、存储和提取，是新旧知识经验之间的相互作用过程，也就是学习者与学习环境之间互动的过程。

（3）建构主义的学生观。第一，建构主义强调，学习者并不是空着脑袋进入学习情景中的。在日常生活和以往各种形式的学习中，他们已经形成了有关的知识经验，他们对任何事情都有自己的看法。即使是有些问题他们从来没有接触过，没有现成的经验可以借鉴，但是当问题呈现在他们面前时，他们还是会基于以往的经验，依靠他们的认知能力，形成对问题的解释，提出他们的假设。第二，教学不能无视学习者的已有知识经验，简单强硬地从外部对学习者实施知识的"填灌"，而是应当把学习者原有的知识经验作为新知识的生长点，引导学习者从原有的知识经验中，形成新的知识经验。教学不是知识的传递，而是知识的处理和转换。教师不单是知识的呈现者，不是知识权威的象征，而应该重视学生自己对各种现象的理解，倾听他们时下的看法，思考他们这些想法的由来，并以此为据，引导学生丰富或调整自己的解释。第三，教师与学生、学生与学生之间需要共同针对某些问题进行探索，并在探索的过程中相互交流和质疑，了解彼此的想法。由于经验背景的差异的不可避免，学习者对问题的看法和理解经常是千差万别的。其实，在学生的共同体中，这些差异本身就是一种宝贵的现象资源。建构主义虽然非常重视个体的自我发展，但是它也不否认外部引导，即教师的影响作用。

第二节　系统科学理论

系统科学理论是研究一切系统的模式、原理和规律的科学。它是在系统论、控制论、信息论（简称"旧三论"）的基础上发展起来的，并逐渐出现了耗散结构论、协同论、突变论（简称"新三论"）。系统科学理论既是现代自然科学、社会科学、思维科学发展和综合的结果，又是现代科学研究的一般方法论。系统科学理论对现代科学的跨越式发展起到了极大的推动作用，对其他学科具有方法论的指导作用，对教育科学这一涉及诸多学习变武和教学变显的复杂系统更是具有积极的启发意义。系统科学对教学技能的学习与训练也具有积极的指导作用。

一、系统论、控制论、信息论概述

（一）系统论、控制论、信息论

1. 系统论

系统论的主要创立者是美籍奥地利生物学家贝塔朗菲。他在 1947 年发表的《一般系统论》一书中提出了"一般系统论"的观点，奠定了系统论的基础。该理论把自然界、人类社会及人类思维都看作具有不同特点的系统。系统是由两个以上相互作用和相互联系的要素结合而成的，是具有特定的整体结构和适应环境的特定功能的有机整体。系统各部分之间的相互作用越协调，系统结构就越合理，系统在整体上就越能达到较高水平，从而实现整体的功能大于各部分功能之和。宇宙中的任何事物都是以系统形式存在、发展着的，甚至可以说："系统无处不在，万物皆成系统。"教学技能也同样是以系统的形式存在和发展着。如果用具有普遍指导意义的系统思想和方法指导教学技能的训练和应用，必将使教学技能的获得更有效，且更易实现教学技能到教学技巧、教学技艺乃至教学艺术的转变。

2. 控制论

控制论的主要创立者是美国学者、数学家维纳。他于 1948 年发表了《控制论》一书，阐明在生物科学和物理科学中，控制和通讯有着共同的规律。我国著名教育家查有梁先生在他的《系统科学与教育》一书中为控制论下了这样一个简要的定义：控制论是关于生物系统和机械系统中控制和通讯的科学。系统的输出变为系统的输入就是反馈，通过反馈实现有目的的活动就是控制。一个系统既有控制部分将控制信息输入到受控部分，也有受控部分把反馈信息回送到控制部分，形成一个闭合回路，来实现系统的有效控制，由控制论产生了反馈控制法。这种方法认为：任何一个系统因内部变化、外部干扰，会产生不稳定，为保持系统稳定或按照一定路径达到预定目标，就必须进行控制。学习可以看成是一个信息加工的过程，若这一过程中的各个环节能够得到有效地控制，使得教与学之间的信息转换与反馈正常进行，就会使教学的效率和质量得到极大地提高。因此，控制论中的相关理论与方法必然会对如何有效控制教学过程，实现教学优化提供科学依据与指导。

3. 信息论

1948 年美国数学家、工程师香农发表的《通讯的数学理论》标志着信息论的诞生。信息论是研究各种系统中信息的计量、传递、变换、贮存和使用规律的科学。其原始意义主要是一门通讯理论，即希望通过对各种通信系统中信息传输的普遍规律的研究，提高通讯系统的有效性和可靠性。当它应用于教育系统，则可以理解为通过对教育系统中教学信息输入输出的一般规律的研究，即通过分析教学信息，分析教学系统的信息传播特点与规律以及处理教学信息等行为，达到提高教育教学系统中教学有效性的目的。

(二) 系统科学的基本原理

系统论、控制论、信息论这三论，既相互区别，又相互渗透、相互联系，统称为"旧三论"。从中提炼出来的系统科学的基本原理对教学技能的训练和应用有着方法性的指导作用。

1. 整体原理

任何系统只有通过相互联系形成整体结构才能发挥整体功能，系统中各要素是相互作用、相互依存的，没有整体联系、整体结构，要使系统发挥整体功能是不可能的。在教学技能的训练和应用中，应把教学技能看作一个系统，从宏观上把握，从整体上分析，综合考虑课堂教学过程中的各个要素和环节，使教学技能的整体功能得以有效发挥。

2.有序原理

任何系统只有开放、有涨落、远离平衡态，才可能走向有序，形成新的稳定的有序结构，以使系统与环境相适应。在教学技能的训练和应用中，要处理好各种教学技能之间以及教学技能与外部教学环境之间的关系，使它们之间形成平衡的有序的状态。教学系统要在社会环境中存在和发展，要与外界有信息、物质等的交换，必然要求它是一个开放的系统，要不断地吸收各学科的新信息，引进先进的技术，使之从无序走向有序，使教学技能适应不断变化的教学环境。

3.反馈原理

任何系统只有通过反馈信息才可能实现有效的控制。一个控制系统，既有输入信息，又有输出信息，系统的控制部分根据输出信息（反馈信息），进行比较、纠正和调整它发出的输入信息（控制信息），从而实现控制。在教学技能的训练和应用中，要随时根据反馈信息来了解教学情况，对教学过程进行协调控制以实现教学系统的功能。

二、耗散结构论、协同论、突变论概述

（一）耗散结构论、协同论、突变论

1.耗散结构论

1969年，比利时物理学家普利高津提出了"耗散结构"学说，它回答了开放系统如何从无序走向有序的问题。耗散结构理论认为，有序来自非平衡态，非平衡是有序源。在一定条件下，当系统处于非平衡态时，它能够产生、维持有序性的自组织，不断和外界交换物质和能量：系统本身尽管在产生熵，但又同时向环境输出熵，输出大于产生，系统保留的熵在减

少，所以走向有序。"耗散"的含义在于这种结构的产生不是由于守恒的分子力，而是由于能量的耗散，系统只有耗散能量才能保持结构稳定。耗散结构理论能够解决很多系统的有序演化问题，包括教育系统，它不仅对自组织产生的条件、环境做出了重要的判据性断言，而且对于把被组织的事物或过程转变为自组织的事物或过程具有启发的、可操作的意义。

2. 协同论

德国学者哈肯于1976年提出了"协同论"。协同论研究各种不同的系统从混沌无序状态向稳定有序结构转化的机理和条件。哈肯指出："从混沌状态而自发形成的很有组织的结构，乃是科学家们所面临的最吸引人的现象和最富于挑战性的问题之一。"协同论最根本的思想和方法是系统自主地、自发地通过子系统的相互作用而产生的系统规则。竞争与合作的方法是它的重要研究内容，协同学最基本的概念也是竞争与协作。复杂性的模式实际上是通过底层（或低层次）子系统的相互作用产生的。正如在大脑中寻找精神一样，在低层次中寻找复杂性的模式是徒劳的，但我们可以从相互作用的方式和结构，以及这种作用的运动演化过程中寻求到上一层次模式的呈现和轮廓。

3. 突变论

法国数学家托姆在20世纪60年代提出了一种拓扑数学理论，该理论为现实世界的形态发生突变现象提供了可利用的数学框架和工具。突变论在研究复杂性问题和过程时具有特殊的方法论意义。人们常把缓慢变化称为渐变，把瞬间完成明显急促的变化称为突变，但是突变与渐变的这种经验性认识既不准确也不科学。它们的本质区别不是变化率大小，而是变化率在变化点附近有无"不连续"性质出现，突变是原来变化的间断，渐变是原来变化的延续。所以突变属于间断性范畴，渐变属于连续性范畴。突变论的模型为思考人类思维过程和认识机制提供了新的思路。根据突变论的观点，我们的精神生活只不过是各个动力场吸引子之间的一系列突变，这种动力场是由我们的神经细胞的稳定活动构成的。

认识形态并不具有随意性，而是由其内部和外部条件预先决定的，托姆指出：我们思想的内在运动与作用于外部世界的运动，两者在根本上并没有什么不同。外部的模型变化可通过耦合的方式在我们的思想深处建立起来，这也正是认识的过程。

（二）自组织原理

耗散结构论、协同论、突变论作为系统科学的"新三论"，又称自组织理论，它深入研究了系统如何产生、如何利用信息交流将不同的部分组织起来从而形成整体以及系统如何演化等问题。

自组织是指在一定的外界条件下，通过系统内部的非线性相互作用，经过突变而形成一种新的稳定有序的结构状态，也就是系统"自发地"组织起来，形成和完善自身的结构。这也就是说，系统形成的各种稳定有序的结构是系统内部各因素彼此的相干性、协同性或某种特性相互作用的结果，不是外界环境直接强加给系统的。只要是通过内部因素的相互作用而组织成的有序结构都是自组织。

在教育教学中，教师要用"自组织"的观点看待教学和学习过程，看待学生。要把学生看作一个自组织的系统，学生的学习不是通过教师的强制教学实现的，而是要对其知识结构、能力构成和内部学习机制等进行整体的分析，有针对性地创造条件和教学情境，引发学生主动认知才能实现。由此，教师要充分认识到学生是学习的主体，真正实现教学的指导者和组织者的角色转变。

三、系统方法

（一）系统方法概述

系统方法是在运用系统科学的观点和方法来研究、处理各种复杂的系统问题时产生的。系统方法是按照事物本身的系统性把对象以系统的形式加以考察的方法，它侧重于系统的整体性分析，从组成系统的各要素之间的关系和相互作用中去发现系统的规律性，从而指明解决复杂系统问题的一般步骤、程序和方法。

（二）系统方法的作用

系统方法是认识、调控、改造、创造复杂系统的有效手段。世界上的事物和过程是复杂的，是由多种因素或子系统的复杂的相互作用所构成的，理解和解决系统问题需要系统的分析和整体的思考。系统科学方法为解决系统问题提供了方法论的指导。

系统方法为人们提供了制定系统最佳方案以及实行最优组合和最优化管理的手段。系统方法是指通过研究系统的要素、结构以及与环境的关系，经过科学的计算、预测，设计实现系统目标的多种方案，从中选择最佳的设计和实施方案并制定最佳控制和进行最优管理，以达到最佳功能目标。在人类认识世界和改造世界的过程中，系统方法在制定最佳方案、优化组合与管理等方面，都是可以利用解决问题的最佳手段。

系统科学方法为人们提供了新的思维模式。它突破了传统的只侧重分析的机械方法的栏栅，指导人们从总体上进行思维，探索科学技术发展的新思路，促进自然科学与社会科学的统一，促进科学家与哲学家的联盟，帮助人们打破两种科学、两种文化的界限，建立统一的世界图景和文化图景，建立起系统的自然观、科学观、方法论和系统的人类社会图景。

在教育领域中运用系统科学理论的思想、观点和方法，对教育系统的构成要素、组织结构、信息传递和反馈控制等进行分析、设计和评价等研究，可以促进教育系统的最优化。将系统方法应用于教学技能的学习，将有助于对教学技能的整体性理解和训练，对教学技能的获得与发展具有方法论的指导作用。

第三节　多元智力理论

多元智力理论是 20 世纪由美国哈佛大学心理学家霍华德·加德纳教授提出的，又叫"多元智能理论"。传统的智力理论认为人类的认知是一元的、个体的，智能是单一的、可量化的。而美国教育家、心理学家霍华德·加德纳在 1983 年出版的《智力的结构》一书中提出"智力是在某种社会或文化环境的价值标准下，个体用以解决自己遇到的真正的难题或生产及创造出有效产品所需要的能力。"每个人都至少具备语言智力、数理逻辑智力、音乐智力、空间智力、身体智力、人际交往智力和自我认知智力，这一理论被称为多元智力理论。其基本性质是多元的——不是一种能力而是一组能力，其基本结构也是多元的——各种能力不是以整合的形式存在而是以相对独立的形式存在。而现代社会是需要各种人才的时代，这就要求教育必须促进每个人各种智力的全面发展，让个性得到充分的发展和完善。主要的内容有：

言语—语言智力，是指对外语的听、说、读、写的能力，表现为个人能够顺利而高效地利用语言描述事件、表达思想并与人交流的能力。这种智力在记者、编辑、作家、演说家和政治领袖等人身上有比较突出的表现，例如由记者转变为演说家、作家和政治领袖的丘吉尔。这是一种与生俱来的口才能力，但是和知识面无关，外在语言模仿上也表现很出色，对于演讲、教育、辩论有着一流的口才能力。

音乐—节奏智力，是指感受、辨别、记忆、改变和表达音乐的能力，具体表现为个人对音乐美感反映出的包含节奏、音准、音色和旋律在内的感知度，以及通过作曲、演奏和歌唱等表达音乐的能力。这种智力在作曲家、指挥家、歌唱家、演奏家、乐器制造者和乐器调音师身上有比较突出的表现，例如音乐天才莫扎特。

逻辑—数理智力。是指运算和推理的能力，表现为对事物间各种关系如类比、对比、因果和逻辑等关系的敏感，以及通过数理运算和逻辑推理等进行思维的能力。它是一种对于理性逻辑思维较显著的智力体现，对数字、物理、几何、化学乃至各种理科高级知识有超常人的表现，是理性的思考习惯，一些数学家、物理科学家往往这个方面的智力点数都不低。在侦探、律师、工程师、科学家和数学家身上有比较突出的表现，例如相对论的提出者爱因斯坦。

视觉—空间智力，是指感受、辨别、记忆、改变物体的空间关系并借此表达思想和情感的能力，表现为对线条、形状、结构、色彩和空间关系的敏感，以及通过平面图形和立体造型将它们表现出来的能力。同时对宇宙、时空、维度空间及方向等领域的掌握理解，是更高一层智力的体现，是有相当的理性思维基础习惯为依托的前提。这种智力在画家、雕刻家、建筑师、航海家、博物学家和军事战略家的身上有比较突出的表现，例如画家达·芬奇。

身体—动觉智力，是所有体育运动员、世界奥运冠军们必须具备的一项智力。运用四肢和躯干的能力，表现为能够较好地控制自己的身体，对事件能够做出恰当的身体反应，以及善于利用身体语言表达自己的思想和情感的能力。这种智力在运动员、舞蹈家、外科医生、赛车手和发明家身上有比较突出的表现，例如美国篮球运动员迈克尔·乔丹。运动能力较强是这种智力的特点，它能有效地组织协调人的四肢，从而达到有效地运动能量。

自知—自省智力，是指认识洞察和反省自身的能力，表现为能够正确的意识和评价自身的情感、动机、欲望、个性、意志，并在正确的自我意识和自我评价的基础上形成自尊、自律和自制的能力。客观、公正、勇气、自信的建立基础，因为人最看不清的就是自己，俗话说：你最难战胜的就是你自己，可见这个对手很强大。人在主观时是很盲目的。而正是因为真知的逐渐形成才会变得无畏，就好像小孩子都害怕去医院打针，而当渐渐长大后，就不会再为打针吃药而恐惧了。这种智力在哲学家、思想家、小说家等人身上有比较突出的表现，例如哲学家柏拉图。

交往—交流智力，是指与人相处和交往的能力，表现为觉察、体验他人情绪、情感和意图并据此做出适宜反应的能力，也是情商的最好展现。因为人和人的交流就是靠语言或眼神以及文字书写方式来传递。往往这些人具有相当的蛊惑力或者煽动性，是组织的焦点、明星或者政客等。这种智力在教师、律师、推销员、公关人员、谈话节目主持人、管理者和政治家等人身上有比较突出的表现，例如美国黑人领袖、社会活动家马丁·路德·金。

自然观察智力，是指认识世界、适应世界的能力，是一种在自然世界里辨别差异的能力，如植物区系和动物区系、地质特征和气候。对我们自己身处的这个大自然环境的规律认知，如历史、人体构造、季节变化、方向的确立、磁极的存在、感知灵性空间的超自然科学能力，能适应不同环境的生存能力。

存在智力，是指陈述、思考有关生与死和终极世界的倾向性，即人们的生存方式及其潜在的能力。如人为何要到地球上来；在人类出现之前，地球是怎样的；在另外的星球上生命是怎样的；动物之间是否能相互理解等。

每个人都在不同程度上拥有上述九种基本智力，智力之间的不同组合表现出个体间的智力差异。教育的起点不在于一个人有多么聪明，而在于怎样变得聪明，在哪些方面变得聪明。在加德纳教授看来是以能否解决实际生活中的问题和创造出社会所需要的有效的产品的能力为核心的，也是以此作为衡量智力高低的标准的。因此，智力是个体解决实际问题的能力和生产出或创造出具有社会价值的、有效的产品的能力。

多元智力理论对教育实践活动的影响是全方位的，涉及了教育的学生观、教师观、教学观、目标观、评价观等教育理念。

1.学生观。每个学生都是多种智力的组合，但由于不同环境和教育的影响与制约，在每个人身上智力以不同方式、不同程度组合，使每个人的智力各具特点，每个人都呈现出智力的强项和弱项。在一个充满教育性的环境下，智力是可以提升的，只要能得到适当的刺激，几乎所有的智力在任何年龄段都可以发展。因此，在智能发展上不存在失败的学生。

2.教师观。教师必须全方位地了解每一个学生的背景、兴趣爱好、智力特点、学习强项等，从而确定最有利于学生学习的教学方法与策略。教师的教必须根据学生的学来确定是否有效。

3.教学观。学生个体之间存在智力差异，要求教学上以最大程度的个别化方式来进行。在教育中考虑学生个人的强项，使用不同的教材或手段，使每一个学生都有学会教学内容的机会，让学生有机会将学到的内容向他人展示，使学生的全脑智能都得到最大限度的发展。认真地对待学生的个别差异正是多元智力理论的核心。

4.目标观。多元智力理论的教学目标是开发学生的多元智力，为多元智力而教，并通过多元智力来教，使学生有机会更好地运用和发展自己的多种智力。

5.评价观。多元智力理论认为评价要体现发展性。评价不以发现人的缺陷为导向，而是发展人的强项，并为其积极的变化提供基础，最终促进全面的发展。

网络环境下的语文教学依赖高效的教学平台与丰富的信息资源来开展教学活动，为学生提供了一种新的学习选择方式，学生的主体地位得到凸现。网络教学尊重每一个个体，平等地对待每一个学生，促进每一个学生的全面发展和个性的充分展示。同时，丰富的学习资源和表现方式的多样化从客观上决定了网络教学属于一种个别化教学。多元智力理论的观点和网络环境下语文教学的特点非常吻合，是网络环境下实施语文教学的理论基础之一。

第四节　人本主义学习理论

人本主义于 20 世纪 50—60 年代在美国兴起，70—80 年代迅速发展，它既反对行为主义把人等同于动物，只研究人的行为，不理解人的内在本性，又批评弗洛伊德只研究神经症和精神病人，不考察正常人心理，因而被称之为心理学的第三种运动。人本学派强调人的尊严、价值、创造力和自我实现，把人的本性的自我实现归结为潜能的发挥，而潜能是一种类似本能的性质。人本主义最大的贡献是看到了人的心理与人的本质的一致性，主张心理学必须从人的本性出发研究人的心理。该学派的主要代表人物是马斯洛和罗杰斯。马斯洛的主要观点：对人类的基本需要进行了研究和分类，将之与动物的本能加以区别，提出人的需要是分层次发展的；他按照追求目标和满足对象的不同把人的各种需要从低到高安排在一个层次序列的系统中，最低级的需要是生理的需要，这是人所感到要优先满足的需要。罗杰斯的主要观点：在心理治疗实践和心理学理论研究中发展出人格的"自我理论"，并倡导了"患者中心疗法"的心理治疗方法。人类有一种天生的"自我实现"的动机，即一个人发展、扩充和成熟的趋力，它是一个人最大限度地实现自身各种潜能的趋向。

人本主义的学习与教学观深刻地影响了世界范围内的教育改革，是与程序教学运动、学科结构运动齐名的 20 世纪三大教学运动之一。人本主义心理学是有别于精神分析与行为主义的心理学界的"第三种力量"，主张从人的直接经验和内部感受来了解人的心理，强调人的本性、尊严、理想和兴趣，认为人的自我实现和为了实现目标而进行的创造才是人的行为的决定因素。人本主义心理学的目标是要对作为一个活生生的、完整的人进行全面描述。人本主义心理学家认为，行为主义将人类学习混同于一般动物学习，不能体现人类本身的特性，而认知心理学虽然重视人类认知结构，却忽视了人类情感、价值观、态度等最能体现人类特性的因素对学习的影响。在他们看来，要理解人的行为，必须理解他所知觉的世界，即必须从行为者的角度来看待事物。要改变一个人的行为，首先必须改变其信念和知觉。人本主义者特别关注学习者的个人知觉、情感、信念和意图，认为它们是导致人与人的差异的"内部行为"，因此他们强调要以学生为中心来构建学习情景。

人本主义学习理论是建立在人本主义心理学的基础之上的。对人本主义学习理论产生深远影响的有两个著名的心理学家，分别是美国心理学家马斯洛和罗杰斯。人本主义主张，心理学应当把人作为一个整体来研究，而不是将人的心理肢解为不完整的几个部分，应该研究正常的人，更应该关注人的高级心理活动，如热情、信念、生命、尊严等内容。人本主义的学习理论从全人教育的视角阐释了学习者整个人的成长历程，以发展人性；注重启发学习者的经验和创造潜能，引导其结合认知和经验，肯定自我，进而自我实现。人本主义学习理论重点研究如何为学习者创造一个良好的环境，让其从自己的角度感知世界，形成对世界的理解，达到自我实现的最高境界。

人本主义心理学是有别于精神分析与行为主义的心理学界的"第三种力量"，主张从人的直接经验和内部感受来了解人的心理，强调人的本性、尊严、理想和兴趣，认为人的自我实现和为了实现目标而进行的创造才是人的行为的决定因素。人本主义心理学的目标是要对作为一个活生生的完整的人进行全面描述。人本主义心理学家认为，行为主义将人类学习混同于一般动物学习，不能体现人类本身的特性，而认知心理学虽然重视人类认知结构，却忽视了人类情感、价值观、态度等最能体现人类特性的因素对学习的影响。在他们看来，要理解人的行为，必须理解他所知觉的世界，即必须从行为者的角度来看待事物。要改变一个人的行为，首先必须改变其信念和知觉。人本主义者特别关注学习者的个人知觉、情感、信念和意图，认为它们是导致人与人差异的"内部行为"，因此他们强调要以学生为中心来构建学习情景。

罗杰斯认为，人类具有天生的学习愿望和潜能，这是一种值得信赖的心理倾向，它们可以在合适的条件下释放出来；当学生了解到学习内容与自身需要相关时，学习的积极性最容易激发；在一种具有心理安全感的环境下可以更好地学习。罗杰斯认为，教师的任务不是教学生知识，也不是教学生如何学习知识，而是要为学生提供学习的手段，至于应当如何学习则应当由学生自己决定。教师的角色应当是学生学习的"促进者"。罗杰斯认为，一个人的自我概念极大地影响着他的行为。心理变态者主要是由于他有一种被歪曲的、消极的自我概念的缘故。如果他要获得心理健康，就必须改变这个概念。因此，心理治疗的目的就在于帮助病人或患者创造一种有关他自己的更好的概念，使他能自由地实现他的自我，即实现他自己的潜能，成为功能完善者。由于罗杰斯认为患者有自我实现的潜能，它不是被治疗家所创建的，而是在一定条件下自由释放出来的，因此"患者中心疗法"的基本做法是鼓励患者自己叙述问题，自己解决问题。治疗者在治疗过程中，不为患者解释过去压抑于潜意识中的经验与欲望，也不对患者的自我报告加以评价，只是适当地重复患者的话，帮助他澄清自己的思路，使患者自己逐步克服他的自我概念的不协调，接受和澄清当前的态度和行为，达到自我治疗的效果。而要有效运用患者中心疗法，使病人潜在的自我得到实现，必须具备三个基本条件，那就是：（1）无条件地积极关注：治疗者对患者应表现出真诚的热情、尊重、关心、喜欢和接纳，即使当患者叙述某些可耻的感受时，也不表示冷漠或鄙视，即"无条件尊重"；（2）真诚一致：治疗者的想法与他对患者的态度和行为应该是相一致的，不能虚伪做作;(3)移情性理解:治疗者要深入了解患者经历的感情和想法,设身处地地了解和体会患者的内心世界。

由于人本主义心理学家认为人的潜能是自我实现的,而不是教育的作用使然,因此在环境与教育的作用问题上,他们认为虽然"人的本能需要一个慈善的文化来孕育他们,使他们出现,以便表现或满足自己",但是归根到底,"文化、环境、教育只是阳光、食物和水,但不是种子",自我潜能才是人性的种子。他们认为,教育的作用只在于提供一个安全、自由、充满人情味的心理环境,使人类固有的优异潜能自动地得以实现。在这一思想指导下,罗杰斯在20世纪60年代将他的"患者中心"的治疗方法应用到教育领域,提出了"自由学习"和"学生中心"的学习与教学观。

罗杰斯认为,情感和认知是人类精神世界中两个不可分割的有机组成部分,彼此是融为一体的。因此,罗杰斯的教育理想就是要培养"躯体、心智、情感、精神、心力融汇一体"的人,也就是既用情感的方式也用认知的方式行事的情知合一的人。这种知情融为一体的人,他称之为"完人"或"功能完善者"。当然,"完人"或"功能完善者"只是一种理想化的人的模式,而要想最终实现这一教育理想,应该有一个现实的教学目标,这就是"促进变化和学习,培养能够适应变化和知道如何学习的人"。他说:"只有学会如何学习和学会如何适应变化的人,只有意识到没有任何可靠的知识,只有寻求知识的过程才是可靠的人,才是真正有教养的人。在现代世界中,变化是唯一可以作为确立教育目标的依据,这种变化取决于过程而不是静止的知识。"可见,人本主义重视的是教学的过程而不是教学的内容,重视的是教学的方法而不是教学的结果。由于人本主义强调教学的目标在于促进学习,因此学习并非教师以填鸭式严格强迫学生无助地、顺从地学习枯燥乏味、琐碎呆板、现学现忘的教材,而是在好奇心的驱使下去吸收任何他自觉有趣和需要的知识。罗杰斯认为,学生学习主要有两种类型:认知学习和经验学习。其学习方式也主要有两种:无意义学习和有意义学习，并且认为认知学习和无意义学习、经验学习和有意义学习是完全一致的。因为认知学习的很大一部分内容对学生自己是没有个人意义的，它只涉及心智，而不涉及感情或个人意义，是一种"在颈部以上发生的学习"，因而与完人无关，是一种无意义学习。而经验学习以学生的经验生长为中心，以学生的自发性和主动性为学习动力，把学习与学生的愿望、兴趣和需要有机地结合起来，因而经验学习必然是有意义的学习，必能有效地促进个体的发展。

所谓有意义学习，不仅仅是一种增长知识的学习，而且是一种与每个人各部分经验都融合在一起的学习，是一种使个体的行为、态度、个性以及在未来选择行动方针时发生重大变化的学习。在这里，我们必须注意罗杰斯的有意义学习和奥苏伯尔的有意义学习的区别。前者关注的是学习内容与个人之间的关系；后者则强调新旧知识之间的联系，它只涉及理智，而不涉及个人意义。因此，按照罗杰斯的观点，奥苏伯尔的有意义学习只是一种"在颈部以上发生的学习"，并不是罗杰斯所指的有意义学习。

对于有意义学习，罗杰斯认为主要具有四个特征。（1）全神贯注：整个人的认知和情感均投入到学习活动之中；（2）自动自发：学习者由于内在的愿望主动去探索、发现和了解事件的意义；（3）全面发展：学习者的行为、态度、人格等获得全面发展；（4）自我评估：学习者自己评估自己的学习需求、学习目标是否完成等。因此，学习能对学习者产生意义，并能纳入学习者的经验系统之中。总之，"有意义的学习结合了逻辑和直觉、理智和情感、概念和经验、观念和意义。若我们以这种方式来学习，便会变成统整的人。"

人本主义的教学观是建立在其学习观的基础之上的。罗杰斯从人本主义的学习观出发，认为凡是可以教给别人的知识，相对来说都是无用的；能够影响个体行为的知识，只能是他自己发现并加以同化的知识。因此，教学的结果，如果不是毫无意义的，那就可能是有害的。教师的任务不是教学生学习知识（这是行为主义者所强调的），也不是教学生如何学习（这是认知主义者所重视的），而是为学生提供各种学习的资源，提供一种促进学习的气氛，让学生自己决定如何学习。为此，罗杰斯对传统教育进行了猛烈的批判。他认为在传统教育中，"教师是知识的拥有者，而学生只是被动的接受者；教师可以通过讲演、考试甚至嘲弄等方式来支配学生的学习，而学生无所适从；教师是权力的拥有者，而学生只是服从者。"因此，罗杰斯主张废除"教师"这一角色，代之以"学习的促进者"。

罗杰斯认为，促进学生学习的关键不在于教师的教学技巧、专业知识、课程计划、视听辅导材料、演示和讲解、丰富的书籍等（虽然这中间的每一个因素有时候均可作为重要的教学资料），而在于特定的心理气氛因素，这些因素存在于"促进者"与"学习者"的人际关系之中。那么，促进学习的心理气氛因素有哪些呢？罗杰斯认为，这和心理治疗领域中咨询者对咨客（患者）的心理气氛因素是一致的，这就是：（1）真实或真诚：学习的促进者表现真我，没有任何矫饰、虚伪和防御；（2）尊重、关注和接纳：学习的促进者尊重学习者的情感和意见，关心学习者的方方面面，接纳作为一个个体的学习者的价值观念和情感表现；（3）移情性理解：学习的促进者能了解学习者的内在反应，了解学生的学习过程。在这样一种心理气氛下进行的学习，是以学生为中心的，"教师"只是学习的促进者、协作者或者说伙伴、朋友，"学生"才是学习的关键，学习的过程就是学习的目的之所在。

总之，罗杰斯等人本主义心理学家从他们的自然人性论、自我实现论及其"患者中心"出发，在教育实际中倡导以学生经验为中心的"有意义的自由学习"，对传统的教育理论造成了冲击，推动了教育改革运动的发展。这种冲击和促进主要表现在：突出情感在教学活动中的地位和作用，形成了一种以知情协调活动为主线、以情感作为教学活动的基本动力的新的教学模式；以学生的"自我"完善为核心，强调人际关系在教学过程中的重要性，认为课程内容、教学方法、教学手段等都维系于课堂人际关系的形成和发展；把教学活动的重心从教师引向学生，把学生的思想、情感、体验和行为看作是教学的主体，从而促进了个别化教学运动的发展。不过，罗杰斯对教师作用的否定，是不正确的，是言过其实的。

第五节　现代教学结构理论

发展性教学、结构主义教学、范例教学并称为现代教学的萨达流派，其思想不仅代表了一个时代，而且影响着当代教学的理论和实践。结构主义教学理论是 20 世纪 50 年代末产生于美国的一种教学理论，该理论提出要让学生掌握学科的基本结构、提倡早期学习、倡导广泛应用发现法等。结构主义教学理论的代表人物是美国心理学家、教育家布鲁纳。结构主义教学理论极大地促进了 20 世纪 60 年代美国中小学以课程改革为中心的教育改革运动，并获得了广泛的国际声誉。

现代教学结构理论即结构主义（Structuralism）教学理论。主要以结构主义教育理论及皮亚杰结构主义心理学为理论基础。它是苏联于 1957 年发射第一颗人造地球卫星后产生的，是对当代国际教学理论及实践有重要影响的教学理论。结构主义教学理论认为，任何一门学科都有一个基本结构，即具有其内在的规律性。它反映了事物间的联系，包含了"普遍而强有力的适应性"，不论教什么学科，都必须使学生理解学科的基本结构，而学科的基本结构即各门学科的基本概念、基本原理和规律。"基本"就是一个观念，具有广泛地适用于新情况的能力，它是进一步获得和增长新知识的"基础"；"结构"则是指学科的基本概念、基本原理以及它们之间的联系，是指知识的整体和事物的普遍联系即规律。另外布鲁纳指出，在教学中，不仅要让学生掌握一般的理论，还要培养他们对学习的态度、对推测和预测的态度、对独立解决问题的态度。因此他强调要立足于精心层面组织教材。教学活动是一种非常特殊的社会活动，教师和学生是教育活动中的两个基本要素，学生是受教育者，但不完全是被动接受教育的，而是具有主观能动性，一切教育的影响必须通过学生的主动积极性才能达到预期的效果。因此，教育的一切活动都必须以调动学生主动性、积极性为出发点，使学生具有充分的动力，主动学习，善于学习。在教学过程中，教师要认真研究学生、研究教法和指导学法，学生则要发挥主观能动性，表现出最大可能的学习积极性和创造性。在课堂教学中，学生的学习是两个转化过程，一是由教材的知识结构向学生的认知结构转化；二是由学生的认知结构向智能转化，这种转化过程，只有以学生为主体、在教师的积极引导下才能实现，教师在教学过程中应与学生积极互动，共同发展，要处理好传授者与培养能力的关系，注重培养学生的独立性和自主性，引导学生质疑、调查、探究，在实践中学习，促进学生在教师指导下主动地富有个性地学习。教师应尊重学生的人格，关注个别差异，满足不同学生的学习需要，创设能引导学生主动参与的教育环境，激发学生的学习积极性，培养学生掌握和运用知识的态度和能力，使每个学生都能得到充分的主动的发展。

布鲁纳的结构主义教学理论的基本框架包括：1.智力发展过程，学生智力分为三个阶段。学生智力的发展离不开语言和文化的相互作用，而对学习者有计划地提供语言体系、文化体系是教师的基本职责，学习者智力的发展是在教师与学习者的教育关系中实现的。2.教材结构理论。主张编写出"既重视内容范围，又重视结构体系的教材"。重视内容指要求教材现代化，重视"结构"则是指要求教材包含学科基本概念、法则及联系，有助于学生"学习事物是怎样互相关联"的。3.发现学习法。学习者要自己去发现教材结构是最有效的学习方法。发现学习的特点是：学生积极探索解决问题的方略、学生活用并组织信息、学生灵活而执着追求问题解决。4.内部动机是学习的真正动机。内部动机是在学习本身中发现学习的源泉和报偿。激发学生内部动机主要通过利用惊奇、激发疑惑、提出具有几个解答不确凿的问题、设计困境、揭示矛盾等。

结构主义教学理论的要点：

1. 要让学生掌握学科的基本结构。该理论认为任何一门学科都有一个基本结构，即具有其内在的规律性。它反映了事物间的联系，包含了"普遍而强有力的适应性"。不论教什么学科，都必须使学生理解学科的基本结构，而学科的基本结构即各门学科的基本概念、基本原理和规律。布鲁纳指出："学习结构就是学习知识是怎样相互联系的。"他认为，学习的首要目的是为将来服务。学习为将来服务有两种方式：一是特殊迁移；二是原理和态度的迁移（这是教育过程的核心）。布鲁纳对于学习基本结构意义的理解：懂得基本原理可以使学科更容易理解；懂得基本原理有利于人类的记忆。

2. 提倡早期学司（学习准备观念的转变）。布鲁纳在他的《教育过程》中学习准备部分的第一句话就是，任何学科都可以用某种理智的方法有效地教给处于任何发展阶段的任何学生。，因此学习准备是很重要的。学习准备主要指学生的年龄特征和智力发展水平，是否已经达到能适应某些学科学习的程度。这样提的原因是根据他的学生发展阶段论。他认为，在发展的各个阶段，学生用他自己观察世界和解释世界的独特方式去表现学科的结构，能使学生掌握它；另外学生的认识发展阶段固然和年龄有关，但也可以随文化和教育条件而加快、推迟或停滞。所以他主张，教学要向学生提出具有挑战性而适合的课题，以促进学生认识的发展。他强调基础学科能提早学习，使学生尽早尽快地学习许多基础学科知识，是布鲁纳关于学校课程设计的指导思想。

3. 布鲁纳论教学原理。布鲁纳认为，教学论是一种规范化的力量，它所关注的是怎样最好地学会人们想教的东西和促进学习，而不是描述学习。

它有四个特点：1.它应详细规定最有效地、使人能牢固地树立学习的心理倾向的经验；2.它应当详细规定将大量知识组织起来的方式，从而使学习者容易掌握；3.它应规定呈现学习材料最有效的序列；4.它必须规定教学过程中贯彻奖励和惩罚的性质和步调。据此他提出了四条教学原则：动机原则，结构原则，程序原则，反馈强化原则。

4.布鲁纳"发现学习"理论。"发现学习"是布鲁纳在《教育过程》一书中提出来的。这种方法要求学生在教师的认真指导下，能像科学家发现真理那样，通过自己的探索和学习"发现"事物变化的因果关系及其内在联系，形成概念，获得原理。发现学习以培养探究性思维的方法为目标，以基本教材为内容，使学生通过再发现的步骤来进行学习。发现学习是以布鲁纳的认知心理学学习理论为基础的。他认为学习就是建立一种认知结构，相当于我们所说的主观世界，头脑中经验系统的构成。建立认知结构是一种能动的主观活动，具有主观能动性。所以布鲁纳格外重视主动学习，强调学生自己思索、探究和发现事物。发现学习的特点有三：再发现、有指导的发现和以培养探究性思维为目标。发现学习的优点有：基本智慧潜力、激发学习的内部动机、掌握探索的方法、有助于记忆的保持。

布鲁纳结构主义教学理论的基本观点：

1.重视学生认知结构的发展和学科的知识结构。布鲁纳把认知发展作为教学论问题讨论的基础。他指出："一个教学理论实际上就是关于怎样利用各种手段帮助人成长和发展的理论。"布鲁纳将其称为"成长科学"，即认知科学或智力发展科学。他认为教育"不仅要教育成绩优良的学生，而且要帮助每个学生获得最好的智力发展，教育的任务在于发展智力。""学生的认知发展是由结构上迥异的三类表征系统（行为表征、图像表征、符号表征）及其相互作用构成的质的飞跃过程。"布鲁纳认为，学习的实质在于主动地形成认知结构。认知结构是指由人过去对外界事物进行感知、概括的一般方式或经验所组成的观念结构。学习者不是被动地接受知识，而是主动地获取知识，并通过把新获得的知识和已有的认知结构联系起来，积极地建构其知识体系。他指出，"不论我们教什么学科，务必使学生理解该学科的基本结构。"布鲁纳认为"基本概念和原理是学科结构最基本的要素"，"学习结构就是学习事物怎样相互联系的"，因为这些基本结构反映了事物之间的联系，具有"普遍而有力的适用性"。

2. 提倡发现学习，注重直觉思维。在教学方法上，布鲁纳主张"发现法"。所谓"发现法"，对学生来说是一种学习方法，叫发现学习；对教师则是一种教学方法，叫发现教学。他认为"我们教一门科目，并不是希望学生成为该科目的一个小型图书馆，而是要他们参与获得知识的过程。学习是一种过程，而不是结果。""发现教学所包含的，与其说是引导学生去发现那里发生的事情的过程，不如说是他们发现他们自己头脑里的想法的过程。"

他主张让学生主动地去发现知识，而不是被动地接受知识。布鲁纳的"发现学习"和"发现教学"以培养创新精神和实践能力为主要目的，即构建旨在培养创新精神和实践能力的学习方式及其对应的教学方式。其基本程序一般为：创设发现问题的情境—建立解决问题的假说—对假说进行验证—做出符合科学的结论—转化为能力。布鲁纳认为"发现"依赖于"直觉"思维，他主张在教学中采取有效方法帮助学生形成直觉思维能力，要鼓励学生去猜想。

3. 提倡螺旋式课程。布鲁纳认为课程设计和教材的编写应查明基础学科基本知识的学习准备，根据学生当时认知发展水平予以剪裁、排列和具体化，使知识改造成为一种与学生认知发展相切合的形式。他认为，课程或教材的编写应按照学科的基本结构来进行。由此，他提出了螺旋式课程编写方法。所谓螺旋式课程，就是以与学生的思维方式相符合的形式尽可能早地将学科的基本结构置于课程的中心地位，随着年级的提升，使学科的基本结构不断地拓展和加深。这样，学科结构就会在课程中呈螺旋式上升的态势。

第五章　网络化语文教学模式的现状

第一节　关于网络化环境的概述

在分析网络化环境对语文教学模式产生的作用之前，我们首先需要了解何为教学模式。这个问题将在下文对其进行详细的阐述。

一、教学模式的基本概念及特点

教学模式是教学过程的静态表现形式，是由其内部诸因素相互作用、相互联系而构成的一个独立的系统，它排除了教学过程中那些次要的和非本质的东西，反映教学过程的本质要素、关系和机理。一个完整的教学模式包含许多因素，如教师、学生、教材、教学思想、教学目标、教学方法、教学方式、教学程序、教学评价等，而在这个系统中，起决定作用的即主要的因素是教学思想、教学目标、教学程序和教学方法。

（一）教学模式的基本概念

教学模式思想的提出源于夸美纽斯、赫尔巴特等人，特别是赫尔巴特提出的"明了—联合—系统—方法"的教学模式以及后来由莱因等人修订而成的"五段教学法"，作为传统教学的经典模式一直沿袭至今。但教学模式作为一个正式的科学概念是由美国学者乔伊斯和韦尔于 1972 年在他们合作出版的《教学模式》一书中正式提出的，他们认为："教学模式是一种可以用来设置课程（诸学科的长期教程）、设计教学材料、指导课堂或其他场合的教学的计划或类型。"

我国近些年来也对教学模式进行了研究，但对什么是教学模式则众说纷纭。《中小学教学模式》的解释是："教学模式是在教学实践基础上建立起来的一整套组织、设计和调控教学活动的方法论体系，它由教学（哲学）主题、功能目标、结构程序及操作要领构成。"而《当代西方教学模式》的编著者则进一步指出："教学模式是思考课堂教学的一种工具，它用一组精心安排的基本概念，也就是几个主要的变量来结实课堂教学里的活动。"这是从教育方法论的视角，把教学模式看作思考和解释课堂教学活动的一种工具。

有的学者认为教学模式是"教师根据教学目的和教学任务在不同的教学阶段，协调应用各种教学方法过程中形成的动态系统"，是"特殊的教学方法，适用于某些特定的教学情境"；有的学者则从教学结构范畴来定义，他们认为教学模式是"反映特定教学理论逻辑轮廓的，为保持某种教学任务的相对稳定而具体的教学活动结构"，"人们在一定的教学思想指导下对教学客观结构作出的主观选择"；有的将教学模式看成是"小型教学论"；有的从设计与组织教学的范畴来定义教学模式，认为它是依据教学思想与教学规律，根据不同的教学目标设计相应的操作体系来实现既定的教学目标，是"根据客观教学规律和一定教学指导思想而形成的，师生在教学过程中必须遵循的比较稳固的教学程序及其实施方法的策略体系。"以上各种定义虽各有千秋，但都不贴切。模式与方法有联系，但并不等于是方法。何为"小型教学论"，何为"大型教学论"，本身就存在分歧，把教学模式看成"小型教学论"，是没有了解教学模式的内涵和本质。

（二）语文教学模式的基本特点

现在的语文教学模式，虽然在理论依据、具体实施步骤及所取得的效果方面，形形色色，千差万别。然而通过对各种教学模式特征的分析，我们还是可以从中找到一些基本特点。

1. 以知识学习为基础，以智力发展为中心，将知识、智力和能力密切结合

教学过程是一种特殊的认识过程，也是学生得到全面发展的过程。只有当教学处于合理的结构之中，它才可能为发展提供多于它自身直接结果的东西，才能走在发展的前面。而教学目标则是教学的鲜明主体。教学目标贯彻和主导着整个教学模式体系，支配着模式构成的其他因素，是人们设计教学模式时处理结构、安排程序、选择策略方法的依据。目标不同，模式设计也会有所区别。

语文教学模式应贯彻发展的观点，视学生为能动的主体，知、情、意、行的统一体，强调学生获得系统知识的同时发展智力与心力，实现知识、智力、能力的统一，摆脱僵化的、以知识教学为中心的格局。

首先，在教学的主攻方向和衡量学生学习的标准上，以发展学生智力为前提，以培养学生能力为目标。"教育是对整个人的健全教育，而不是只关注某一方面发展的畸形的教育。"教学，就其本质来说，就是按照既定目标有计划地指导学生，通过学习教材掌握人类已有的知识经验并获得智力、情感、意志、品德和个性的统一发展。教学的任务在于培养学生，使他们获得知识，发展能力，培养人格。新时期教学模式追求的教学目标不仅在于学生是否读懂了、读会了，还在于学生是否掌握了科学的读书方法；在教学中，教师倡导的是一种能促进学生发展的、高品质的自主学习，能够给学生带来智慧的挑战，使学生有足够的学习空间，同时保持强烈的学习需求和学习兴趣，从而让学生在积极、主动的认识与实践中发展智力，形成语文能力。

其次，教学模式都把自学作为语文教学过程的一个有机组成部分和最终目的。教学过程是教师借以摆脱学生的过程。学生的认识过程是知识的、

情感的、技能的内化过程，是谁也无法代替的。以上教学模式都是从学生的"学"上着手进行改革，把以"讲"为主的模式变为以"学"为主的模式。教师有意识地引导学生在学习中进一步深入探讨，获取新知，而且尊重学生思维的独立性，不仅重视培养学生分析问题、解决问题的能力，更加重视指导学生在学习的过程中，进行积极主动的探索，培养其发现问题、提出问题的能力，使教学活动真正成为教师指导下的、学生自觉的、积极的认识活动，从而打破了传统课堂教学"齐步走""一刀切"的格局，提高了教学的起点，增加了教学的密度。

2.以学生为主体，以教师为主导，教与学有机统一

构成教学活动的基本因素包括教学目的、教师、学生、教学内容、教学方法、教学环境和教学反馈等。在这个特殊的关系集合中，最基本也是最重要的关系是教师与学生的关系及其各自的行为所构成的教与学的关系。

从获得知识和能力方面来讲，学生是矛盾的主导方面。学生应在教师的指导下，积极主动地学习。其过程是从未知到已知，从知之不多到知之较多，从知其然到知其所以然，不断发展、不断深化、不断提高的过程。从传授知识和技能方面来讲，教师又是矛盾的主导方面。教师的主导作用在教学过程中应得到充分的发挥，是利用多种教学手段，充分调动学生学习的积极性和主动性，使学生获得的知识不断扩张，不断发展，不断运用，向能力不断转化的过程。

教育的本质应当是回归生命本体的教育，其根本任务就是不断提高受教育者的主体意识和能力，使之成为能够进行自我教育的社会主体。因而它的认识、发展的主体只能是学生，学生的发展归根结底必须依赖自身的主观努力。教师只能为学生的认识创造种种有利条件，永远不能代替学生认识。

"学"是"教"的出发点和归宿，直接规定和影响着"教"。所以，尊重学习者自己主动学习的权利，提供给学生自己主动学习的条件与机会，

不断帮助学生学会主动学习，是教育者必须承担的责任。在教学活动实践中，只有形成师生和谐相容的局面，做到教与学的和谐共振，才能最充分地发挥教师的主导作用和学生的主体作用，才能有教与学的高效率和高质量。在传统的教育观念和教育实践中，往往割裂了两者的有机统一，只强调其单一侧面。教师凌驾于学生之上，以"严格要求"为借口，以强制的手段——训斥、羞辱，特别是打低分数、向家长告状等，来强迫学生服从教师的意志。在这种情况下，很容易伤害学生的自信心、自尊感，引起学生对教师的反感甚至怨恨，从而扼杀学生的学习兴趣，致使他们厌恶学习，引起很多矛盾和冲突。

以上教学模式则充分考虑了教与学两个方面的位置、关系的处理，使教师的教和学生的学共同构成一个有机整体。在重视教师的引导、启发、指导的同时，把学生的"学"放在相当突出的位置上，积极创设和谐情境鼓励学生积极学习，主动参与，使学生最大限度地处于主体激活状态，使学习成为学生自己的自主活动，学生感到自己是独立自主的主体，而不是教师教育影响的客体。这样的教学模式，有利于发挥教师与学生两个方面的积极性，更有效地完成教学任务。

3.师生之间、学生之间构建起纵横交错的信息交流网络

学习是学习者吸收信息并输出信息，通过反馈、评价获得经验及行为变化的整个过程。课堂教学作为一个多要素构成的系统，其组织结构必须达成多种反馈渠道的畅通，使教与学都能从不断获得的反馈信息来矫正目标，调整教学步骤、速率和方法等，使课堂教学要素有机协调，使课堂教学系统能得到有效控制。要在教学过程中实现信息的不断反馈，就是要使"学对教的反馈"和"教对学的反馈"贯穿于教学的全过程，并随时注意教师与学生两个子系统的自我反馈。

传统教学在信息传递上多为纵向传递，这种模式的信息来源单一，往往只有教师传递信息（讲授知识）、学生接收信息（接受知识）一条渠道，

反馈的面很窄或几乎没有反馈，导致教学的片面性、盲目性。

新时期的课堂教学模式共同关注教学要素间的横向联系，通过师生共同的讨论、探究，在教师与学生、学生与学生的信息交流中实现信息的交换，形成了教师和学生之间、学生和学生之间的相互辐射，体现出以学生为学习主体、以教师为教学主导、以合理的知识结构为教材主线的"三主"空间新结构，并与时间上的纵向程序相辅相成，相互渗透，建立起纵向交流与横向交流相互交织的多向立体式信息交流结构。不仅为学生提供了更多的活动机会，而且能够促进学生听、说、读、写能力的提高，从而切实提高教学效率。

以上几点，是从不同的模式中概括出来的，是教学的一般规律在教学模式中的具体运用。这正是教学模式之所以具有活力，有推广价值的关键所在。反过来说，一切好的教学模式的构建，都必须考虑以上几条规律。

第二节　网络化语文教学模式的特征

网络信息资源的特点，决定了网络环境下语文教学的特点是教学内容的丰富性、教学时空的开放性、教学环境的情境性、学习过程的自主性和交互性。

一、教学内容的丰富性

《新课标》中指出："构建灵活开放的语文教材体系，沟通课本内外、课堂内外、学校内外。"网络是一个巨大的在线图书馆，信息内容丰富多样。利用互联网信息丰富、资源多样、传播快捷等优点，搜集信息，查阅资料，可以拓宽语文学习的渠道，采集到广泛的知识，使学生的阅读面、知识面扩大，更好地学习语文。一般来说，可以以教材中的课文为核心，选择与之相关联的内容和信息，与之结合构成一个学习对象素材库，包括课文内容的分析解释、作者的介绍评价、课文涉及的相关知识点和对文章的评论等，这些资料可以是教师收集后输入，也可以是从网上下载，还可以给学生直接呈现相关网站或网页的链接，或让学生进行主题搜索专题浏览。有一位教师在教学《威尼斯的小艇》一课时，课前先让学生上网浏览收集课文的相关内容。上课时，让学生交流课前查阅到的资料。课堂上，学生热情高涨，课堂气氛异常活跃。有介绍意大利风土人情、威尼斯地理位置、水城特点的，有介绍威尼斯与我国苏州市结为"姐妹城"的情况的，有介绍作者马克·吐温的作品的，还有出示自己打印的意大利地图、威尼斯小艇的。真可谓"功"在网络上，"利"在课堂中。"给人一杯水，自己就先要有一桶水"，网络资源的丰富性、内容的多样性和广泛性可以较好地处理教师的有限知识和学生的无限需求之间的矛盾。

二、教学时空的开放性

传统课堂教学由于时空的限制和评价标准的制约，学生的思维往往围于课本或教师的教学思维框架之中难以发展、难于突破，网络环境则可以为学生提供广阔无限的空间。计算机的互联，使每个网络终端都能够享受到每台服务器的丰富资源，网络互联所形成的海量信息为传统的教学内容拓展了无限的空间，使教育传播不受时间、地点、国界的局限，哪里有网络，哪里就有"教室"，语文学习从时间和空间上向课外延伸，真正打破了明显的校园界限，改变了传统"课堂"的概念。学生的学习范围已不再局限于那一成不变的教材。从课堂学习到课外阅读，只要鼠标轻轻一点，古今中外，名篇巨著，尽收眼底。例如在《敬畏生命》教学中，设计者就提供了三个可发散延伸的空间，一是关于生命的渊源、成长等相关科学知识的空间，通过链接的相关网站，学生们可以充分了解生命的整个历程、不同生命体的成长经历和生命形态；二是关于现代社会一些青少年对待生命态度的新闻，特别是一些青少年的自杀事件，能够引起学生对生命意义与价值的警醒与深思；三是与课文内容相同或表现手法相同的文章，为学生提供比较鉴别的内容，提高学生的文学欣赏和文学评价能力，加强对学生语文素养的熏陶。网络环境下语文教学的开放性还突破了教师辅导难题，网络可以轻松地实现单人和多人的对话，这就可以充分地发挥教师在教学过程中的指导作用，更加体现"因材施教"的教学理念。

三、教学环境的情境性

网络大量的信息承载为学生提供了丰富的学习素材，并以其传输速度快、交互性渗透性强、多媒体超感观效果等特点，为学生创造出一个全新的虚拟真实空间。在这个空间里，人们可以接触或了解人类已知的一切，甚至人们想象到的或没有想象到的事物都可能存在其中。网络环境下产生的这种虚拟现实，给学生创造了一个身临其境、完全真实的学习环境，学生从中获得真实的感受。例如在《荷塘月色》的教学中，教师可以借助网络环境设计出如下画面：在优雅的古琴曲《潇湘水吟》中，淡淡的月光、朦胧的雾气的底图上，画面左边一朵桃红色的莲花徐徐开放，远景是许多含苞待放的荷花。整个画面清新淡雅，有很浓的中国文化的意味，加上优雅的音乐，给人以鲜明的视听感受。学生们很容易被带入朱自清先生笔下所描绘的那种淡淡的喜悦、淡淡的哀愁的境界中。在这样的情境中，学生不仅可以欣赏到朱自清先生优美的散文语言，更能领略月下荷塘的静谧幽情，品味"牛乳洗过一般"和"梵阿玲上的名曲"是怎样一种意境。创设这样的情景使学生跨越历史时空，去理解和感悟作者的思想观点。网络就这样凭借文本、声音、视频和动画整合的技术，为学生提供一个充满情感和理智的教学情境，看似苍白的言语表达化为生动的语境展示，通过语境的创设引领学生进入一个引人入胜、生动活泼的教学情境，实现了以景触情、以情促趣、以情促思。

四、学生学习的自主性

改变学生的学习方式，让学生自主学习是本次课程改革的重点之一。网络环境下的语文教学，是一种以学生为中心、以参与为目的的新型教学模式。传统教学中，教师面对的是全体学生，教师所讲的知识点，对于某些同学来说就有可能过难，造成这部分学生"吃不了"；而对有的同学来说则显得过易，致使这部分学生"不够吃"。网络的可选择性就可以很好地处理这个问题。

在网络环境下的语文教学把选择的权利交给了学生。学生在学习课文时，可以按照个人的需要进行选择，包括教学内容、教学方式、指导教师以及学习顺序的选择、学习时间的分配、重难点的认定、训练时机的把握和训练量大小的安排等，这样最大限度地发挥了学生的主动性和积极性，为学生实现探究式、发现式学习创造了有利条件。网络环境下的语文教学活动，突出了学生学习过程的自主性。具体体现在以下三个方面：

（一）自主选择学习方式

学生的兴趣爱好、知识储备、理解能力、经验背景各有不同，而传统语文课堂教学的统一进度、统一教学要求、统一教学内容，必然导致课堂教学"高度同步化"，极大地制约学生个体的发展。在课文的具体教学中，教师会发现学生自主学习的方式完全不一样。有的学生查找网络上相关的资料，帮助自己理解课文；有的学生对课文非常熟悉，这部分学生在别人学习课文时，已到练习测试区自我测试；而有的学生学习能力较强，他们早早地就开始做仿写练习了。网络环境下实施的语文教学尊重学生个体的学习差异，充分利用网络信息技术，让学生选择适合自己的学习方式，使语文教学真正体现了因材施教。

（二）自主选择学习内容

传统的课堂教学是以教师为中心的灌输式的教学，限制了学生学习的自主性，当学生面对教师的时候，很多时候学生是没有时间和机会来选择自己所需材料的。在这个环节上，网络则可以扬长避短，一方面它可为学生提供尽可能多的信息和资料，另一方面学生又可根据自己的需要自由地选择信息，而没有必要只是单纯地面对着教师为全体学生而不是针对自己所选择的材料，也不会只是跟着教师的思路走，而没有时间来整理自己的思维和确立自己的观点。这种把选择的权利交给学生是培养学生自主学习的重要方法。

（三）自主选择学习伙伴

学习是学生自己的事情，让学生自主选择学习、交流的伙伴，互相启发、共同探究是实现有效学习的重要方式。这种方式便于信息的多向传递，在参与过程中，学生不但体验到学习的快乐，还学有所得。网络教学中高职院校大学生通过信息技术可以自由寻找到合适的学习合作伙伴。

五、师生之间的互动性

互动性是现代教学理念的一个重要内容，主要体现在师生之间的交流和学生对教学的参与性。网络环境为师生交流和学生的主动参与提供了技术支持，使其成为可能。在一些教学过程中，我们还可以让学生参与到教学设计中来，如选择学习内容、设计学习程序和设计学习策略等。网络教学的这种交互性、合作性对于教学过程具有重要意义，改变了传统教育单向信息传递的模式，有利于发挥学生的主体作用。

第三节　网络化语文教学模式的教学目标

语文教学模式在互联网的环境下，可以改善传统的死板式教学方法，明显提高教学质量。因此，网络化语文教学模式下需要完成的教学目标，可以分为以下两个方面：

一、提高学生语文素养的积累

新的语文课程标准在课程理念的阐述中明确提出学校语文教育应看重全面提高学生的语文素养，要"使学生具有较强的语文应用能力和一定的语文审美能力、探究能力，形成良好的思想道德素质和科学文化素质，为终身学习和有个性地发展奠定基础"，以发挥语文课程的育人功能。应该说，语文课程丰富的人文内涵对学生精神世界的影响是极其深广的，而这个人文内涵则来源于丰富的语文素养的积累。所以，提高学生的语文素养绝不是一朝一夕之功，也远不是课堂语文教学就能够达成的，这需要经过系统的训练、广泛的阅读。一个人的语文素养应包括他的语文能力、语文积累、语文知识、学习方法和习惯以及认识能力和人文素养。学生语文素养的积累不能仅靠"象牙塔"里的闭门造车，而应在更广阔、更多样化的社会空间中去汲取，网络语文平台无疑是一个不错的选择。正如叶圣陶先生所说的："每一个学习国文的人应该认清楚：得到阅读和写作的知识，从而养成阅读和写作的习惯，就是学习国文的目标。"提高学生的语文素养，应注重拓展其阅读视野，广泛、深入地阅读能够拓宽学生的知识面，帮助他们认识世界的多样化与复杂性，使他们在阅读中获得精神的洗礼与情感的陶冶。这就不能仅仅把眼光盯在有限的课本知识上，而要走出课堂，利用尽可能多的阅读载体与空间来补充、拓展。

相比语文教材、学校图书馆、家庭藏书，互联网平台上阅读资源的丰富性与多样性是毋庸置疑的，网络上分门别类的阅读资源能够最大限度地满足学生个性化的阅读要求，这里既有厚重深沉的历史典籍，也有生动鲜活的现代故事；既有浪漫主义，也有现实主义；既有东方的美丽传说，也有西方的古老神话；既有哲学的深邃，也有童话的纯真；既有古典主义，也有后现代风潮。互联网的出现催生了真正意义上的资源共享，使文化的传播方式发生了崭新的改变，这为学生的阅读提供了最为广阔的选择空间，有助于学生从中获得丰富的文化，积累文学素养。

同时，学生在网络语境下的语言交际活动也对其语文应用能力的提升有着不容忽视的积极意义。学校语文教育应该是对学生听说读写能力的全面训练和提高，语文新课标在课程目标中也明确提出要使学生"具有日常口语交际的基本能力，在各种交际活动中，学会倾听、表达与交流，初步学会文明地进行人际沟通和社会交往，发展合作精神"，要"增强人际交往能力，在口语交际中树立自信，尊重他人，说话文明，仪态大方，善于倾听，敏捷应对"，要"注意口语的特点，能根据不同的交际场合和交际目的，恰当地进行表达，借助语调和语气、表情和手势，增强口语交际的效果。"但是在实际的语文教学中，学生的言语交际活动并没有得到足够的重视，由于现行的考试体制无法进行这方面能力的考查，教师自然是不太重视的，所以学生的语文能力书面化倾向严重，甚至在日常生活中因为不善口头表达闹出一些令人捧腹的笑话。与语文课堂学习活动偏重书面化的倾向不同，网络语文活动则更贴近生活，网络语言尽管有很多不规范的地方，但网络言语交际的口语化倾向是显而易见的，很多网络流行语实际上就是我们日常生活中的家常话，但换了使用环境却有了不一样的感觉。无论是网络聊天，还是论坛灌水，或一两句话的微博，其口语色彩是明显的，学生在日常生活中与人言语交际的机会其实并不多，网络成为锻炼他们语言交际能力的适合方式。

二、树立积极的语文观念

　　有很多家长和老师对待网络的态度近乎谈虎色变，他们严密监控孩子的上网行为和上网时长，生怕孩子从网络上沾染不好的东西。不可否认，确实有学生沉迷网络不能自拔，乃至走上违法犯罪的道路。但我们更应该看到，绝大部分学生已经具备了相当强的自控能力，如果家长善加引导，是不至于上网成瘾的，他们的上网行为总体上还是具有积极意义的。正如苏霍姆林斯基所说："真正的教育是自我教育。"要改变当前学生网络语文活动中的诸多不良现象，最终还得靠他们自己。从学生应用互联网的实际状况来看，在网络应用的过程中关注更多的似乎并不是与课堂语文教学趋同的内容；相反，那些颠覆传统语文观念的内容更能够吸引他们的目光。如此看来，学生对中规中矩的课堂语文教学似乎相当不感冒，这也是大部分语文教师视网络语文为洪水猛兽的原因所在。但实际上，学生的网络语文活动与学校语文之间并没有什么不可调和的矛盾。我们所要做的就是转变观念、开拓思维，将网络语文纳入我们日常的语文活动中来，建立起统一的大语文观念。有很多学生对语文学习不屑一顾，觉得学习语文没有意义，学了也没有用处，不学似乎也能对付。从语文学习的考评来看好像也印证了学生的这种观点，学生间的语文成绩差距一般不会大得夸张，总体上呈现为比较平均的态势。但实际上学生之间语文素养的差距还是比较大的，而之所以成绩相对平均的原因在于我们的语文考试片面性较强，语文教育也表现为明显的局限性，割裂了学校语文与生活语文的联系。语文教育的最终目的绝不是为了在考试中获得高分，而是要帮助学生通过学习获得语文应用能力与语言交际能力，以进一步掌握未知世界，融入社会生活。所以，我们绝不仅仅是为了学习语文而学习语文，语文科目作为我们的母语学习意义重大，关系到我们的文化传承，更关系到我们的未来发展。所以，帮助学生建立正确的大语文观念是当务之急。学生应该知道语文不仅仅是学校的一门课程，我们的生活更离不开语文。

互联网上的人际交往同样建立在语文活动的基础上。把语文的概念弄清楚了，学生的网络语文活动自然会和学校语文学习接轨，自然会向规范化靠拢，二者取长补短，相得益彰，必能进一步促进学生语文素养的提升。

第四节　当前网络化语文教学存在的问题及反思

在很多网络化语文教学中，还存在很多问题，甚至于使很多语文教师对网络环境下的语文教学产生了怀疑。网络环境下语文教学所存在的问题，本章将其归纳为四个方面，并对这些存在的问题进行了反思，提出了一系列具有针对性的解决措施。

一、当前网络化语文教学存在的问题

（一）教学过程过于强调学生学习的自主性，而忽视了教师的主导地位

学生是学习的主人，发展的主体，是教学之本，要保护好每个学生学习的积极性，使每个学生乐意学，主动地学，学有所得，使网络所带来的教学方式的革命成为现实。网络环境下，每一个终端都是一个交往的主体，电脑之间的信息交换使师生之间的交往成了真正平等的主体之间的交往。学生可以自主地去发现知识，理解知识，掌握知识，提高能力。网络教学为学生知识、能力和个性地协调发展创造了条件，但在很多网络语文课上，学生自主意识提高了，教师的主导地位却被削弱了。课堂上常常看到一些学习自控力较差的学生"自主"地浏览与教学无关的网页，一些学生在自

主学习过程中遇到问题却难以及时与老师沟通，老师也很难发现学生遇到了哪些困难，所以也就无法得知学生的学习效果，无法把握学生的学习进程。教师在教学中的主导作用不应因强调学生的主体作用而被忽视，否则网络语文教学将处于一种无控制状态，学习活动就难以成为有效学习、高效学习。教师要尽可能多地尊重学生，但也要尽可能多地严格要求学生。网络环境下的语文教学更需要这样。作为教学组织者，教师要通过他所组织、设置的网络教学环境更大地激发学生的学习动力，提高学生的学习兴趣。教学中语文教师从"传播者"变为"指导者"，网络环境下要求学生有更高的学习策略和学习能力，教师指导的目的就是使学生善于构建自己的学习活动，使学习活动得以不断改进，如选择自己的学习重点，设置自己的学习步骤。教师要充分利用社交软件和网络终端控制平台，组织教学过程，控制教学节奏，特别是要参与学生各项活动，引导学生的讨论方向，及时反馈学生的学习情况等。只有加强网络教学中教师的引导和调控作用，才能全面实现教学目标。

（二）教学过程过于注重技术层面的操作，而忽视语文学科本身的特性

网络包含丰富的文字、图片、声音、图像等信息资源，也拥有各种信息传播的功能。网络信息不受时间和空间的限制，是真正意义上的开放性学习资源。教师充分利用网络信息资源为教学创设最佳的教学情境，学生也在网络教学中交互学习，主动参与，提高学习效率。基于这个原则，语文教师可以运用各种网络技术，把教学主页设计得完美实用，把所搜集到的教学资源分门别类地展示，还可以利用超链接使网页浏览更为便捷，利用网页中明确的指示图标使学生不在网络中迷失，利用社交软件的设置使师生交流、生生交流没有障碍。但实际教学中，很多语文教师运用网络进行教学时，过分关注计算机网络技术的运用，教师整节课埋头于电脑前，学生整节课手忙脚乱于键盘上，教师教学过程中情感的起伏和学生学习过程中情感体验都消失在冰冷的电脑屏幕前。语文课成了信息技术课，成了仅仅是培养学生搜集、加工信息能力的信息素养训练课。网络只是语文教学的辅助手段，网络给语文教学带来的主要是方式上的变革，而非内容和精神的变革，更不能将语文教学导向"技术化"的工具主义。语文学科和其他学科一样，有其自身的特性。网络环境下的语文教学，其教学主导应该是语文，不能把它变成计算机或网络学习的练习场，要体现出语文学科的人文性、文学性、抒情性等。语文教师在设计教学内容和安排教学过程时，要紧紧抓住语文学科的特性，针对语文学科教学目的，如语文学科要培养听说读写能力、强调"情感是阅读的灵魂"等。网络阅读虽然打破了时空界限，拓宽了人类交往渠道，但如果不朗读不咀嚼，就无法调动情感体验，造成认识和情感上的缺失，缺乏情感的认识便失去了认识的深刻性。网络环境下的语文教学，必不可少听说读写，更不能缺少听说读写过程中的情感体验和心智启迪。语文教师要充分认识到，只有立足于语文学科，融入网络技术，才能上好语文课。

（三）教学评价过于注重结果，而轻视过程

"结果"评价是指"目标取向"范畴的评价，也就是对学生解决问题的一个结论的评价；"过程"评价则是偏重于"主体取向"范畴的评价，重视的是对学生得出结论的过程的评价。网络环境下的语文教学本身是一个先进的教学模式，但在对学生的学习评价中，仍然仅仅采取在网上发布一些客观性试题，然后用电脑评分来测定学生本节课的学习效果。这样的评价无疑是忽略了学生行为的主体性、创造性和不可预测性，也忽略了学习过程的价值、学生发展过程中至关重要的东西，获得答案的推理过程、思考性质和证据运用等思维过程都被摒弃于评价的视野之外了。网络环境下的语文教学，使教师和学生在电脑终端前成了两个交往的主体，那就要求在评价过程中，评价者和被评价者也是平等的主体。教师作为课程与教学情境的"内部人员"，在评价中具有主体性，学生也是评价主体，是意义建构过程中不可缺少的组成部分。网络环境下的语文教学不应只重视量化的结果，更应看重质化的过程评价。每节课结束时教师可以留几分钟时间让学生互评，自我反思，教师也可在课后记下对部分学生课堂表现的观察说明等。总之，评价不在于得到一个分数，而在于通过评价，及时发现学生学习中的问题，及时反馈和纠正，使学生在原有水平上得以进一步发展。

（四）教学过程过于注重学生的个体独立，而轻视相互之间的协同合作

网络技术给我们提供了一个开放性的实践平台，我们可以通过这个平台采取多种不同的方法去实现相同的目标。网络环境下的语文教学，确定教学目标后，每个学生可以采用不同的方法、工具来完成同一个任务。这种个别化教学策略便于培养学生独立探究的能力。因此在很多网络语文教学中，每位学生独立地面对一台电脑，都各自忙于搜寻信息、处理信息和解决问题，根本无暇他顾。还因为教学中一人一台电脑，不便于小组讨论，并且一旦小组讨论，浪费时间，所以教学过程中教师也很少组织学生进行小组讨论。社会化大生产的发展，要求人们具有协同合作的精神。同样，在现代学习中，尤其是一些高级认知场合，如复杂问题的解决和作品评价等，要求多个学生能对同一问题发表不同的观点，并在综合评价的基础上，协作完成任务，以此培养合作精神和协同能力。一个人的才智是有限的，在自学、自悟基础上，合作学习，互相启发，共同探究，才会有所发现，学有所得。网络环境正为这种协同合作学习提供了很好的平台，学生可以通过 BBS 或聊天室向其他同学提出自己的疑难问题，获得别人的帮助，也可以通过浏览其他同学的看法以启发自己的思路。网络环境下的语文教学比任何一门学科的网络课都更能体现合作的优势。以作文课为例，过去传统的作文批改方式，是教师在学生交来的作文本上修改、写批语，这不但加重了教师工作负担，效果还不一定显著。现在有了互联网络，可以在课堂上将任何一位学生的文章展现在所有学生的电脑屏幕上，让所有学生参与作文批改，然后将协作批改的成果展示出来，进行集体讨论，评价写作得失。这样一节作文课的成效抵得上学生写、老师改的模式中几十篇作文的成效。网络环境下的语文教学正是由于学习者的相互协作，积极参与，使教学过程远远不只是一个认知的过程，同时也是一个交往的过程。网络环境下的语文教学是一个正在发展中的事物，值得思考的问题还有很多，在这里所谈的几个问题都是相对而言比较典型的。一定的教育行为离不开一定的教育观念，语文教师只有在掌握现代网络技术的同时，不断更新教育观念，与时俱进，才能真正发挥网络在语文教学中的优势。

二、对于当前网络化语文教学模式的反思

当前，网络环境下的语文教学取得了一定的成效，学生学会了自主地获取信息，实现了动手、动眼和动脑的有机结合，提高了学生的语文学习能力，但是就上一节我们谈到其中所存在的一些问题，说明也有很多内容值得我们去反思。

（一）语文教师重新定位自己角色的问题

网络时代给教育带来了许多新变化、新特点，网络环境下的语文教学也对教师提出了全新的挑战。教师如何去应对这些新变化、新特点，更新教育观念，实现角色转换，探索出一条适应时代发展的语文教学之路，将成为新时期语文教师重点研究的问题。

1. 教师应当充分发挥指导和协作的作用

我们强调学生学习的主体性，强调网络内容的丰富性，但也绝对不是让学生无目的、无计划地在网上"遨游"。面对开放的、虚幻的、信息量庞大而又存在安全隐患的网络世界，如果没有教师的指导，学生很容易迷失其中，浪费大量的时间，却实现不了初始目标，徒劳无功。网络环境下的教学活动，教师的作用是不可替代的，教师始终是活动的组织者、指导者和协调者。教师既是课前的设计师，要对网络资源进行筛选整合，从总体上对教学过程进行设计；也是课堂的导航者，这是课堂教学的灵魂所在，教师要组织学生利用网络课件和相关网页自主有序地学习，整个过程不是

一盘散沙，而是要在教师的导航下完成；教师还是课后的完善者，由于课堂教学时间的限制以及实践的启示，教师在每课教学后，仍需不断完善课件，并鼓励、带领学生突破时空的限制上网学习。在教师的指导下，学生积极参与、自主探究、交互讨论、多向交流，打破了传统课堂教学中教师与学生、学生与学生之间彼此孤立的学习状态。

2.教师应当从知识传授者变为促进者、启发者

传统的教学观念以教师为中心，教材上讲什么，教师就教什么，怎么讲就怎么教，教材上没有讲的就不教或不敢教。信息时代，教科书已不再是知识的代名词，网络系统的庞大知识世界以及不断发现的新内容为学生提供了无可限量的知识资源，教师在课堂上不再是知识的权威和垄断者，学生自己在课外、在网络获得的知识十分丰富，学生有自主学习的能力和要求。我国教育技术专家桑新民博士指出："中国网络教育模式必须完成以教师灌输为主向以学生自主与协作学习为主的历史性转变。"

网络时代的学习，应是一种主动的学习，一种基于信息的学习，一种以多媒体为主要手段的学习，一种建立在网络之上的学习。在网络教学环境中教师不能再把传递知识作为自己的主要任务和目的，而要把精力放在如何教学生"学"上，使学生"学会学习"，指导学生懂得从哪里获得自己需要的知识，掌握获得知识的工具和根据需要处理信息的方法，让学生获得更加全面、自由的发展。教师由传统教学中的知识的传递者变为知识的促进者、启发者。素质教育以培养人的能力为最终目标，因此在网络教学环境中，教师要从应试教育的模式中走出来，打破传统的、封闭的教学模式，改变"注入式""满堂灌"的教学方式，运用全新的教学理论、学习理论、系统理论等来指导教学工作，实施教学模式和教学方法的改革；采取全新的教学策略，结合新课程的实施，培养学生的自主学习能力、创新能力和实践能力。

3.老师应当给予学生更多的信任、自由和实践机会

调查网络内容的多样性，让教师为学生能否自主学习感到担心。可

是不能忽视这样一个事实，就是教师所拥有的时间，只是课堂上有限的四十五分钟。如果一个学生没有很好的自学能力，很难取得理想的学习成绩。语文教学应该为学生创设良好的自主学习情境，帮助他们树立主体意识，根据各自的特点和需要，自觉调整学习心态和策略，探寻适合自己的学习方法和途径。俗语说："书到用时方恨少，事非经过不知难。"《新课标》也要求学生学习的重心不再紧紧放在学会知识上，而应该转到学会学习、掌握方法和培养能力上。教师只有让学生亲自去实践，才会让学生了解自我，把握自我。

4. 教师应当具备更高的信息素养和网络技术

网络环境下的语文教学本身有着积极的意义，具有时代性和前沿性。网络时代的到来、知识经济的挑战、信息量的剧增、资源的充分利用，都要求教师应具备信息素养，具有搜集信息、加工信息、处理信息的能力，并能通过浏览网上资源，下载信息，实现优秀教育资源的共享，全面提高教育教学质量。信息时代的到来，要求教师改变传统教学手段的不足，积极利用现代化的教育教学手段，特别是信息技术在教育教学中的具体运用。因此教师要熟悉网络环境下的各种信息技术，以及运用它们进行教育教学的基本技能技巧，充分发挥教师的主导作用和学生的主体作用，增加教育教学的直观性、科学性和高效性，提高教育教学的质量和效果。

（二）网络课堂中，师生情感交流的问题

虽然网络环境和技术在语文教学中有很大的优势，但同时也在一定程度上拉大了师生之间的距离，从而影响了师生间的情感交流。网络教学是通过人—机（网络）—人的交流方式来进行的，是非直接交流的，师生之间、学生之间的交流主要借助于计算机和网络，所以网络教学最大的不足就是难以实现情感的互动。课堂上除了教师不时的提示引导声外，只听到噼啪的敲击键盘声，师生、生生之间的交流，多以机器为中介。这种缺乏人情味的信息技术应用方式，忽视了教学的社会特性及学生的社会化发展，难以满足学生的情感需要，影响学生的学习动机，进而影响学习效果。如何使信息技术支持下的交流互动与真实的人际交往活动和谐恰当地共存，创设教师、学生以及信息技术相互促进的完美的教学环境，这是网络环境下教学研究的重点，也是难点。

（三）网络课堂中，控制教学秩序的问题

由于网络教学能实现师生互动、生生互动，学生学习的兴趣极为浓厚，讨论的热情极为高涨，此时教师较难控制好课堂的秩序，教师组织教学活动的能力亟待提高。这就要求语文教师去思考：网络环境下如何有效调控学生的上网空间和课堂秩序，尽量避免以上问题的出现。

（四）网络丰富的信息资源，是学生缺少思考过程的问题

网络信息为学生提供了大量的学习资料，为学生学习语文提供了极大的便利。但是，网络资源的直观性、形象性容易掩盖学生分析思考的过程。本来学生要动一番脑筋来深入理解的一些现象，现在用不着劳神费力了；本来要在脑海中驰骋、想象的画面直观地呈现在学生面前，学生接受起来变容易了；本来要动手或亲身体验而获取的经验，被屏幕上有趣的动画取代了；等等。这样无形中减少了学生对问题的独立分析与深入思索环节，不利于学生创新精神的培养与塑造。这个问题也迫切需要教师进行反思和深入探讨。

网络是一个开放的空间，网络信息良莠不齐是不可避免的。教师可以在网上实施教学，但不可能时时把学生锁定在与学习相关的网站上。网络无法保证给学生提供一个安全的学习环境，大量的网上信息会给学生产生隐式教育的作用，因为大多数学生的判断力、适应力都不是很强，受到的潜在影响也比较大。这不能不引起警惕，加以预防。

网络环境下的语文教学模式如果用目前应试教育的评价体系来看，未必乐观。随着新型网络学习模式的发展，有必要建立起一种相应的评价体系，以考察学生的能力，鼓励学生进行创新学习，培养发散思维。

第六章　网络化语文教学实践

第一节　网络化语文教学模式的教学系统及操作程序

一、网络化语文教学模式的教学系统

  网络条件下语文教学新模式不是对传统教学模式的否定和颠覆，恰恰是利用现代信息技术来弥补和完善传统教学模式中的不足，同时让传统教学模式中宝贵的教学方法和经验得以延续，是传统和现代并存的两种教学模式的结合，两者相互促进。

  新模式下的教学系统实际上由两部分组成，一个是传统的课堂教学系统，一个是基于网络多媒体平台的网络教学系统。前者一般包括教师、学生和教材三个要素，后者还包括媒体这个要素。对于传统模式下的语文教学，在我国语文教学中一直使用着，而且还可能继续使用，人们对此模式十分熟悉，故本书对此不做进一步说明，在此详细探讨网络教学系统。

  网络教学系统主要是由教学模块和一些辅助模块构成，是开展网络教学的前提条件和要求。其中教学模块中包括诸多子模块：管理模块、课程概况、教学模块、交流社区、工具资源、课程资料、单元测验、期末考试等。辅助模块由电子邮件系统、FTP 服务、聊天室等组成。

管理模块。这是顺利开展网络教学的主要保证，应该包括对师生账户、学习记录、教学管理等各个方面的管理，是教师对学生自主学习监督检查的重要途径。

课程概况。这是对本课程的教学计划、目标要求、学习方法和策略、测试与考核、答疑解惑等方面的具体描述和说明，是学生开展自主学习前应该明确了解的部分。

教学模块。这是网络教学系统的主要内容，应该包括所有的教学内容，涉及语文教学中听说读写译五个方面。教师选定的教学内容和任务将通过 PowerPoint 讲稿、Word 文档、图片、音频、视频、动画、网页等方式呈现给学生。授课将不再被限制在师生面对面的交流中，学生通过对教学主页的访问和浏览完成学习，学生学习不受时间和空间地点的制约，只要能访问到教学主页就能随时随地进行。

工具资源，为了便于学生使用相关的教学软件，可集成一些常见的音频、视频、图像、解压缩、录音、电子词典等在网络学习环境中必要的工具，使学生不会因为使用网络资源存在工具方面的问题而耽误学习。

交流社区。该模块包括学生与教师和学生之间的讨论。教师可以预先提出问题，学生根据要求作答；也可以是学生在学习中提出问题，教师给予回答。学生间的讨论可以由个别学生提出观点或问题，以此引发其他学生的讨论，既可以是随机根据相关话题展开讨论，也可以是针对某一个主题或话题进行深入探讨。

课程资源。课堂教学的内容是有限的，教材的容量也是有限的，为了让学生更好地拓展知识，拓宽视野，应该在本模块部分增加与学习主题密切相关的各类学习资料，这样能更好地满足学生个性化学习的需要。

单元测验。为了有效考察和评价学生在平时的语文学习情况，避免一些学生为完成学习任务而临时突击学习的情况，可利用网络不受时空限制的特点，让学生自主进行单元测试。这不仅可以督促学生按照相关教学计划要求的进度进行，可以检验学生的阶段性学习成果，而且便于教师根据学生的学习情况对教学做出适应性的调整。

期末考试。作为对某一个教学阶段学生的总体学习效果的检查，可以从与教学内容相关题目组成的题库中随机抽取，教师可以根据考核要求选择题型，确定分值。

以上就是网络语文教学系统的基本组成部分，通过上面的功能可基本完成教学任务。为了延伸语文教学的维度和空间，有条件的院校还可以提供辅助模块，在其中包括电子邮件服务、FTP 服务、聊天室、笔友栏等功能，使学生的语文学习空间拓展到校外，甚至到国外。

二、网络化语文教学模式的操作程序

在明确网络教学系统的组成后，下面就探讨这种教学模式的操作程序。模式是实践的产物、现实的抽象，我们所理解的模式是以一定的理念为指导、在行为实践中建构形成的某种事物的结构样式。我们在教学实践中所要建构的语文研究性教学模式是一种在教师指导下，以学生为主体、问题为中心、"个体—群体"互动合作探究为基本形式的教学结构形式。模式结构的运作是把课程目标、计划、教学内容付诸实践的过程。运作流程是否科学决定着教学质量的高低。

基本流程是贯穿网络环境语文研究性教学模式中的基本框架，而具体实施环节的设置及其组合，视语文学科性质、单元教学内容与对象的特点及其运作状况的不同而有所不同，也就是说上述模式流程结构组合是多元的、灵活的、动态的，而不是一成不变的。

（一）创设情境发现问题

在教学模式中，教师在教学的初始环节起着组织者的作用，教师的备课活动及教学安排需要提前做好。教学设计、学习内容、相关学习资料等都以多媒体、立体化方式镶嵌在网络语文教学平台上，教师根据教学计划对整体教学的实施进行具体的安排和要求。这是网络条件下语文教学得以实施的一个非常重要的环节。教师利用多媒体网络软件声、色、动画与文字相结合的优势，创设疑难情境，在教学内容和学生求知的心理之间创设一种"不协调"。设疑寻导，使学生产生较强的求知兴趣和参与需要，这是让学生全神贯注地投入语文教学活动、产生真实问题的前提。学生由感兴趣开始引起内在兴奋，在情境中教师引出学习课题，提供参与机会、示范指导、参与方法等。在这个阶段，学生初次参与，兴奋由内转外，将参与欲望外化为参与教学活动的行为。

（二）启发思考自主探究

教师组织学生结合情境阶段提出问题积极参加讨论，将学生划分为若干小组，每组 6—8 人不等，由小组长负责。教师对小组的讨论、合作交流做出必要的指导与调控，让学习主体自由畅述、相互启发，更投入、更积极地发表见解，交流意见，加深对问题的理解，获取更深入的体验，形成良好的合作学习气氛，确定每个小组要研究的主题，各组围绕自己的研究主题开展自主探究。

在此阶段，教师除了参与讨论外，还要及时了解学生开展研究活动的情况，有针对性地进行指导、点拨与启发。可通过组织灵活多样的交流、研讨活动，帮助他们保持和进一步提高学习积极性。对有特殊困难的学生或小组要进行个别辅导，或创设必要条件，或帮助调整研究计划。充分发挥学生的独立性和自主性，给他们提供自我联想与想象、自我创造空间的可能性，使学生参与自主探究。学生在自主体验中，质疑问难，在自主感悟中发表见解，并从不同的角度审视别人的观点，这种个人意见与群体观点的相互碰撞与融合，对学生的研究能力和合作能力是很好的促进。

此外，学生的学习过程，必然需要熟悉网络条件下教学模式的基本特点和课程学习要求。这样就可以在网络上按单元结构对学习内容进行自主学习，并通过单元测试，以检测对所学内容的掌握情况。如果学生未能通过单元测试，应继续学习和巩固，直到通过课程要求。如果顺利通过单元测试，可以接受教师的面授辅导。之后，学生可以开始新的单元学习，按照这样的顺序完成教学内容。

教师点拨、启发，学生进行学习总结、巩固知识，教师给予鼓励性的评价。对其中的不足需要在汇报后继续修正或补充，以使研究更加完善，也为指导今后的研究性学习打下基础，最重要的是研究性学习的评价目的不是"区分"，而是促进"发展"，评价是为了学生找到自己能力的增长点，从而增强自信心，更好地改进学习；评价的作用需要通过学习者的自我反思和主动改进而实现；评价结果的表现形式是各个学生不同潜能的开发和对未来学习的建议。

第二节　网络化语文教学模式的师生关系

在网络环境下，语文教师的教学活动和学生的学习活动都发生了巨大变化，所以他们各自角色也发生了转变。在网络环境下，语文教师和学生的角色各自有了新的内涵，我们必须对此有新的认识。

一、网络语文教学模式下的语文教师

（一）教学地位"从主体到主导"

"以教师为中心、以课堂为中心、以教材为中心"，在这样一个模式下，教师是主动施教者，学生是被动的外部刺激接受者即灌输对象，教材则是灌输的内容。课本、粉笔、教案和黑板是教师开展教学的主要工具。所以教师被认为是教学中至高无上的权威，是教学过程的主宰者，是知识的控

制者。所以很多语文教师往往习惯于考虑如何将知识更有效地传递给学生，如何精心地组织教学内容，合理地组织教学过程结构，设计"如何教"是教学的核心问题和关键环节。然而，在信息时代，大众传媒的多样化，教师作为信息源的垄断地位不复存在，同时随着网络教育的发展、网络教学模式的逐步确立，倡导以"学"为中心，将"教师为中心"转变为"以学生发展为中心"。具体讲，就是教师由"权威者"转变为"合作者""指导者"，将学生从"吸收者"转变为"主动参与者""创造者"。因此语文教师的角色由单纯的知识传授者向多元角色转变。在网络教学中，语文教师由传统教学中的主宰者转变为学生自主学习的指导者；由传统教学中知识的传授者转变为学生建构自身认知结构、发展认知能力的帮助者；由传统教学信息资源的垄断者转变为学生获取学习资源的导航者；由传统教学中单一媒体、简单教具的制作者和使用者转变为以计算机、网络教学资源为工具的合作开发者和使用者。从"怎么教"转变为"教学生怎么学"，把学习活动的主角还原给学生，让学生成为学习的主体，语文教师从主体转为主导。但是语文教师的角色转变并不是削弱和放弃了语文教师的主导作用。如果以学为中心的教学过程忽视了语文教师主导作用的发挥，忽视了师生交互和交流，那么这种教学无疑是失败的；学生的学习将会成为不着边际的漫游。必须要明确，在以学生为中心的网络化教学中，语文教师从"主演"改变成场外的"指导"，语文教师对学生的直接灌输减少了，教师在整个学生学习过程中的作用不是削弱了，反而更重要了，语文教师将不再"仅仅是给孩子指出，在信息高速公路的哪个地方可以找到信息，他们还要做更多的事情……成功的语文教师须扮演教练、伙伴、创新人物和通向世界的交流桥梁。"语文教师角色的这种变化，表明在教学中对语文教师的期望更高、要求更严。

（二）网络环境下语文教师必须具备良好的信息素养

语文教师的信息素养主要体现在信息意识、信息应用能力、信息道德等方面。

首先语文教师应具有信息意识。语文教师要对信息具有强烈的敏感性，能够敏锐地感受信息，尤其是对新的和有重大价值的信息的感悟能力。网络教育是以信息为基础的学习方式，也是"信息本位教学"。语文教师只有具有强烈的信息意识，对信息和信息技术保持强烈的敏感性，才会积极主动地挖掘信息、搜集和利用信息，并有效地获取信息，包括快速找出显性信息并能够通过这些显性信息寻找出隐含其中的隐性信息，优化信息获取策略快速地获取信息，从而有效应用到教学实践中去。

其次，语文教师面对网络海量的信息，应具备网络信息检索和处理的能力，以及对新信息的创造开发和传递等一系列的综合能力，并能从大量的信息海洋筛选获取有用的信息，对获取的信息进行组织加工为当前的教学服务，是网络教学环境下语文教师必备的一项技能。

再次，语文教师应该具备信息交流能力和协作意识。网络给人类社会带来的贡献之一就是信息共享和高实效信息交换，每一个人在共享他人的信息的同时，有义务将自己的信息与他人共享。否则，网络资源将面临匮乏和枯竭的境地。所以网络环境下语文教师必须具备信息协作的意识，信息协作包含两个层面的意思，其一是与他人的信息交流与协作，达到共享信息、提高信息的利用功效；其二与他人合作，共同挖掘信息、生产信息，达到更高层面上的信息开发和共享。同时，明了网络中发生的经济、法律和社会问题，遵守法律，尊重他人的知识产权、维护社会公德和网络安全，是每一个信息使用者的基本信息道德。

（三）网络环境下语文教师的能力结构

1. 较强的网络教学设计能力

网络教学的一个重要特征就是突出学生创新精神的培养。在网络教学中，语文教师的职责并不在于传递多少知识，而在于通过精心的教学设计，激励学生思考，鼓励学生自主学习。在语文教师的引导下，实现学生知识的建构和创新精神的教学设计能力。网络教学模式以信息技术为教学媒介，

"以学为中心"，所以教学设计与以往相比发生了很大变化。网络环境下的教学设计是在先进教育理念的指导下，以网络为基本媒介，以设计"问题"情景及促进学生问题解决能力发展的教学策略为核心的教学规划与准备的系统化过程。网络教学设计的目的是激励学生利用网络环境协作进行探究、实践、思考、综合运用、问题解决等高级的思维活动。语文教师要进行教学目标的分析、学习问题与学习情景设计、学习环境与学习资源的设计、教学活动过程设计、教学媒体的制作以及教学过程的评价设计。网络教学设计理念要强调充分发挥学习者的主动性和创新精神，一切教学的设计从学习者的需求与特点出发，改变以往教学设计注重"如何呈现知识、如何讲授知识"及教学中普遍存在"满堂灌"使学生被动接受、缺乏原创精神的现象。强调案例学习，参与学习、体验学习等"驱动"式学习。也要注意教学设计中被信息技术牵着鼻子走，出现了"机灌"代替"人灌"。

2. 协作性教学的能力

在现代社会，协作能力日益重要，协作也是网络教学的重要能力。例如无论是基于网站的教学，还是 Web Quest 教学，都是通过学生个体之间的相互影响、相互协作达到解决问题的目的。一个语文教师必须具备与他人进行成功协作的能力，这是语文教师培养学习者合作能力的重要素质和经验背景，这样才能把合作信息通过自身有效地传递给学生。同时网络教学环境打破了传统教学中语文教师劳动的个体性和封闭性，语文教师之间通过网络等通信手段可以进行超越时空的协作，打破了以往封闭自锁、视野狭窄的局限。因此，语文教师利用信息技术可以建立更为便捷、有效的协作关系，而且实现经验、智慧的共享，获得更广泛、更有力的教学支持。如可以实践网上教研，和其他教师一起讨论教学设计，得到反馈信息修改完善自己的设计方案。

3. 较强的"导学能力"和"促学能力"

网络教学模式倡导"以学生为中心"，把学生当作学习的主体，但是由于学生习惯于长期被动地接受知识，突然让他们主动地去学习，有些学生就会感到不适应，不知怎样去学，感到无所适从，这时语文教师的"主导"作用就凸现了。所以网络环境下的教学，其成败关键在于语文教师是否真正发挥了"主导"作用，以及"导"的如何。这就要求语文教师还要成为网络环境下学生自主学习的导师，即语文教师要成为学生学习的帮助者、交流者和协作者，来促进学生的学习。这种能力不是单纯传递知识的能力，不是从语文教师的方向如何传递信息的方法，而是为了使学习者自身能够积极探究知识，教师对其进行有效帮助的能力，强调通过语文教师有效的"导学"和"促学"，帮助学习者建构知识体系。这是一种新的能力意识，还需要摸索探究。

二、网络语文教学模式下的学生

在网络环境下，学生的地位从被动到主动发生的转移，成为学习的主体，对学生的基本素质要求与传统教学环境下也是不同的，学会学习、学会交流、学会协作便成为学生的关键技能，这是学生学习能力的革命。

（一）信息素养的要求

美国一所大学图书馆的大门上方就镌刻着这样一句话："知识的一半就是知道到哪里去寻找它。"互联网已经成为最大的知识资源的宝库，学生面对的是一个信息的"海洋"，网络学习能否成功，关键在于学生是否具备良好的信息素养。对于学生而言，信息素养是指对信息进行识别、加工、利用、创新管理等各个方面基本品质的总和，包括信息知识、信息意识、信息技能、信息道德以及社会责任、信息创新等几个方面。信息素养不仅包括利用信息工具和信息资源的能力，还包括对知识信息需求的阐明能力，对各种类型知识信息的查找能力，对所获知识信息的组织、选择能力，评估、批判能力和吸收、利用能力，以及对知识信息进行交流的能力等，而且随着社会的发展，后者更加重要。在美国建立了《面向学生的美国国家教育技术标准》，对所有年龄段学生应具备的信息技术素养的特征，在学科学习中能利用信息技术进行各科目学习的课程标准，以及在其中使用的各种信息技术工具与资源都进行了细致的、具有操作性的说明。如在语文教学中可以训练学生在短时间内对大量信息的快速浏览能力，把握文章重点的能力，提炼主要观点的能力，评价、分析、综合、表述的能力，下载、发布信息的能力。总之，信息素养可以看作一种高级的认知技能，是学生进行知识创新和学会如何学习的基础。具有良好信息素养的人不仅懂得如何学习，而且具有终身学习的意识、习惯和能力。

（二）探究学习能力的要求

网络教学的目标是培养学生的创新精神和实践能力。网络学习强调的是学生的主体性、能动性和独立性，学习更多地成为学生发现问题、提出问题、分析问题和解决问题的过程。学习过程从灌输转变为自我探究，所以学生要形成善于质疑、乐于探究、勤于动手、努力求学的积极态度，在解决问题的过程中不断发现问题。

（三）自主学习能力的要求

在网络教学模式中由于学生主体地位的确定和回归，强调教学中发挥学生的主体作用，同时网络教学环境又给学生的学习提供很大的选择自由度。学生可以自主选择学习的时间、地点及方式。面对虚拟自由的网络教学环境，学生必须培养自主学习的能力。学生可以根据自己的兴趣、水平，自主选择合适的学习起点、学习目标、学习内容及学习策略，不断进行自我评价和激励，以此充分培养和发展自主学习的能力。另一方面，通过自主学习，学生有所收获，从而发现自身所蕴藏着的巨大学习潜力和能力，重新认识了自我，自信心得到增强。所以自主学习既能培养能力，也能促进学生情感的良好发展。与此同时，由于网络教学在中国尚处于开展阶段，网络教学环境下学生自主学习的能力有待进一步提高。调查表明我国60.7%

的学生上网主要是玩游戏，34.1% 的学生是在利用网络找朋友聊天，29.2% 是关注影视文艺动态，27.5% 是看新闻，24.3% 是发电子邮件，5.7% 是关注卫生保健信息。而美国一家广播公司的调查表明，在美国，67% 的学生上网是为了获取信息，48% 是利用互联网工具开展研究和创造性活动，46% 下载网上资料作为学习资料。显而易见，中美学生对比，我国学生的网络学习意识还比较淡薄，互联网只是作为娱乐休闲的一种工具。因此，学生的网络自主学习的意识需要强化，在实践过程中逐步训练自主学习的能力。

（四）协作学习能力的要求

互动性是现代教学理念的一个重要内容，主要体现在师生之间的交流和学生对教学的参与度。网络环境为师生交流和学生的主动参与提供了技术支持，使其成为可能。网络环境下的语文教学可以使师生充分运用留言簿、聊天工具、聊天室、BBS、E-mail 以及现在非常时兴的 BLOG 等方式进行交流互动。而在一些教学过程中，我们还可以让学生参与到教学设计中来，如选择学习内容、设计学习程序和设计学习策略等。网络教学的这种交互性、合作性对于教学过程具有重要意义，改变了传统教育单向信息传递的模式，有利于发挥学生的主体作用。网络环境下的协作学习，是指利用计算机网络以及多媒体等相关技术，由多个学习者针对同一学习内容彼此交流互动和合作，以达到对教学内容比较深刻理解与掌握的过程。在网络教学环境下，强调以学生为中心的协作学习，学生具有极大的自由度的同时，也要求具有协作的意识。多媒体网络教学为学生协作提供了广阔空间和多种可能，使个性化学习成为现实。学生可以自主、自助从事学习活动，根据自身情况安排学习，而且可以通过交流商议、集体参与等实现协作学习，并在协作中提高学习兴趣和学习效率，通过贡献智慧、分享成果，进而学会协作。协作性意味着生生之间、师生之间通过电子邮件、讨论平台、视频会议等多种方式进行多元多向交流互动。从学生之间合作关系来看，多媒体网络教学为学生合作提供了广阔空间和多种可能，使个性化学习成为现实。学生可以自主、自助从事学习活动，根据自身情况安排学习，而且可以通过交流商议、集体参加等方式实现合作，通过贡献智慧，分享成果，进而学会合作。"独学而无友，则孤陋而寡闻。"在网络课堂中，师生、生生间的互动大大增加，可以形成一种跨越时空的、开放、广泛、交互、平等的讨论，相互启发，集思广益，师生、生生间的合作学习成为一种必然。课堂成为一个真正的沟通、交流、学习的场所。

三、网络语文教学模式下的师生关系

结合上文我们分别对网络语文模式中的教师和学生进行了分析，因此，我们可以总结出，在新模式里，教师在传统教学中的权威性角色受到严重挑战，"传道、授业、解惑"的角色，被赋予了新的内涵。在网络教学模式里，教师要为学生提供知识服务、信息服务、技术服务、答疑解惑等，这要求教师不仅要有扎实的语言功底，还要有娴熟的计算机操控能力，教师既是学生学习的指导者、监督者、研究者，又是教学软件开发的参与者和学习活动的协调者。为了保证学生的充分参与和自主学习，教师在学习过程中，要为学生提供各种信息资源，确定所需资源的种类和每种资源在学习过程中所起的作用。这就要求教师不仅要掌握多媒体技术以及相关的网络通信技术，对各类资料进行分析研究、过滤精选、归纳整合，而且要研究学生的知识结构、学习动机、学习风格等，充分做好"研究"。教学中，教师要引导帮助学生确定适当的学习目标，选择达到目标的最佳途径和方法，指导学生高效地学习，掌握学习策略，培养学生自我调节、自我监控等能力，形成良好的学习习惯，避免学生迷失在信息的海洋中。教师要随时关注学生的需求，及时解答有关问题，做好学生学习的向导。面对丰富的网络教学资源，教师要平衡网络学习资源和教科书的关系，做好对学生浏览网站和学习内容的有效监督，让学生在教学要求的范围内进行自主学习。同时，教师也要根据教学大纲、教学要求和学生个体差异善于将现代信息技术和课堂教学整合起来，配合课件及信息技术人员为学生设计出基于情景、体现个性、形式多样的学习任务，以开发学生的发散性思维、培养学生探究式的学习方法，来充分调动学生的学习积极性，促使高效学习。教师作为协作者，在组织协作学习、建立良好和谐的师生关系、组织监督学生间和师生间的交互方面也发挥着很重要的促进作用。

在以学生为主体的教学模式里，学生从传统的知识接受者变为意义的主动建构者。在教师的引导下，学生可以根据自己的水平，自主选择适合自己的起点、进度、学习内容、学习目标及学习方法；课堂外可自主选择学习的时间、地点，自主参与协作讨论；自主建构新的知识以及自主评价等等。学习过程中，学生既是语言学习材料的准备者，又是使用者，他们的自主能力、创新能力、实践能力和继续学习能力得到了良好的培养和锻炼；他们的潜能得到了发掘，个性得到了培养，创意也得到了鼓励。因此，学习成为一个快乐的探索和创造过程。在这个探索和研究的学习过程中，他们创造了一种完全属于自己个性的学习方案和学习策略，并不断突破，不断获得新知识，不断发展自己的研究能力。同时，这种模式最大限度地调动了学生的学习积极性，在进行自主性、探究式学习时，学生还可以和同学、朋友及老师等进行交流和沟通。

综上所述，尽管网络化语文教学模式已经在许多方面展示了其无可比拟的优越性，然而它却由于自身的特点在师生关系方面遇到了一些矛盾，就是说相比较于传统的语文教学模式，它增加了师生之间交流的障碍，拉大了教师与学生甚至是学生与学生之间的距离，进而不利于教师和学生之间的感情沟通。网络化语文教学模式主要依靠教师—网络—学生的渠道来进行教学活动，这就减少了教师与学生面对面的交流，教师与学生之间、学生与学生之间的沟通主要依靠计算机和网络，这就产生了网络化语文教学模式中的一个重要的问题，即师生之间缺少沟通交流的机会。在这样的网络化语文教学模式下，语文教学中很少再有教师富有感情的讲解，也没有学生积极配合老师回答问题的声音，课堂变得死气沉沉、了无生机，教师与学生之间、学生与学生之间的沟通交流没有了。这样的网络化语文教学模式没有了人文主义的关怀，没有发挥教育本应具有的社会化特征，不利于学习者社会化的培养，不能培养学生的道德情感，不利于调动学生的学习积极性，也就不利于开展有效的语文教学。由此看来，网络环境下的教学是教师主导作用与学生主体作用相结合的过程。在强调教师主导作用时，不能忽视学生的主体作用，因为如果没有学生积极主动地参与学习，教师的任何教育措施将无法落实，教师的主导作用就无法实现。反过来，我们在强调学生主体作用时，也不能忽视教师的主导作用，毕竟教师的学识和能力对引导学生在网络环境下的学习是必不可少的。怎样让网络化语文教学模式中的师生沟通和实际的社会沟通交流方式更好地衔接起来，构建教师、学生以及网络资源之间互相帮助的、完善的教学模式，是网络化语文教学模式探索的重中之重。本书认为，只有将教师的主导作用与学生的主体作用有机地结合起来，才能充分调动学生积极参与教学活动，实现教学效果最优化。

第三节　网络化语文教学模式下的教学策略

　　网络条件下语文教学中，教学策略的核心就是如何发挥网络环境和传统课堂教学的优势。一方面要最大限度地发挥网络环境下语文学习的效率，强化学习的效果，让语文听、说、读、写、译技能得以全面均衡地发展，培养学生自主的学习能力；另一方面不放弃传统课堂教学的优势，让教师讲授成为真正吸引学生兴趣、引发学生积极思考、培养学习能力的一个重要环节。

一、要树立网络教学的理念

教学中，要以现代教育理念为指导，充分利用现代信息技术，优化教学效果；重视对学生个性需求的满足和自主学习能力的培养。在学生学习语文知识的同时，也能够全面培养其自身的个性、人格、道德、社交及其他能力等。教师对教学内容的选择和安排要以突出培养学生的能力为出发点，体现出网络教学人性化的特点，对学生的要求和管理也要以人为本，充分尊重学习者自己的选择。

（一）加强文本意识

所谓"文本"，对于语文课堂来讲，就是以"文"为本，以学会阅读、揣摩、运用语言文字为本。在开展网络环境下语文研究性教学的过程中，如果片面强调语文课的信息功能，铺天盖地地补充各种渠道的信息，使学生应接不暇、眼花缭乱，就会直接影响学生对课文本身信息的关注和深入理解、把握。简单堆砌相关信息，只能使语文课堂教学流于表面的热闹和学生心智活动的肤浅，从而削弱语文课的信息功能。因此，在网络环境下语文研究性教学的开展中，要加强文本意识，具体到本模式中，就是引导学生开拓教材的研究价值。新编语文教材内容丰富，其突出特点集中表现为"三化"，即语文的生活化——更加注重语文与生活的联系，打通语文学习与生活联系的通道；语文的人文化——选文注重文化内涵，体现人文特点；语文的科学化——弘扬科学精神，培养创新意识。该教材中有许多值得研究的内容，教师应善于引导学生开拓其研究价值，选择最有价值的问题作为研究专题。

在本模式的阅读教学实践中，笔者针对新编语文教材，具体设计了以下几种研究性学习模式：一种是就一篇文章，通过问题设计铺设台阶的方法，开展语文研究性学习。因为一个人在学习中一旦向自己提出了某个问题，就会产生解决它的强烈愿望，就能够更敏锐地感受和觉察到与该问题有关的各种信息。在问题设计上，我们既可以一文多题，也可以一文一题。如在学习《世间最美的坟墓》一文时，我就引导学生提出了这样的问题：概括托尔斯泰墓的特点，为什么说它是"世间最美的坟墓"？大家围绕这个问题，结合课文，上网搜集材料（教师提供了关于"茨威格、托尔斯泰、歌德、莎士比亚"的一些网络资源），经过充分地讨论、交流，得出了较有见地的结论。另一种是就几篇文章进行比较，开展比较式的研究性学习。比较本身就是研究，就是一种思维方法；比较的过程就是研究的过程，就是培养思维能力的过程。比较是选取两种或两种以上的文字材料，可以是内容之间的比较，也可以是表达方式、语言技巧方面的比较。通过比较，鉴别出它们的异同或高下，从中找出事物之间的联系，找出作品好在哪里，提高分析和评价的能力。在比较研究中，除了同类文章可以进行比较外，异类文章也可以进行比较。比如在学习鲁迅的《拿来主义》、《阿 Q 正传》（节选）、《记念刘和珍君》等不同文体的文章后，我指导学生就三篇文章表现手法的异同进行比较分析，还进一步让学生对"鲁迅的杂文和小说创作风格"进行了比较研究。再一种是选择一组文章，围绕一个中心，开展专题性的研究性学习。笔者认为要培养学生持久的研究兴趣和纵深的研究能力，最好是开展专题性的研究性学习。比如新编语文教材上、下册的第四单元分别精选了一组中外现当代诗歌和我国古典诗词中的名篇佳作。我就将这些经典名篇放在一起，作为一组文章，指导学生通过这些经典名篇的赏析，就"诗歌中的意境"进行专题性研究。

（二）创设一定的问题情境

创设一定的问题情境是语文研究性教学的重要环节，因为语文研究性教学重在提高学生对文本所反映的生活或现实生活的思考和判断能力，发现并确定具有探究价值的东西。教师充分利用形象，创设具体生动的问题情境，就能有效激发学生的学习兴趣和学习热情，引导学生充分地理解和运用语言，提高学生的语文能力和审美情趣。当然，在本模式中，大部分探究的问题是由学生来提出，但是教师在研究性学习中创设情境的导向作用是毋庸置疑的。教师所创设的问题情境一般可分两种：一种是真实的，一种是虚拟的。由于受教学环境的限制，上课所创设的情境往往是虚拟的。另外，创设问题情境还可以结合课文内容来确定。学生在语文学习中，往往会遇到大量的问题，教师和学生可从中筛选出一部分问题去研究。

在本课题的研究实践中，笔者具体是从以下几个方面创设情境的。

1. 图画再现情境

即充分利用插图、电影片段、CD，为学生提供鲜明生动的画面，以图导文，图文合一，启迪学生的思维，引发学生的想象，引导学生在图文并茂、情景交融的氛围中细细品味文字，大胆质疑。如讲授毛泽东的《水调歌头·游泳》时，笔者通过多媒体课件展示几幅毛主席当年畅游长江的真实照片和长江三峡的风光图片，并播放三峡大坝建设实景的专题片，使学生对词中所抒发的诗人迎着大风大浪前进的革命豪情和所描写的改造长江的宏伟图景有了更深的理解。

2. 生活显示情境

生活是语文学习的最好老师。"语文学习的外延和生活的外延相等"，创设生活情境，一方面可以把生活引入课堂，将那些与教材内容有关的有启迪作用的生活引进来，在这种思考中去感知教材的情感和道理，去发展学生的时空想象力，以得到"他山之石，可以攻玉"的奇妙效果。生活再现情境的另一方面是将学生引入大自然，引入社会。引导学生结合教材内容领略他们能观察到的大自然的方方面面。不仅可加深学生对教材的理解，还可以培养学生热爱自然、热爱家乡、热爱生活的深厚感情。

3. 音乐渲染情境

音乐是人类共同的语言，很容易引起学生情感上的共鸣。借助音乐语言，再现教材提供的情境，可紧紧抓住他们情感的动情点，以情入手，以情导情，情理兼顾。用音乐渲染情境，不仅有助于学生对教材的把握、对培养学生健康的审美情趣、抑制社会那些乌七八糟的所谓艺术也是至关重要的。如学习《致橡树》一文时，笔者选取了世界名曲《爱的纪念》作为诗朗诵的配乐，使学生对诗人所宣扬的"平等、自由、和谐"的爱情主题有了更深入的理解。

4 扮演体会情境

师生共同扮演课文中的不同角色，去体验作品中的角色。扮演实际是一次再创造，学生在扮演过程中必须实现角色的转换，必须细细揣摩作品人物的每一个神态、每一个动作、每一丝心理波动，才能用丝丝入扣的感情、恰如其分的语言绘声绘色地将其朗读出来，给人一种如见其人、如闻其声、如现其情的身临其境的感受。如学习莫泊桑的小说《项链》一文时，通过学生分角色朗读全文，人物的形象更鲜明，主题更突出。

二、处理好接受式学习与研究性学习的关系

学校教育的重要功能之一，就是传承人类文明。知识是文明的重要载体之一。在知识传授过程中，接受式学习发挥着极其重要的作用。在新经济时代，创新精神、实践能力得到空前重视，这是社会政治、经济、文化发展对教育的需求，是经济一体化的必然结果。但是，这并不等于说接受式学习就已经过时。理清这一点的意义在于把研究性学习引进语文课堂，并不是放弃教师的责任，更不是视知识传授为破帚。每一种学习方式，自有它存在的合理性与认识功能。学生在求知过程中是需要思想和情感相互激荡的，能直接交流的"接受式学习"还是有它的独特魅力的。引进"研究性学习"并非要否定"接受式学习"，或贬低其功用，而是为了丰富语文课堂教学的模式，提高学生的综合素质。在网络环境下的语文研究性教学模式中，应让"研究性学习"与"接受式学习"有机融合，科学地将二者

渗透于整个教学活动中。

三、要发挥好教师和学生在教学中的作用

作为学习活动的主体，学生是教学中的决定性因素，任何好的方法和教材都需要学生自己去尝试和使用。作为教学活动的主导，教师要对学习的活动进行全面的指导和帮助。网络条件下语文教学新模式能否从根本上取得预想的效果，一个很关键的要素就是看师生能否充分发挥各自在教学活动中的作用。

语文研究性学习强调学生的自主性，但并不是说不要教师的指导，相反对教师的指导提出了更高的要求。教师不但要指导学生选择恰当的课题，还要指导学生如何有效地搜集相关材料，分类处理材料，提炼观点，和学生商量成果的展示形式。老师的指导应贯穿于研究性学习的全过程。教师应积极参与学生的研究性活动，指导学生研究性学习的方向，梳理研究思路，推荐好的研究方法，对学生的研究进行适当的点拨和校正。当然这些指导都是点到为止，绝不能越过界限。

四、构建网络化语文教学模式的原则

（一）切合学科特点原则

语文学科有语文学科的特点，虽然信息技术与语文学科的相互结合、渗透，使各要素都能发挥最大最优的效益，达到了优化教学过程、提高教学效率的目的。但是既然是整合课，重点还应落在语文教学上，应该回归到培养学生的语文素养上来，也就是学生听说读写基本能力的培养，更包括人文精神的培养。千万不能片面强调网络教学的表面作用，忽视母语对学生的熏陶感染作用，忽视许多语文作品的具体形象性和阅读表达中个人

感受的独特性，把语文课上成信息技术课或其他一些课程。

（二）辅助性原则

网络介入语文教学活动，其固有的超文本阅读，信息最丰富，交互性强，快速反响，贮存量大以及集图、文、声、像于一体的技术特点为优化语文课堂教学，培养造就自主发展的人创造了有利条件。但不论网络资源多么丰富，信息技术多么先进，它在语文教学中也只仅仅是一种工具，是辅助教学的手段，不可能成为包治百病的灵丹妙药，任何时候都不能代替教学目的。现代教育理论告诉我们，教学要注重学生认知方法的培养，教会学生学习，信息技术的运用应能引导学生通过发现、探究和意义构建的途径获取知识。也就是说，教学手段是学生进行发现、探究、认识社会和接受新信息并最终完成意义构建的工具。语文教学中运用一切工具和手段的最终目的都是为了上好语文课，培养学生的听说读写能力，发展学生的语文素养。因此，网络教学中要切实把握好这个"度"，决不能主次倒置。

（三）个别化教学原则

传统教学中，学生学习水平与能力的差异是客观存在的，解决因材施教的问题比较困难。网络技术引入教学后，一对一的人机对话，使每个学生每时每刻都能得到计算机的个别指导，并且每个学生都能得到所需的教学信息。既能照顾学习差的学生，使之从容不迫、循序渐进地学习，又能满足学习水平高、反应敏捷的学生，使之学得更快、学到更多，解决了学习好的吃不饱与学习差的消化不了的矛盾，使各类学生都能分层递进，各有所学，从而做到因材施教。

（四）主体性原则

网络资源及其手段应用于语文教学，其图文声像并茂的动态传播，能激发学生的学习兴趣，启迪学生思维，为学生创造一个直观的学习环境。但运用网络进行语文教学时要始终注意发挥学生的主体作用，因为素质教育倡导帮助学生增强和发展其主体性，使其逐步成长为社会生活的行为主体。语文教学应该是培养学生主动探索知识、增强主体意识的过程。如果一厢情愿地使网络资源及技术充斥于教学的全过程，把学生当成可随意填塞知识的"容器"，学生的学习效率就会大大降低。

（五）自主性原则

在网络教学模式下，教学资源十分丰富，这为学生"自主发现，自主探索"的学习方式提供了良好的条件。学生不仅可以在教师的指导下掌握教学内容，还可以利用网络主动地获取无限的相关知识，并能不断地提出新问题，进行选择性学习，促进对已有知识的巩固。在这种环境下，学生自身的主动性、积极性和创造性会得到充分地发挥。因此，教学中必须突出这个原则。

（六）创造性原则

创造性原则有两方面的含义：一方面要求教学方法有独创性；另一方面要求培养学生的创新能力。许多教师怀着对网络教学的满腔热情，寄希望于一个可供仿效的网络教学模式中，这就违背了素质教育的创造性原则。如果教师仅利用现成的网络资源而不进行自己的再创造，抑或不知调整处置教材，不负责任地无准备地把学生无序地推到网络面前，不仅会让过多的信息把学生"淹死"，还会将语文教育带入混沌的状态。先进的教学经验之所以先进，首先是来自创造者自身的高素质。教师不但要努力提高自身素质，还要在运用网络技术教学中特别注重培养学生的创新能力，努力使学生视野开阔，思维活跃，多角度、全方位地思考问题。运用网络进行教学就要让它丰富的表现力引发学生无限的遐想，激发学生无穷的联想，思维高度活跃而引发创新的火花，激发主动探究的欲望。因此，在教学过程中应渗透认知教育、情感教育和人格教育，培养学生的思维能力、想象能力、创造能力以及个性、灵气等。

五、要处理好几个矛盾关系

互联网环境下的语文教学模式存在两个主要的矛盾关系：第一个是突出现代化教育技术时不能淡化或忽视传统的课堂讲授环节。计算机网络虽然呈现很强的教学优势，但是毕竟是教学媒体，属于教学工具的范畴，利用它展开教学也有其局限性，在组织教学与管理、发挥教学的情感因素等方面带来很大的困难。所以在使用网络进行教学的同时，还要注意发挥传统教学的特点和优势；另一个是强调自主学习的同时也要关注教学中的互动环节。语文教学作为一个动态过程，要求教师、媒介和学习者之间互为影响、彼此合作。因此，在教学过程中应针对不同的教学对象，充分发挥教师与学生的主观能动性，通过人机互动、师生互动和学生互动的形式促进相互交流，培养学生的语言交际能力。

第四节　网络化语文教学模式下的教学评价

网络条件下语文教学模式，打破了地域和时间的限制，实现了双向交互，延伸了语文学习的内涵，更新了学习的方式，而且能更好地培养学生自主学习的能力，也锻炼了学生创新思维和解决问题的能力。为了全面评价这种教学模式的效果，必须采用相关方式对其进行评价。

一、形成性评价、诊断性评价和总结性评价相结合

学生是学习的主人，学习本身是一个动态发展的过程。网络环境下的情景创设，知识的意义建构以及人与人的协作关系都是随着时空的转变而变化的。因此，在网络教学中，我们要充分利用网络反馈及时、管理方便、省时省力等特点，对整个教学过程做跟踪监控、检测、指导。所以就要更多采用

形成性评价，关注教学活动中学生的学习兴趣、学习状态、学习态度、应变能力以及影响学生学习的各种因素的变化，从中发现问题，及时反馈给学生，并提出建议和补救措施。此外为了使网络教学更有针对性、预见性，还需对学习者进行诊断性评价。它一般被安排在教学设计前，是制定教学目标、组织教学内容、选择学习策略的依据。而总结性评价是关注整个阶段的教学结果，是为了获得教学工作总体效果的证据。在整个教学过程中，应将这三种评价方法结合起来，以便更客观地对网络条件下的语文进行系统化的评价。

二、以自我评价为主，结合教师评价、小组评价等多种评价方式

基于网络环境下的教学模式，以建构主义为指导，主张自主学习，鼓励学生积极参与学习、研究，发挥首创精神，实现自我反馈。学习者每一次实现对原有认知结构的改造与重组，也就是完成了一次自我肯定、否定、再否定的辩证评价过程。网络教学强化了学习的自主性，为自我评价提供了强大的"硬件平台"，如集成化的学习环境，具有交互功能的学习资源等，有利于学习者明确具体的学习目标、培养个性化的习惯和方法，使学生由评价客体成为评价主体，提高了学习的参与性，增强了学生的评价能力，使学生和学习结果之间有了更直接的联系。

三、根据评价目的和标准制定评价指标体系

教学模式的优劣、教学效果的好坏必须要有合理的评价指标体系来评判。作为一种规范，评价体系是明确的、可以测量的和被观察的，其确立是和教学目标相一致，而且其操作性要强。对于网络条件下教学模式的评价，应包括对学生、教师、学习情景、协作、会话等方面的评价。学生方面，要看其运用信息技术探索、学习和研究的能力是否得到了提高；是否

具有团队精神，是否具有在网上相互交流和信息共享的协作学习能力；创造性解决问题以及知识外化的能力是否得到了提高。教师方面，要看制定的教学策略、教学方法是否有针对性，是否能有利于学生的自主性学习和综合能力的培养；能否具有用现代教育技术对学习进行监测、管理、指导的能力。当然，教师评价和小组评价的作用也不容忽视。教师评价为学生对知识的意义建构提供了一种引导，而学习者之间的相互交流、协商、评价，可能引起各种层次和类型的文化碰撞、价值观的碰撞以及思维的碰撞，这有助于他们在认知层次上达到协同，从而提高教学效果，将三者有机结合在一起，可以使评价更科学、更合理、更客观。

第五节　网络化语文教学模式下的课程设计

一、课程设计的基本要求

（一）营造良好的学习氛围

由于一些学生语文水平较差，学习语文的积极性不高，所以整个课堂应该保持一种轻松、热烈的氛围。在课堂教学中，要采用形象、生动、直观的教学方式，力求每堂课学生都感到有新鲜感，通过各种方式和途径使学生能积极参与到课堂来。教师可以创设情境，让学生通过接龙游戏、角色扮演、相互辩论、即兴演讲等来培养学生的口语能力，锻炼学生的胆量，从而达到培养学生语言运用能力的目的。在课堂教学中，可以借助多媒体技术，通过文字、声音、图像、动画等方式，向学生真实而立体地展现所学语言的背景和使用环境，使学生有身临其境之感，能激发他们的学习兴趣和主动参与的愿望。在自主学习部分，教学内容要体现趣味性和可参与性。开发出人机互动模式的汉语言学习软件，设计出内容丰富、题材多样、形式灵活的训练题目，是新模式下语文教学获得成功必不可少的条件之一。

（二）保证足够的信息输入

多媒体网络化教学所采纳的理论依据主要是认知—建构主义学习理论。它强调认知主体对学习的能动作用，提出学习者是信息加工的主体，一方面教师要给学生提供符合语文学习所需要的外部刺激，另一方面要促使学生学习语文同化过程的发生和顺应过程的完成。各种语言知识的学习，都可以通过信息输入和输出来完成，因此，保证充足的信息量摄入，是开展有效语文学习的前提。克拉申语言输入假设理论，更强调了语言信息输入的重要性，尤其是有效输入的重要性。在设计语文教学时，教师必须保证给学生提供足够的教学信息。这样，学生在自主学习时才可能根据自己的学习状况，有取舍地进行学习。

（三）重视语言技能的培养

语言学习，尤其是语文学习，不仅仅是基础知识的积累。语言教学，本质上属于语文教学。其能力的培养既同于母语，又区别于母语。同母语一样，语文语言能力的培养和提高，要高度重视语言基础知识的学习，强调基本功的培养。然而，在当前背景下，语文学习除强调基础知识的积累外，还必须重视语言技能的培养。传统的教学模式里更多强调了阅读和听力能力培养，忽视了说和写这两个属于语言输出层面的能力，造成了学生能读写不好、能听说不出的情况。在新教学模式下，加大说和写这两个方面能力的培养，同时不放松读和听，使学生的语文语言技能得以全面地提高。这样更符合语文学习的要求，也是培养高素质人才的基本要求。

（四）保证学习过程的自主化和学习方式的交互性

在新教学模式中，学生是学习的主体，学习的过程是学生通过主动探索发现问题、进行意义建构的过程。因此，在进行课程设计时必须考虑到这个因素，要体现学习的个性化特征，使学生在学习的过程中具有较大的选择性和自由度。同时，在新模式下要注意到师生之间、学生之间的信息交流、活动交往和教学互动的过程。运用不同的交互手段和交互管理规则，采取不同的方式和方法，来实现学习过程中的交流和互动。

二、课程设计的主要内容

（一）教学目标设计

学生学习知识是为了运用知识，这就要求进行语文课程时，设计者要把"知识目标"转变到"能力目标"上来，以学生是否能获得听说读写译能力或提高语言使用能力作为检验教学的标准。因此，语文课程教学目标的设计应体现在两个方面。宏观上，教学目标的设计要综合考虑语文教学大纲进行总体教学目标的引导设计，且最终目标要明确，使学生掌握一定的语文知识和技能，具有一定的听、说、读、写、译的能力，从而能借助词典阅读和翻译有关语文业务资料，在涉外交际的日常活动中进行简单的口头和面交流，并为今后进一步提高语文的交际能力打下基础。微观上，要进行具体的单元知识模块以及单项技能的教学目标设计。

（二）教学内容设计

在新教学模式中，课程内容不再是传统的直线式组织教科书，这就需要教师根据教学的重点及难点，将知识学习、能力培养、教学目标、新旧教学内容有机结合起来，依据听说读写译的语言技能培养的各自特点和要求，设置与之相适应的教学内容。教学内容安排要体现出很强的实用性，突出职业教育教学的特点。同时，教学内容应根据具体的能力培养的要求采用多种形式，如文本写作、语音训练、听说训练、电子邮件、在线聊天、故事接龙、创作比赛、演讲辩论等，充分利用网络多媒体在辅助语文教学方面的巨大优势，使教学内容丰富多彩，形式灵活多样，安排有条不紊，重点突出，能充分体现教学目标的要求。

（三）教学策略设计

同传统的教与学过程相比，新模式下的语文教学更多地关注了学习者的自主学习和学习者与同伴间的协作学习。因此在课程的教学设计过程中，根据不同的学习者和学习群体间的差异，提供合适的学习策略就显得十分必要。由于学生的学习风格不尽相同，对课程内容的认知层次深浅不一，各项语言技能培养的要求相异，因此，在课程教学设计中要做到各种教学策略兼用，传统与现代结合，课内与课外结合，自主学习与协作学习并重。

（四）立体化教材规划与设计

教材是体现教学内容和教学方式的载体，是把教育思想、观念、宗旨等转变为具体教育现实的中介，它是教学改革成果的结晶，其优劣直接关系到人才培养的质量。立体化教材是与传统文本教材相配套的各类电子版教材或网络化教学资源，与传统教材相比，立体化教材建设更加重视运用计算机、网络科技等现代教育手段来构建教材体系；它以课程为核心来整合已有资源并聚拢新资源。从内容上讲，立体化教材包括了主教材、教师参考书、学习指导书、试题库等；从表现形式上讲，立体化教材主要有纸介质教科书、音像制品、电子和网络出版物等。

由于新的教学模式更关注学习者自主学习能力的培养，所以在教材规划与设计上要充分考虑学习者学习能力的培养和提高，在网络环境下开发图文并茂、集声像一体的立体化教材，而且在立体化教材设计的同时，要能考虑到学生创造性能力的培养，给学生留下补充教学内容的空间，使学生在完成既定教学内容和学习任务的前提下可以自己进行拓展。

（五）教学评价设计

合理的、多样化的教学评价同样是新模式下语文课程设计的一个重要方面。合理的教学评价应包含形成性评价和总结性评价。形成性评价是指在整个教学过程中，随时根据需要，运用有效的评测手段和其他的反馈手段，来调整、修改和完善课程。评价内容包括学习者的学习态度、学习效果、学习能力和自我评价等方面。总结性评价是指在整个教学结束后，根据教学目标要求和所学内容，对学生作出的一个总结性评价。形成性评价可以对正在进行过程中存在的问题作出及时反馈，从而提高实践中正在进行的教育活动质量的评价。网络多媒体模式下，学生学习语文的方式和途径趋于多元化。这就要求对学生学习效果的检测和评价也要多样化，改变以往重结果轻过程的做法，加大平时考核力度，通过设计不同类型的、主客观有机结合的考核办法来全面评价学生在听说读写译方面的进步。这种综合的考核机制不仅能及时掌握学生的学习状况，而且可以比较客观准确地衡量学生在语文学习中取得的进步和存在的不足，可以及时有效地反馈到教学中，对师生改进教学有着重要的意义。

第六节　网络化语文教学模式下应注意的问题

一、教师应积极转变观念

目前，"以学生为中心""以学生为主体"已成为语文教学中的重要指导思想，但其对语文教学的影响却是有限的，尤其是在教师的教育观和教学理念方面。郝颖（2007）认为，语文普遍采用以教师为中心的传统教学模式，这种以教师为中心的传统教学观念已经不能适应时代的需要，必须向以学生为中心的教学观念转变。在新构建的模式中，教师应该积极转变教育观念，要从课堂教学的主讲者变为学生学习的组织者、指导者。纵观教育的发展历程，任何重大的教育变革首先都是从教育观念的转变开始的。教学观念是教学行为的前提和基础，任何教学行为都是在一定的教学观念指导下进行的。我们当今身处信息时代，没有合乎时代要求的教学观念，也就没有符合时代需要的教学行为。

二、努力消除对网络多媒体教学认识上的误区

在对待语文教学现代化，改善教学条件的时候，往往存在一些认识上的误区。例如，有些人会过高估计多媒体网络辅助教学的作用，认为网络多媒体能解决教学中的一切问题；有些人由于对多媒体网络教学作用估计不足，产生失望情绪，甚至对多媒体网络教学全盘否定和排斥；还有些人对多媒体网络技术存在恐惧心理，特别是一些传统课堂经验丰富的语文教师，不喜欢在教学过程中使用复杂的技术手段。因此，教师要努力提高自己的信息素养，努力弥补对现代化网络多媒体技术认识上的不足，充分利用好现代信息技术手段。

三、克服对硬件条件的过分依赖

谈及网络环境下语文教学的环境，许多人以为教学只能在专门的网络教室或语言实验室进行。其实则不然。在校园网环境里，任何接入网络的计算机都可以通过一定的教学平台进行在线的学习和互动。各学校可根据自己学校网络信息化程度和学校硬件条件建设情况来确定硬件的投入。基础条件好的学校可以建立专门用途的语言多媒体自主学习室，条件稍差的也可以在校园内如图书馆或多媒体教室访问校园网上的语文学习资源。基于建构主义教学理念和现代化的信息教育技术上的网络环境下的语文教学模式内涵丰富，不仅包括教学过程中教师和学生教与学的观念、策略和信息素养等软环境，而且也包括教学场所、计算机网络、教材等诸多硬件条件。这些软硬件环境都可以以立体化的教材为载体加以统一。构建网络环境下的语文教学模式，其核心是立体化教材的建设，有关其他相关因素的制约则需要做进一步的研究。

第七章 语文教学中创新思维的培养

第一节 语文教学中培养创新思维的必要性与可行性

一、语文教学中培养创新思维的必要性

(一) 教育发展的需要

创新教育能够反映出时代精神，是一种新的教育理论。传统教育只注重知识的继承，不利于创新思维能力的培养，学生的创新精神和创新意识得不到锻炼，飞速发展的社会又迫切需要创新型人才，所以培养创新思维能力就成为教育创新发展的必然。在新的语文课程标准中，语文课程的实施标准要求语文课程要通过必修课程和选修课程的学习，学生要重点发展以下几个方面的能力：积累、整合的能力，欣赏、感受、思考、理解的能力，应用、扩大发现、创新的能力，并首次把创新明确写进了课程标准中。目前，创新是一个备受关注的话题，又是教育体制、教育机制、课程创新的难点问题，所以新的课程目标要求，学生要对世界和未来有浓厚的兴趣和高涨的热情以及高度的敏感性，要对各种不同的创新进行积极的探索，更要大胆对未知世界进行探索和发现，用新的意识、新的方法解决问题。课程目标在"表达与沟通"这个环节中也对创新有明确的要求，包括

写作和口语交际，体现出表达和交流要用新的思想和理念。因为学生肩负着接收者和思考者双重身份，所以语文在写作过程中，不仅是一个学习的过程，也是一个积极思考的过程，写作不能是简单的照搬照抄，不能被动学习、模仿他人，要参与其中，更重要的是要在写作过程中进行深入思考，有自己的观点和个性，能提炼出新的东西，这样才能写出好的文章来。新的课程还要求教育者在教学实践过程中发展学生的创新思维。以前我们谈到创新时，想到的都是发明创造，认为语文、数学、生物、地理等课程没有什么创新的必要，对创新能力的培养比较轻视，语文科目也没有承担培养创新思维能力的责任。新的语文课程标准已经提出了新的要求，语文科目要承担创新思维能力培养的任务和促进开发其他学科领域的任务。不仅在本学科开拓创新能力培养的新途径，还要为培养其他基础学科的创新思维能力做出贡献。当今社会发展迅速，迈入了知识经济的时代，人类的创新能力已经成为经济发展的源动力，成为国力增强的重要因素。我们的教育更面临着新的挑战，传统的教育教学模式已经不能适应日新月异的时代发展的需要，培养创新思维能力已经成为教育创新迫在眉睫的新任务。

（二）认知水平提高的需要

培根说过："知识就是力量。"可见，知识是多么重要，多少年来人们一直对知识进行不知疲倦的探索。新的内容延伸到社会生活的方方面面，求伯君用知识在中关村创造事业的辉煌，胡仙用知识的力量带领"星岛"报业雄冠香港。知识没有永久性的，对于一个人的职业生涯来讲，知识就像是食物，是有保质期的，产品超出保质期，是要坏掉的。知识如果没有更新，就无法正确指导实践。知识更新的周期是衡量世界总体发展速度的重要指标，随着社会的发展，知识更新的周期越来越短。联合国教科文组织曾经做过一项研究，结论是：信息通信技术带来了人类知识更新速度的加速。所以，对于知识，我们不仅要积累，还要及时不断地更新，这样才能使知识成为改变命运的第一推动力。

　　随着人类社会的不断发展，那些客观的知识已经不是知识的全部内涵，那些被忽略的隐藏的知识，比如思维方法，也成了知识的另一部分内涵。今天科技的迅猛发展使思维科学变得越来越重要，这就不能不引起我们对当今教育的反思，我们忽略了对学生的创新思维能力的培养，对知识的理解。当今社会发生了质的变化，不再单单局限在认知范畴，而是扩展到应用范畴，过去不被认为是知识的技术、能力、技巧等，现在都已经成为新的知识。过去认为继承和传递文化就是知识的功能，现在知识就是资源，就是资本，知识的作用被人们越来越重视；过去的知识是人们用大脑来储存的，推崇的是博古通今，现在则由单一的大脑储存走向大脑和电脑并用的双向储存，信息量更大。过去传递信息的方式是口耳相传，现在高科技的卫星、多媒体走进千家万户，广泛应用到各个领域。由此可见，当今的知识已经深入思维这一层面，不仅仅是那些看得见的客观知识。这样的现状要求我们的教学要有所改变，培养学生创新思维的能力势在必行。

二、语文教学中创新思维培养的可行性

(一) 语文教学中创新思维培养的理论依据

　　在发展语言能力的同时，发展思维能力，学习科学的思想方法，逐步养成实事求是、崇尚真知的科学态度。把学生放在主体的位置上，教学应充分地将学生学习的多样化和个性化有机地结合起来，使学生能有充分的空间形成和表现自己的个性，满足学生自身发展的需要。教育的对象是一个个鲜活的、个性化的个体，因此，语文教育也应从每个学生的特点出发，培养每个学生独特的个性素质，充分发展他们的个性，发掘蕴藏在每个人身上的潜能，促进学生个性的健康发展。尊重学生的个体发展特点，给予学生充分自由的发展空间，学生的创造力才有可能得到发展，学校培养创造性人才的宗旨才能得以实现。21 世纪是全球知识经济的时代，人才竞争

趋于白热化。高等教育作为科教兴国的强大生力军与推动社会经济发展的重要力量，其根本任务就是造就对社会起推动作用的、能满足社会发展各种需要的创造性人才。如果没有个性，就谈不上社会价值。社会中如果没有这些有个性的人群，这个社会就会丧失活力，也就会停止发展的脚步。在国际竞争日趋激烈的时代，无情的竞争不仅要求我们既要在多元化的形势下全面发展，更要有所创造，创造人才、创造科技、提高效率。发达国家课堂教学给我们的启示颇多，他们的理念是，"一个不会提问的学生并不是好学生"，这就告诉我们要下大力气培养学生的创新思维能力，这是课堂教学的重要内容。

（二）语文教学中创新思维培养的现实基础

语文课程标准强调语文是最重要的交际工具，是人类文化教育的重要组成部分。工具性与人文性的统一是语文课程的重要特点。新的语文课程目标根据知识和能力、过程和方法、情感态度和价值观这三个维度来设计展开，体现了工具性和人文性相统一的思想，包含了扎实的基本功的培养和潜在能力与创新能力的开发。在培养学生创新思维这一方面，语文学科要比其他的学科担负更多的责任，这也是为什么在语文教学中培养学生创新思维是如此重要。在语文学科创新教育开展的过程中，为了更好地提高语文学科的教育教学质量，语文教育家们无论在理论上还是实践中都付出了非常大的努力，语文创新思维的研究也因此取得了很多令人瞩目的成绩，为在语文教学中培养学生创新思维奠定了现实基础。孩子随着年龄增长，在看待事物时会通过自己的思维去分析，到了中学已经形成了独立的、辩证的思维。学生思维的逻辑性与批判性较强，独立思考能力也大大提高，他们能够根据一定的准则去判断事物，并乐于提出自己的观点和解决办法。因此应该充分利用学生这一思维特点，以此为基础，在语文教学中培养学生的创新思维。语文学科的创新教育要求教师在教育过程中完全改变传统的教育教学模式，开拓教学内容。以语文教学内容和已经掌握的语文知识为基础打造一个有利于培养学生创新思维的语文学习环境，激发学生的创造灵感，指引学生运用所学知识去探索新知识，解决新问题，在这个过程中让学生体会到学习语文的乐趣与满足。创新思维在语文教学中的应用将提高学生的创新能力，最终让学生们成为真正具有创新能力、创造品格的创新型人才。

(三) 语文教学中培养学生创新思维的优势

学生素质教育最基础的课程就是语文。我们都知道语文学科不仅是语言学科，也是思维学科。斯坦伯格说："创造力不是单一能力或复合能力，而是能力与其他方面的复合。"莱斯利安·怀特认为："创造过程本身是一个人心灵当中各种文化要素产生有意义的综合。"语文学科相对于其他学科更加全面、综合，所以语文有其他学科不可替代的功能。在语文教学过程中培养学生的思维能力，尤其是重点培养学生的创新思维能力，是与培养学生的语言能力同等重要的教育教学任务。

中国著名的语文教育家叶圣陶先生在提到语文学习与思维时这样说过："语文学科是语言和思维的辩证统一。"中国语文教育的奠基者朱绍禹先生谈到语文学科和思维的关系时这样说"语文学科是语言学科也是思维学科。"这是对语文学科的根本性的认识。卫灿金撰写的《语文思维培育学》，其中一个重要的思想就是认为语文学科是语言和思维的辩证统一。语文教学的特点也对本学科培养各种能力有所帮助，因为课本中汇聚了中国、外国及现代、古代的名家名作，写作手法、风格各具特色，并且各种思维与时俱进，这在创新能力培养上，给学生提供了强有力的借鉴，也能充分发挥语文教学的特点，这将是一个长期的动态发展的过程，是语文教师必须承担的责任与义务。

第二节　语文思维能力的培养与实践

一、语文思维的方法与品质

（一）语文思维方法

语文学科在长期的发展过程中，形成了一整套思维的基本方法，掌握这些方法是形成语文思维能力的基础。常见的语文思维方法有分析与综合、比较与分类、抽象与概括、联想与想象等。

1.分析与综合

分析是把整体在思维中分解成为不同的组成部分，进而分别考察研究不同部分之间的关系，研究它们在整体中的地位和发展变化，从而揭示事物的本质属性的方法。对事物的分析可以是多方面的，既可以从结构、种类、特点来分析，也可以从性质和功能来分析。在具体的情境中，应根据事物的具体情况和需要，恰当地选择分析的角度。从思维的角度来看，可以从整体到局部进行分析。这种思维方法能通过以下步骤来实现：首先，将整体分解成各部分；其次，分析各部分间的相互作用和联系，研究它们各自的地位和作用以及与其他部分发生相互作用的规律性。

在分析的基础上，综合是把研究对象的不同部分重新结合为一个整体，以把握事物的本质和规律的方法。从思维的角度来讲，综合具有以下特点：第一，以科学分析为基础。只有在弄清事物的组成部分及相互关系、主要矛盾、次要矛盾、矛盾的主要方面和次要方面的基础上，才能在整体上把握研究对象的本质规律。第二，从局部到整体。此时的整体已不是原先对事物的一种笼统的认识，而是一种理清内部组成、相互关系和本质属性的整体。

分析与综合是一种常见的语文思维方法，具有辩证统一的关系，它们既有区别，又有联系，不可分割。首先，分析是从整体到局部、从统一到分离的思维方法，综合与之相反；其次，分析是综合的基础，综合必须根据分析来展开；最后，分析也离不开综合。认识过程总是沿着"分析—综合—分析"的轨迹不断前进和深入的。例如，在语文阅读和写作过程中，需要利用分析和综合来理清文章结构，把握文章思路。文章的结构是指文章段落内部和段落之间的相互关系。分析文章的结构，就是通过分析文章各部分之间的相互关系，并且进行合理的归纳整理的过程。分析文章的结构时，要根据文章的线索与材料的安排，弄清文章的开头结尾，划分段落层次，理清过渡和照应等问题。由于文章结构和作者的写作思路是息息相关的，所以，人们往往通过分析与综合的思维方法来把握文章的思路。

2. 比较与分类

比较是明确事物之间异同点的思维方法。其过程是先对观察对象进行分析，分析观察对象各方面的特征，再将观察对象按其特征进行对比，得出哪些方面具有相同点，哪些方面具有不同点，从而鉴别观察对象的异同。在语文教学中，可以通过比较，找出表面上差异很大的事物之间的相同点或表面上极为相似的事物之间的不同点。学生在语文学习中的比较可分为三类：一是类似比较，即比较两个或两个以上对象的相同点；二是差异比较，即比较两个或两个以上对象的不同点；三是系统比较，即全面比较两个或两个以上对象的相同点和不同点。

在语文教学中，教师会通过对两首诗歌的相同点和不同点的比较分析，帮助学生加深对于诗歌的理解。以送别诗为例，王维在《送元二使安西》中吟唱道"劝君更尽一杯酒，西出阳关无故人"，体现了他对友人深挚的惜别之情。而王勃在《送杜少府之任蜀州》中写下了千古名句"海内存知己，天涯若比邻"，体现了他豁达的一面，全诗意境旷达，哀而不伤，与王维诗中意境截然相反。

　　分类是在比较的基础上，根据研究对象的异同点，把事物分门别类的思维方法。在语文学习中，大量的事物之间存在着各种各样的相同点和不同点。因此，我们常常根据研究对象和学习目的，按照统一标准，将研究对象划分为某一类。语文学习中的分类必须遵循以下原则：一是必须制订统一的标准；二是要能反映事物的层次。

　　3.抽象与概括

　　抽象是指通过思维把某一事物的本质属性或特征从众多属性或特征中抽取出来的思维活动。通过抽象，可以使人的认识从感性阶段上升到理性阶段。抽象的思维特点体现在：要根据研究对象和问题的特点，在对事物进行分析比较的基础上，撇开问题中个别的、非本质的因素，抽取出主要的、本质的因素。概括是在抽象的基础上，将事物一般的、共同的属性或特征结合起来，或者把个别事物的本质属性或特征推广为同类事物的本质属性或特征的思维活动。两者是人们形成或掌握概念的前提。概括作为其他思维品质的基础，影响着思维活动的深度、广度和灵活度等各个方面。概括可以帮助学生进行逻辑推理，培养学生思维的深刻性和批判性；概括可以帮助学生进行灵活的迁移，培养学生思维的灵活性和创造性；通过概括的"缩减"形式，也可以培养学生思维的敏捷性。语文学习离不开概括能力，学生的概括能力越强，其知识系统越完善，知识的迁移能力就越强。

　　在语文教学中，抽象与概括是一种重要的培养学生迁移能力的方法。从语文课本中可以找到许多培养学生抽象、概括能力的材料：学习小说时，可以通过培养学生对小说人物的肖像、心理、语言、行为及环境等描写的具体分析，概括出人物的性格特征、思想变化及人物形象，培养学生的抽象与概括能力；学习杂文时，可以通过学生对文章表层语言的分析，进一步揭示其深层含义。另外，抽象与概括也是一种有效的学习文言文的思维方法。学生积累文言常识是必要的学习方法，教师可以通过帮助学生总结概括常见的文言实词、虚词及其用法和规律，有效地提高学生的文言文阅读能力。

4. 联想与想象

联想就是因某人或者某物而想起与之相关的相似联想，是由与某事物或现象相似的其他事物或现象中产生新设想的思维活动；接近联想是因事物之间彼此接近进而产生新设想的思维活动；对比联想是指对于性质或特点相反的事物产生新设想的思维活动；因果联想指对有因果关系的事物产生新设想的思维活动。

想象是人脑对已有的表象进行加工、改造而创造新形象的过程。根据想象的目的性可把它分为无意想象和有意想象。无意想象是一种没有目的性的，不需要任何意志努力的一种想象；有意想象是一种有目的性、自觉性和组织性的一种想象。根据创造程度的不同，想象可以分为再造想象和创造想象。

语文想象活动中的认知加工方式有：比拟（把无关的两个或以上的客观事物的属性或特征结合起来构成新形象的过程）、夸张（增大或缩小客观事物的正常属性或特征，并使之变形）、拟人（对客观事物赋予人的形象或特征，从而产生新形象的思维活动）。例如，《天上的街市》一课中，作者把街灯比作明星，又把明星比作街灯，最后再想象到天上的街市，用轻快流利的笔调尽情描绘天上街市的生活场景，表达了作者追求理想的美好情怀。

（二）语文思维品质

思维能力是智力和能力的核心。思维品质反映了个体思维能力的强弱，是判断一个人的智力层次（即正常、超常或低下）的主要标志。语文思维品质是指人们在语文学习和实践过程中逐渐形成、发展并表现出来的，能直接影响工作效率的个体智力特征，包括思维的深刻性、灵活性、批判性、敏捷性和独创性五个方面。

1. 深刻性

语文思维的深刻性是指思维的抽象逻辑性，反映了语文思维的抽象程度和逻辑水平，体现了思维活动的广度、深度和难度。它表现在学习者善于深入地、逻辑清晰地思考问题，能抓住问题的本质和规律；善于开展系统而全面的语文思维活动；善于在整体上用联系的观点认识事物，掌握语文知识。

在阅读过程中，教师要培养学生全面地、准确地理解所读的内容，概括文章主旨，把握作者意图的能力；要培养学生善于深入思考，从中发现规律和本质的能力；要培养学生善于比较不同时代、不同文体、不同作者的作品的阅读规律的能力。在写作过程中，学习者要能够透过现象观察事物的本质；文章立意要有深度，要能够抓住自己所要表达的事物的中心，并用准确、简练、生动的语言进行表达。

2.灵活性

语文思维的灵活性是指语文思维活动的灵活程度，指思维能够根据客观情况的变化而变化。语文思维的灵活性是以深刻性为基础的。灵活性具有四个显著特点：一是思维方向灵活。语文教师要培养学生善于从不同角度和方面思考问题，用不同的知识和方法正确地解决问题的能力。二是思维过程灵活。语文教师要培养学生善于分析与综合并灵活转换的能力。三是迁移能力强。学习者要对语文知识和语文方法能够有效地进行迁移。四是思维结果灵活。在阅读过程中，教师要培养学生善于使用多种阅读方法，从不同的角度、方向思考所读的内容，并得出多种合理而灵活的结论的能力；要培养学生善于将不同的阅读内容联系起来的能力；善于将以前学过的知识和方法灵活地进行迁移的能力。在写作过程中，教师要培养学生善于从不同的角度观察事物的能力；培养学生善于从不同的角度和方面进行选材的能力；培养学生善于采用灵活的表达方式和修辞手法的能力；培养学生可以用同一题材表达不同的观点、同一观点使用不同的题材的能力。

3.批判性

语文思维的批判性是指学生对于自己思维过程的一种自我反省、自我调节和自我修正的智力品质。思维批判性具有五个主要特点：第一，分析性，即不断地分析解决问题所需的条件，并反复验证所拟定的假设和方案；第二，策略性，即在头脑中形成解决问题相应的策略、方法、步骤或手段，并在实践中进行检验；第三，全面性，即善于客观地分析正反两方面的依据，坚持正确的方案，及时修改错误的部分；第四，独立性，即善于独立思考问题，拥有自己独特的观点，不人云亦云，盲目附和；第五，正确性，即通过缜密的思维活动，实事求是地分析问题，使得结论具有正确性。

语文阅读教学中，要求学生能够对阅读内容进行辩证的分析；要善于顾及作者本人和作者所处的时代背景，能够"知人论世"，对文章进行全面的评价；要善于通过比较分析发现文章的风格特色。在写作过程中，教师要培养学生掌握写作的基本方法和常用的修辞手法；培养学生修改作文的良好习惯；帮助学生学会自评作文，写作文小结；要求学生及时总结自己的写作经验，并对不足之处进行专项训练。

4. 敏捷性

语文思维的敏捷性是指思维过程的迅速程度，思维的速度和正确性是思维敏捷性两个重要的指标。学生语文思维的敏捷性是指在学习语文知识时，学生能够快速、准确地掌握所学内容，并在头脑中内化；在运用语文知识解决问题时，学生能够迅速、准确地利用原有的认知结构，找出问题的关键，运用恰当的知识和方法，最终正确地解决问题的思维品质。

培养学生的思维品质的敏捷性是语文教师的教学目标之一。例如，在阅读教学中，教师要帮助学生掌握速读、跳读、泛读等阅读方法；帮助学生迅速捕捉所读文章的主要观点，寻找自己所需要的主要材料。在写作教学中，要培养学生善于观察的能力，将观察到的材料变成写作素材；要培养学生在较短的时间内根据要求写出不同文体的作文。

5. 独创性

语文思维的独创性即思维的创造性，它表现为善于独立思考，善于创造性地发现问题和解决问题。独创性品质有三个特点：一是独特性，学生要有自己独特的思维方式；二是新颖性，学生要乐于采用新的思维方法进行思考，这是独创性最重要的标志；三是发散性，学生要善于在广阔的领域内独立思考问题。例如，在阅读过程中，学生要能够根据自己的需要和现实水平，选择适当的阅读内容和阅读方法；在阅读中要善于联想、比较和鉴别，要有个人独特的见解，从中获得美的享受；要能够创造性运用各种阅读方法，形成自己的观点。在写作过程中，要培养学生形成新颖的观察事物的角度；选择新颖的写作题材；培养学生准确表达自己想法的能力，并逐步形成个人写作风格。

需要指出的是，学生语文思维品质的深刻性、灵活性、批判性、敏捷性和独创性，是完整的思维品质的组成因素，它们之间是相互联系、密不可分的。其中，思维的深刻性是一切品质的基础。思维的灵活性和独创性具有交叉的关系，灵活性富有广度与顺应性，独创性则具有深度和新颖性，两者互相影响。思维的批判性是以深刻性为基础发展起来的，只有通过深刻的认识和周密的思考，才能对事物进行准确的判断和调节；同时，只有不断地进行自我批判，才能更深刻地认识事物的本质和规律。思维的敏捷性是其他的思维品质的具体表现。

二、语文思维能力培养的策略

语文思维能力是由语文思维的内容、方法和品质构成的一个有机的整体，对语文思维能力的培养必须贯穿在语文知识的教学中，让学生掌握思维方法，并训练学生的思维品质，这是培养学生语文思维能力的基本思路。在课堂教学中，要有效促进学生思维的发展，还要遵循以下基本策略：

（一）引起认知冲突，激发积极思维

认知冲突是指认知发展过程中原有认知结构与现实情境不相符时在心

理上所产生的矛盾或冲突,这种矛盾的存在是学生积极思维的基础,而积极思维是发展思维能力,是深度理解知识的前提条件。语文课堂教学中要基于教学目标,充分利用各种手段,抓住教学重点,联系学生已有经验,设置一些能够使学生产生认知冲突的"两难情境",引起学生的认知冲突,激发学生的积极思维。

教学活动是教师和学生共同参与的活动,课堂提问是在众多形式的双边互动中使用最为频繁的一种,它不仅可以判断学生的学习状况,进行情感交流,激发学生的兴趣,更重要的是能产生认知冲突,激发学生积极思维。依据问题所涉及的认知水平,可以把课堂中教师所提的问题分为无认知问题、低认知问题和高认知问题。其中,无认知问题是指不能引起学生积极思维的问题,如引导、鼓励和核对的问题;高认知问题则是指能激发学生积极思维的问题,如分析、综合和评价的问题。语文课堂教学中要尽量提高认知问题,少提低认知问题,避免无认知问题。现行的教学中,教师提出大量的低认知问题和无认知问题,严重影响了学生思维的发展。

(二)加强课堂互动,促进社会建构

建构主义认为,学习是一个积极主动的建构过程。知识是个体经验的合理化,并不是说明世界的真理;教学要基于学生的已有知识和经验,而不是由教师把知识简单地传授给学生;教师是教学情境的创设者,是学生学习的引导者和帮助者,而学生是学习活动的主体;学生的有效学习是在一定的情境下,在他人的帮助下,通过人与人之间的协作与交流等方式进行的。维果斯基的"社会建构主义"思想认为社会文化环境会影响学生思维活动的发展,这种思想体现到语文课堂教学中,就要求教师要重视课堂互动环节。课堂互动是在课堂这个环境中的师生互动和生生互动,是教师、学生和环境之间的相互影响的过程。在这个过程中,学生处于主体地位,教师应基于学生的实际组织教学。从互动的主体来讲,课堂互动有师生互动和生生互动;从互动内容来讲,课堂互动有思维互动、情感互动和行为互动，其中，情感互动是基础，行为互动是表现，思维互动是核心。在语文课堂教学中，教师必须重视课堂互动，特别是促进师生之间和生生之间的更为深层的思维互动，这更利于促进学生思维结构的发展。

（三）重视总结反思，强调应用迁移

元认知最早是由学生心理学家弗拉威尔在《认知发展》一书中提出的。元认知是指对认知的认知，包括元认知知识、元认知体验和元认知监控三部分，其中元认知监控是核心部分。元认知监控就是一种自我监控能力，是人们将活动本身作为意识的对象，不断对其进行积极主动的计划、检查、评价、反馈、控制和调节的能力，与批判性思维有密切的联系，是教师教学能力的核心和学生学习能力的核心。因此，教学中要重视学生自我监控能力的培养。为了有效培养学生的自我监控能力、元认知能力和批判性思维能力，语文课堂教学中一定要重视总结和反思。在每次课堂活动的开始和结束，教师都要引导学生对学习对象、学习内容、思维方式和方法等及时地进行总结和反思。通过总结和反思，可以帮助学生加深对知识和方法的理解，通过对经验的总结，发展自己的认知结构，提高自我监控能力。

应用是检测学习效果、巩固所学知识的重要途径。学习中的迁移则是指一种学习对另一种学习的影响，它广泛地存在于知识、技能、态度和行为规范的学习中。重视知识和方法的应用和迁移，有利于加深学生对知识的理解，提高学生的思维能力，为此，要将应用迁移作为语文课堂教学中培养学生思维能力的基本原理。在语文课堂教学中要做到：第一，要使学生应用所学的知识和方法解决实际问题；第二，让学生将所学的知识和方法与以前学过的相关知识和方法联系起来，实现对这些知识和方法的主动建构；第三，让学生将所学的知识和方法迁移到其他情境中去，迁移到其他课文中去，迁移到现实生活中去，从而培养学生思维的灵活性。

三、语文思维能力的实践探索

语文是思维与语言相结合的学科，是学生思维能力发展的关键，探索语文教学中学生思维能力的培养，不仅对学生思维能力的提高具有重要意义，而且对于学生提高语文能力，加深对语文知识的理解，具有重要的影响。

（一）明确课堂教学的目标，制订思维培养计划

语文教学是一种有目的、有计划的活动，思维能力的培养是语文教学的重要目标之一。因此，必须结合知识的教学目标和计划，制订思维能力培养的目标和计划。首先，根据语文教学目标确定阶段内需要培养的思维能力目标。其次，根据各部分知识或者培养思维能力的任务，以及学生、教师和教学内容的特点，制订比较明确的课堂教学目标和教学规划，选择适当的教学方法和教学时间。再次，在教学过程中，要训练学生迁移的能力，可以将同一种思维能力在不同的情境下进行训练。一系列的训练既可以培养学生的想象能力，又能培养学生的迁移能力，有利于学生思维能力的培养。最后，教师在教学中要及时监控整个教学及学习情况，进行反思，调整思维能力的教学目标和教学方案。

（二）创设良好的教学环境，引起学生的认知冲突

学生积极主动的思维是发展学生思维能力的基础，积极思维的前提条件是具有良好的思维环境。著名语文教育家李吉林提出了情景教学理论，从其操作要素可以看出，情景创设是激发学生积极思维的有效手段，教师只要抓住思维这个核心，就为有效的课堂教学奠定了良好的基础。良好的思维环境应引起学生的认知冲突。认知冲突是认知发展过程的原有概念或认知结构与现实情境不相符时在心理上所产生的矛盾或冲突。在语文教学中，教师创设良好的教学环境，引起学生的认知冲突，需要做到：首先，要创设民主平等的教学环境。教师采取民主的教学方式，平等地对待每一个学生，发挥学生的主体性，鼓励学生进行独立思考，敢于让学生标新立异，挑战权威，最终形成学生主动学习、积极参与的课堂教学氛围。其次，对待学生的提问持积极的态度。教师对待学生提问的态度是指教师对学生提问产生的一般而稳定的心理倾向，包括积极的心理倾向和消极的心理倾向。积极倾向表示教师喜欢、支持、鼓励、引导学生提问；消极倾向表示教师回避、厌恶、憎恨学生提问。最后，要创设良好的问题情境，尽量提高认知问题维度。高认知问题，就是能使学生产生认知冲突，激发学生积极思维的问题。

（三）结合语文知识教学，教给学生思维方法

学生的思维能力是在知识的学习和活动中逐渐形成和发展起来的，其培养也必须贯穿在这些过程中，并力争让学生理解语文思维的方法。培养语文思维的方法很多，包括观察、审美、联想与想象、比较与分类、发散思维等。这里举例介绍观察、联想与想象两种方法。

第一，细心观察，走进生活。观察是一种有目的、有计划、较持久的知觉行为，它虽然不属于语文思维，但它是语文思维的重要基础。语文学习中用到的观察方法主要是顺序观察和对比观察。顺序观察是按照客观事物本身所具有的系统性及其周围事物的联系有顺序地进行的观察；对比观察是把几个事物或者同一事物的不同方面进行比较的观察方法。苏霍姆林斯基倡导"思维课"这种教学模式，提倡"在观察中思考，在思考中观察"，有效地将观察与思维相结合。在语文教材中，许多文学作品都是在作者细致入微的观察基础上完成的，供给我们丰富的观察经验和观察方法。教学中将这些文章作为重点，让学生领悟作者观察的方法，可以有效培养学生观察的能力。

第二，放飞联想和想象的翅膀。联想，就是由此人此事此物想到彼人彼事彼物的一种思维。想象是人脑对已有表象进行加工、改造而创造新形象的过程。联想和想象是非常重要的培养学生思维能力的方法。在培养学

生联想和想象方面，可以从以下两个方面入手：①引导学生正确地进行观察；②鼓励学生大胆质疑问难。

（四）设计系列性训练，加强思维品质的培养

1.对于思维深刻性的培养

深刻性是指思维的抽象程度、逻辑水平，及其深度、广度和难度。它表现在善于深入地思考问题，把握事物的本质和规律，从整体上用联系的观点认识事物，展开系统的、全面的思维活动。思维的深刻性是一切思维品质的基础，在教学中培养学生思维的深刻性需要注意：第一，培养学生对于问题的理解能力，鼓励学生凡事多问为什么，摒弃死记硬背的学习习惯；第二，培养学生深入地钻研问题，抓住事物本质的能力。在教学中，可以积极地展开问题研究或小组合作活动，帮助学生更全面地理解所学内容，并通过课堂作业、调查报告或撰写小论文的形式培养学生钻研的习惯。

2.对于思维灵活性和敏捷性的培养

灵活性指思维活动的灵活程度，反映了学习中对知识和方法的迁移能力。学生的思维灵活性发展迅速并且个体差异明显，因此在此阶段加强对于思维灵活性的训练十分重要。培养学生思维的灵活性要注意：第一，帮助学生多角度思考问题，培养学生举一反三、一题多解的能力；第二，反对教条化，培养学生的迁移能力。要将课堂教学和练习考试结合起来，将所学的知识迁移到学习和生活中去。敏捷性是指教学基础上思维的速度。在高中阶段，学生思维的敏捷性也有很大的差异，并且从初二开始差异逐渐拉大。培养学生的敏捷性要注意：第一，培养学生熟练掌握基础知识的能力，养成课前预习的好习惯；第二，在课堂上进行一定的思维训练活动。要限定学生做题和思考的时间，培养思维的敏捷性。

3.对于思维批判性和独创性的培养

批判性是指思维活动中善于严格地估计思维材料和精细地检查思维过程的智力品质，具有分析性、策略性、全面性、独立性和正确性五个特点。

亚里士多德曾经说过"吾爱吾师，吾更爱真理"，这就是有思维批判性的表现。在教学中，教师想培养学生思维的批判性，就要注意有效地引导学生质疑；塑造自由平等的学习环境，培养学生敢于挑战教师权威的勇气，鼓励学生发现真理。独创性指善于独立思考，创造性地发现问题和解决问题的智力品质。培养学生的独特性，就要减少学生对于教师的依赖，遇事要能够独立思考，具有独特的见解。在教学实践中，教师要鼓励学生打破常规，展示自我，让学生在已有的基础上独立思考。

第三节　语文教学中培养学生创造性思维

一、语文课堂教学中创造性思维能力培养的实施

（一）语文教学与创造性思维

1.语文学科的性质，语言与思维的关系

语文学科既是基础工具学科，又是思维学科。语言是交际的工具，人们通过语言交流思想、传递信息。在未来信息时代中，信息的交流更加频繁，作为交际载体的语言会更加丰富多彩。语文学科的任务之一，就是要使学生能够正确理解和运用祖国的语言文字，为学生继续学习和工作打下基础。语文学科是基础工具学科，这个观点早已得到大家的认可。语文学科又是思维学科，也越来越引起从事语文教学的教师的重视。

为什么说，语文学科也是思维学科呢？这里就涉及语言与思维的关系问题。语言是人类最重要的交际工具，它同思维有密切的联系，是思维的工具，是思想的直接现实，是思维的"物质外壳"，语言和思维是不可分的。更准确地说，内部语言是思维活动的"物质外壳"。什么是内部语言？内部语言，就是和逻辑思维、独立思考、自觉行为有更多联系的一种高级

的言语形态。它的主要特点在于：其一是不出声，或语音的发音是隐蔽的。其二是以自己的思想活动作为思考对象，先想后说或先想后做。其三是"简化"。内部语言是外部语言中的一些片段。内部语言与外部语言相比，在同时思考与表达一个问题时，前者的速度比后者快得多。内部语言不仅是逻辑思维和独立思考的特质基础，而且是思维发展水平的标志。内部语言的发展是和口头语言、书面语言的发展相辅相成的，而思维活动不仅借助内部语言，同时也要借助外部语言实现，由此可见思维与语言的密切关系。思维和语言既是密切相关的统一体，又是有区别的。从语言与思维的密切关系来看，语文学科又是思维学科。

2. 思维与创造性思维

思维是人脑对客观现实的概括的、间接的反映。概括的反映是指思想能够反映事物的本质，能够反映事物间的本质联系和规律。间接的反映是指思维总是通过某种媒介来反映客观事物的。由于思维的概括性和间接性，人通过思维，可以认识那些没有直接作用于人脑的种种事物，也可以预见事物的发展变化。人借助思维，能从个别中看到一般，从现象中看到本质，从现实中推测过去，预见未来。

创造性思维是以解决科学或艺术研究中所提出的疑难问题为前提，用独特新颖的思维方法，创造出有社会价值的新观点、新理论、新知识、新方法的心理过程。创造性思维往往与创造活动联系在一起。创造性思维的特征是思维的新颖性、独特性、发散性在创造性思维中占主导地位。学生在学习中的"发现"或有创见地解决学习中的问题，也可称为创造性思维。

根据思维在解决问题时探索方向的不同，可将其分为集中思维和发散思维两种类型。集中思维（又称聚合思维、求同思维）是指根据已有信息向着某一方向思考，力图得出一个符合逻辑的正确答案的一种有方向、有范围、有条理的收敛性思维方式。发散思维（又称辐散思维、求异思维）是根据已有信息，从不同角度向不同方向思考，从多方面寻求多样性答案的一种展开性思维方式。根据问题所提供的信息，探索几个可能的答案。

集中性思维强调主体找到问题的"正确答案"，强调思维活动中的记忆的作用；发散性思维强调主体去主动寻找问题的"一解"之外的答案，强调思维活动的灵活和迁移。集中性思维与发散性思维是思维过程中互相促进、彼此沟通、互为前提、相互转化的辩证统一的两个方面。集中性思维是发散性思维的基础，发散性思维又是集中性思维的发展。集中性思维和发散性思维都是人类的思维的重要形式，都是创造性思维不可少的前提，二者都有新颖性。

创造性思维活动一般是按集中—发散—集中的顺序进行的。集中为发散提供了起点和归宿，发散又为实现创造（集中）提供了基础。发散性思维是创造性思维的主导成分，但必须与集中性思维有机结合，方能有高水平的创造性思维产生。

创造性思维包含有两种类型：一是重新安排已有的知识，创造出新的经验形象；或对已有知识从新角度去观察分析，也是一种重新安排已有知识的创造性思维活动。重新组合已有知识或从新的角度对已有知识重新观察分析，都能导致新的"发现"，提出对问题带有新颖性、独特性的见解，这是低层次的创造性思维活动，是每个普通人都具有的创造潜能。创造性思维活动的另一种类型，是在科学上的重大发现，在技术上的重大发明创造，提出前人没有发现过的新见解、新理论，这是科学家、发明家等人的创造性思维活动。我们对学生的创造性思维的培养与训练，是指低层次的创造性思维活动。

发散性思维是创造性思维的重要主导成分，是测定创造力的重要指标之一。根据心理学家吉尔福特的观点，发散性思维具有流畅性、变通性和独特性三个特征。思维的流畅性，是指产生大量意念的能力，即反应迅速且众多，思维畅通少阻、灵敏迅速，能在短时间内表达较多的概念。只要不离开问题，发散量越大越好，这是发散性思维的指标。流畅性可分为四种：①词语流畅性，指产生词语，满足语言特殊构造所要求的能力。②观念流畅性，指在自由的情境下，产生所需要观念的能力。③联想流畅性，即列举事物的属性以适应特殊情况的能力。④表现流畅性，指产生连贯性论述的能力。思维的变通性，是指思考能随机应变，变化多端，触类旁通，举一反三，不局限于某一方面，不受消极定势的桎梏，能提出不同凡俗的新观念。思维的独特性，是指用前所未有的新角度、新观点去认识事物，对事物表现出超乎寻常的独特见解，具有新颖性的成分，它代表着发散性思维的本质。

3. 创造性思维与语文教学

在学生学习的各个阶段，语文课都占有十分重要的地位，它的学时最长，无疑对学生的成长影响也较大，而语文课所选的教材，又都是文质兼美，适合教学的典范文章。语文教学在培养学生创造性思维上，有着得天独厚的优越条件。语文知识是创造性思维的产物，是智慧的结晶，本身就具有智力与创造性的价值，而且语文知识是发展学生创造性思维与智力的基础。有了语文这个基础工具，才能真正将学生学习中的创造性思维能力充分发挥出来。语言既是一种社会现象，又是一种复杂的心理现象，以听读说写教学为例，学生听话需独立思考，进行心理交流，方能很好感知说者的思想观点，并由此迸发出创造性的思考。阅读与写作则需借助联想与想象，同作者与写作的对象进行"心理位置互换"，才能更好再现生活图景与表达真情实感，触发新的联想与创造性构思。

汉语历史悠久，源远流长，语言现象纷繁复杂，千变万化。学习语言，有一定的规律可循，其中一条规律就是语言训练必须和思维训练相结合。如对语言的理解，在理解中有变通，在变通中有发散，在发散中又有变通，只有这样，思路才会畅通，才会进行创造性思考。同时，语言同心理过程中的感知、想象、思维、记忆，与心理意向过程中的兴趣、动机、感情、意志都有密切联系。无论对语言的理解与摄取，或运用与表达，都要从开发学生的创造性思维的心理出发，发掘其潜在的智能，才能在学习语文中有新的发现与创造。

所以语文教学最根本的问题是，在教给学生语文基础知识的同时，充分发挥语文学科又是思维学科的特点，对学生进行创造性思维的培养与训练。我们应充分利用这一有利条件，通过语文教学，培养学生的创造性思维。

（二）语文课堂要创设良好的思维环境

1. 创设良好的思维环境的必要性

创设良好的思维环境是培养创造性思维能力的前提。良好的思维环境会激发学生的认知兴趣，调动学生的学习积极性。兴趣是人的一种带有趋向性的心理特征。学生如果对某种小物产生兴趣时，他就会主动、积极、执着地去探索。教学过程中只有努力激发学生的认知兴趣，才能去培养强烈的创造欲望。兴趣是学生能否发挥认识的主动性和积极性的向导。因此教师应当努力激发学生兴趣，开启创造性思维的大门，酝酿良好的思维环境，包括以下方法：①导语激趣；②朗诵激趣；③绘画激趣。

良好的思维环境可以让学生产生良好的适应心理，具有良好的心理定式。当学生释放心理负担，没有左顾右盼、欲言又止的心态时，他就会建立内心自由，即不受冲击、畏惧、强迫、紧张、刺激等情绪影响，而有坚定意志、自强不息，富有较强的洞察力、预感力和强烈的好奇心。语文课堂上教师淡雅的装束，惬意的微笑，文雅大方的举止，和蔼可亲的言谈会让学生欣赏，让学生心理放松，因为这些都可谓是创设良好的思维环境所必不可少的。反之，教师课堂形象拙劣，板着面孔，语言冷淡，态度生硬，会使学生畏惧不前。特别是那简单的一个"错"字，令学生心灰意冷，思维封闭，更谈不上良好的思维定式。

良好的思维环境还为营造融洽的师生关系打下基础。创造性思维能力的培养除了要依赖于社会历史条件外，更重要的是赖以顺利展开的各种教学条件，这里主要包括教学气氛和师生关系。良好的思维环境就是要有一个和谐的氛围和融洽的师生关系。在"以人为本"的教学理念下，首先要创设一种宽容、民主的教学气氛，使每个学生都积极参与教学活动，教师不再是宣讲者、指挥者。师生之间的民主、亲密、和谐的关系，是进行创造教学、培养学生，创造性思维能力的主要前提。语文教师力求创造这样一种氛围，使学生真正在思维上解放，他们不仅把教师看成师长，更重要的是当作朋友，真正知识上的朋友。那么怎样才能营造融洽的师生关系？首先要让学生说话，其次是要给学生机会。

2.创设良好的思维环境应遵循的原则

托兰斯建议教师在思维过程中应遵循的原则是：尊重学生提出的问题；尊重学生的想象性和别出心裁的念头；让学生知道自己的观念是有价值的；或让学生做些事情，但仅仅是为了练习，而不进行评价；从因果关系上展开评价。

根据托兰斯在创造性思维过程中给教师提出的原则，我们制订以下原则：一是民主的原则，就是要"以人为本"，尊重学生及学生的各种思维，让他们充分发挥"主人"的作用，做课堂的主宰者。二是整体的原则，面向全体，使每个学生都能在这样的教学环境中开展思维活动，提高思维能力，尤其是那些自认为不如别人的学生，给每个人以思维的权力。三是肯定的原则，在上述原则的基础上要做到"肯定"是主导。无论学生做出怎样的答案，教师都要从不同角度给予肯定，最基本的是肯定学生最初的思维是积极主动有热情的。四是个性的原则，让学生发挥个性特长，敢于"异想天开""突发奇想"，甚至于"想入非非"，让思维的火花绽放。

3.怎样创设良好的思维环境

（1）打好思维基础

语文创造性思维能力的培养是在学生以前的语文思维活动基础上升华的，语文思维活动是创造性思维能力培养的基础。创造性思维基础应当是相应的知识的积淀，厚重的知识基础是创造性思维能力培养的源泉，很难想象一个知识贫乏的人怎样去展开丰富的想象，开展创造性思维活动，成为创造性人才。

可以组织学生建立资料库，广泛收集语文资料，积累汉语、古诗词名句、名人轶事、成语故事、阅读写作知识等方面的资料，通过晨读时间和活动课时间让学生将收集的资料加以整理。还可以组织学生搜集信息源。大量的信息储存，可以使学生开阔视野，博采众长，展开思维视角，认识社会，放眼世界，展望未来，在有限的时间和空间里，索取无尽的知识。

学生通过建立资料库和搜集信息源的方式，可以打好思维基础，从客观上为学生创立良好的思维环境做知识上的储备。

（2）建立良好的学习机制

学习机制是系统过程，但就学习的动机、认知能力看，建立良好的学习机制首先应从学习动机入手。比格斯的研究表明，学生的动机决定他们选择什么策略，并决定他们使用这些策略的效果。具有外部动机的学生倾向于选择和使用机械学习的策略，具有内部动机的学生倾向于选择使用有意义的和起组织作用的策略。良好的学习动机会促进学生进行思维创造。

（三）语文课堂要重视培养学生的思维品质

思维品质是在思维活动中所表现出的个性差异，又叫作思维的智力品质。培养和发展思维品质是培养学生创造性思维能力的主要途径。

1.培养思维品质的重要性

（1）能使学生辩证地认识、分析、解决问题

思维发展既有共性又有个性，他们既承认思维发展的共性，又强调思维发展的个性。这是从辩证唯物主义观点出发，在培养学生的思维品质中，让我们看到既有普遍性存在，又有个性差异，这便是重视个性发展，敢于辨思，从而辩证地解决问题。

（2）有针对性地发展学生的思维

思维品质的发展不但有个别差异，而且也有年龄阶段的差异。我国的

心理学家研究表明：在小学阶段，学生思维的敏捷性往往易变、不确定，在学生敏捷性的发展上，其年龄特征更易表现出可变性。学生思维的深刻性在发展中，既表现出不断发展趋势，又有一个转折点或突变期。思维品质发展中的不平衡性应该作为思维品质发展年龄特征的可变性的一个重要方面来进行有效的教学。要培养思维品质，就应该针对不同年龄阶段学生心理特点进行研究，发展和培养学生的思维品质。

（3）使心理学理论与教育有机地结合起来，提高教学效率

著名的教育家赞可夫在研究学生的思维品质时建立了关于"教学与发展"的思想。他强调在各科教学中始终注意发展学生的逻辑思维，培养学生思维的灵活性和创造性，他的主要思想就是"以最好的教学效果来达到学生最理想的水平。"因此他把学生心理发展与教育教学发展紧密地联系在一起，目的是通过培养学生的思维品质达到良好的教学效果。今天我们确立培养学生思维品质目标就是将它与教学紧密结合，在教学实践中真正地去培养学生的思维品质，优化教学过程，提高教学效率。

2. 思维品质培养的内容

思维的深刻性，即抽象逻辑性。思维的深刻性集中地表现在善于深入地思考问题，抓住事物的规律和本质，预见事物的发展过程。思维的灵活性指思维活动中智力的灵活程度，包括思维的起点灵活、过程灵活、迁移能力强、善于组合。思维的独创性是指独立思考，创造出有社会价值的具有新颖成分的智力品质。思维的敏捷性指思维过程中的速度或迅速程度。思维品质的具体内容构成创造性思维的整体。

三、创造性教法与创造性学法

（一）"互动—创新"式教学理念

学生创造能力的高低，衡量着创造教育的质量，而创造教育的质量又

必然反映着语文教师的创造水平。学生学习语文水平的好坏，对知识的摄取、传递和创造能力是否能有效形成，直接决定学习创造能力的形成与发展。因此，语文教学中创造性的培养应当还是双向的，教师和学生都应具有创新能力才是可行的。

1. 理论依据

（1）哲学依据

人的全面发展学说是实施"互动创新"教学的基础。人类的认识来源于实践，并受实践的检验，又在实践中不断得到完善和发展。因此，学生必须亲自参与整个教学过程，主动获取各种经验的信息，开动脑筋，调动各种思维方式，运用正确的思想、观点和方法，进行分析、综合和创造性探索，在积极的实践活动中获得知识，培养能力，实现各种素质的全面、和谐、协调发展。

（2）教育心理学依据

新的教育思想追求教学过程的民主化，主张创设平等宽松的氛围，使师生相互尊重，相互协调，让学生平等参与教学，真正让学生成为学习的主人，把被动接受的"要我学"转化为主动进行的"我要学"。美、德、法等国的教育专家十分强调协作（互助）学习，著名教育家杜威、塞林、马歇尔、考科斯等依据社会互动理论提出了互动教育思想，并创立了相应的教学模式。

2. 概念的界定

（1）"互动—创新"教学的含义

"互动—创新"作为一种语文教学机制，它是以互动为主要教学原则、策略和方法，以培养学生创造精神和实践能力为主要宗旨的教学组织结构和教学发展过程。这个过程以互动学习为起点，以迁移创新为方向，既是一个训练实践的发展过程，也是一个认识运动的发展过程。它是在互动教学思想的指导下，运用互动的教学方式组织起来的教学结构和训练过程。

（2）"互动创新"教学的基本框架

组成教学系统的三个主要元素是教师、学生和教材。在"互动—创新"教学过程中，它们之间的结构关系应当是教师与教材、学生与教材、教师与学生、学生与学生四对相互作用的立体交叉关系。在教师对教材进行科学处理之后，学生在教师的组织和指导下与老师和同学共同探讨学习，并将在学习和探讨中获得的信息反馈给教师和其他学生，同时，又在教师和其他学生的评价和迁移训练中获得新信息，从而达到对所获信息的积累、突破和创新，内化成为自己的语文能力和素养。

3. 操作原则

（1）主体性和自主性原则

教师是教学主体，学生是学习主体，只有富有创造力的教学主体，才能焕发出学习主体的创造活力。要焕发学习主体的创造活力，教师就必须尊重学生，注意养成学生的自主性。培养这种自主性的一个重要途径就是培养学生的自学能力，包括培养学生自学的心理素质（心志坚、心力专、心趣浓、心绪宁）、自学的基础（强调结构化的知识便于学生运用与迁移）、自学的智力品质（强调记忆、联想、想象、逻辑思维、辩证思维和创造思维能力培养）、自学的方法与技巧（强调掌握听、说、读、写基本方法，会筛选、归纳、整理、表述、运用、生成信息）、自我评价自我调控能力（强调一分为二而又把握好是非、对错、美丑界限和自我调控心理，养成耐挫折而善于与他人合作的品格等。引导学生从学会自立学习，进而学会生存，学会做人，形成独立、自尊、自重而又富有创造性的人格。

（2）互动性和协作性原则

互动包括师师互动、师生互动、生生互动、群体互动，是一种多维的互动性，而互动的过程中各方能互相促进、互相协作。其中，师师互动包含在教学设计的过程中，老师们集体研讨、各抒己见、取长补短，设计更优的教学方案。而教学实施过程中，教师不仅是课程学习的"教"者、

"述"者、"问"者和"指导"者，而且是"学"者、"思"者、"听"者，不仅是课程学习过程的调度者和局部障碍的排除者，而且是课堂信息的捕捉者、判断者和组织者。同时，利用反馈的信息，及时调整、及时优化教学方法。而学生不仅是"听"者、"答"者，而且是"问"者、"说"者、"思"者；不仅是"学"者，还会从"学"的领域扩展到对"教"的参与，部分地成为"教"者。师师、师生、生生共同思考、讨论、交流，整个教学过程中，始终处于一种互动、协作状态。

（3）创造性与求真性原则

创造性是要以创造教育思想为指导，教给学生创造性思维方法，引导学生参与创造性活动，培养学生创造力。培养学生创造力的前提是树立每个学生都是拥有创造潜力的鲜活的人的观念，要珍视他们创造性思维的萌芽。求真性就是我们在发展学生多向、逆向创造性思维能力的同时，注意思维的求同性与求真性，即对人类共同公认的某一历史时期促进生产力发展的相对真理的认同，防止思维训练的绝对化。

（4）活动性与优质性原则

活动性就是保证学生参与学习活动的时间，优质性就是保证学生参与学习活动的质量。一般来说，一节课的三分之二以上时间，让学生参与学习活动：读书、质疑、讨论、答问、演讲、互评、做卡片、整理笔记、作文等，有时还安排学生到图书馆查找资料。

为提高学生参与学习方法活动的质量，要特别注意强化质疑这个环节，因为学生能提出问题，说明他动脑筋思考了。学生参与学习活动可分为三个层次：浅层次参与（一般地朗读、复述和简单问题的答问、讨论、有准备的演说等，这种参与对活跃课堂气氛、调动学习较差学生的学习积极性有好处，但思维训练不够）、较深层次参与（自学提出问题，归纳文章要点，分析内容写法，比较同类或异类文章异同，观察生活现象或阅读短文引发议论等，其参与特点是这些活动伴随着积极的思维活动，智力得到较有力的开发）及深层次参与（即创造性参与）。一堂课，高中学生所参与的活动也应有一部分属较深层次和高层次参与。

（二）创造性思维与创造性教法

要培养学生的创造性思维，教师的教学方法必须具有创造性。教学方法是为了达到教学目的所采用的手段，既包括教师教的方法，也包括学生学的方法。

瓦·阿·苏霍姆林斯基说："完善的智育的一个非常重要的条件，就是教学方法、课的结构以及课的所有的组织因素和教育教学因素，都应当与教材的教学目的和教育目的相适应，与学生的全面发展的任务相适应。"教学方法的优劣，从某种意义上说，决定着教学水平的高低，并直接影响着学生的学习情绪、思维紧张程度以及学生对教材的识记、理解与应用的水平。

1. 创造性的教法的含义

巴班斯基曾指出："教学方法的概念总是综合的，懂得这一点，在实际过程中就不会人为地把各种方法割裂开来；既然教学方法的概念是综合性的，那么，在教学时，必定是多种方法有机结合地使用。由于教学是师生的双向活动过程，教师的教，是为了学生的学。因此，在教学过程中，占中心地位的是学。"这里，就要研究一下，什么叫学习的问题。西蒙在《认知心理学》中指出："只有当学习者知道学习的结果时，才能发生学习。"学习的科学定义是：学习者吸收信息并输出信息，通过反馈和评价知道正确与否的整个过程。吸收、输出、反馈、评价缺一不可，学生是活生生的、有个性的人。在学习过程中的吸收、输出不是机械的，而是伴随着学生的兴趣、情感、意志等非智力因素参与的。教师必须依据学生的心理特点，通过教，发展学生的创造性思维。

教育家第斯多惠认为："一个坏的教师奉送真理，一个好的教师则教人发现其理。"从教学实践中体会到，凡是符合下列原则的教法，可称作是创造性的教法。

第一，善于诱发学生的学习兴趣，促进学生主动地、积极地探索知识。

第二，能激发学生积极质疑，提出有水平的问题；并能诱导学生对提出问题进行钻研、讨论，寻求多种解疑的方法，从而得出正确结论。

第三，对学生有创见的答案，给予鼓励，以不断激发学生的创造潜力。

第四，教师在班集体中以一个成员的角色出现，和学生建立平等的师生关系；创建愉快、和谐的学习气氛，使持有不同观点的学生，敢于发表自己的见解；使学习上的后进生，消除自卑心理，敢于参与争论；使每个学生都能得到表现自己的机会。

第五，训练学生具有评价他人和评价自己的能力，发展学生的批判性思维。

第六，鼓励学生不迷信书本，不迷信教师，敢于独立思考，树立追求真理和发展真理的信心和勇气。

苏霍姆林斯基认为："把所有的教学方法归为两类：一类是使学生初次感知知识和技能的方法；另一类是使知识得到进一步理解、发展和深化的方法。"当然，这两类方法，也不是截然分开的。从认知角度来说，识记知识、理解知识、应用知识，是一个逐步深化的过程；教师的教学必然是创造性地综合使用多种教法的过程。

创造性教法，是从问题开始。爱因斯坦说："提出一个问题比解决问题更重要。因为后者仅仅是方法和实验的过程，而提出问题则要找到问题的关键、要害。"我国著名科学家李四光说："不怀疑不能见真理，所以我希望大家都取怀疑态度，不要为已成的学说所压倒。"两位科学家所谈的"提出问题"与"怀疑"，都说明了在科学研究中，"问题"与"怀疑"的重要性。由于善于提问题与敢于怀疑，才有科学上的重大发现与创造。学生在学习前人的知识经验时，只有从疑开始，以疑引思，才有可能在解疑过程中，发展自己的创造性思维。

2. 几种创造性的教法

（1）课前演讲的创新

进行课前演讲是众多语文教师都在进行的一个教学环节，它在提高学生的口头表达能力方面起到了重要作用。教育家叶圣陶先生说："语言训练要与思维训练同时并举。"然而，个别教师却忽视了这也是进行创造性思维训练的良好时机。

（2）课堂提问的创新

课堂实践告诉我们，学生思维最活跃的时候，往往是师生提出一些具有启发意义的问题的时候。什么样的提问才能激发学生的创造性思维呢？第一，设想性提问。第二，发散性提问。第三，质疑性提问。

（3）课型结构的创新

课型结构指的是一节课的组成部分及各部分之间的联系、顺序和时间分配。它反映一定教材单元体系中一节课的教学过程及其组织。课的结构组成是以认识理论、学生心理特点和教学理论为依据的。如教育家郝尔巴特提出的教学阶段有明了、联合、系统和方法。它的根据是心理学的统觉理论，即当前更明确理解事物意义的心理学理论。我国现阶段课型结构的组成，是以辩证唯物主义的认反论和心理学科学为指导，总结教学实践经验为依据的，力求保证课堂教学的合理性。

（三）创造性思维与创造性学法

随着社会的发展，教师的重要任务显然不再是如何传授知识，而是引导学习，帮助学生掌握科学的学习方法。要培养学生的创造性思维，教师不仅要重视研究教法的创新，更重要的是要研究学法的创新。学法是教法的出发点，也是教的归宿。结合新课标所提出的"自主、合作、探究"式的学习方法，我们指导学生从以下几个方面进行了尝试。

1. 探索"课前预习—课中对话—课后拓展"的互动学习策略体系

（1）预习引导策略

学生从刚一入学就开始培养预习习惯。从读通课文到读懂课文，从读有收获，到读有疑问，分步提高，螺旋上升，最终达到自学语文的能力基本形成。具体讲，该策略的研究内容包括：预习指导的渐进性（要求读清内容—读出思想—读出疑问）。预习资源的开发包括合作资源（家庭式、小组式合作预习）、信息资源（如：家庭书柜、教室书吧、学校图书室、校外书店、网络、电视音像材料）等。这种预习策略为学生的独立阅读提供了广阔的空间，不仅有利于适应学生的多元智力，培养自学能力，同时也是充分利用学生个体资源的积极措施，是落实"先学后教"原则的重要体现。

（2）预习展示策略

在研究中发现，学生经历了充分的预习，都是怀着强烈的表现欲参与课堂活动的，因此有必要创设展示的舞台和交流的平台。所以我们构建了"预习展示策略"，其具体操作步骤是："二读"（自主读通课文、读会生字词）；"三说"（说文章的相关材料、说自己读懂什么、说自己是怎么读懂的）；"一问"（问预习中的疑难问题）。这不仅可以使学生获得成就感，也能使学生之间互相借鉴、互相启迪，使学生从小学会欣赏别人、尊重别人。

（3）课中对话策略

课堂上，教师积极鼓励学生敢于提出自学过程中的疑问或困惑，并结合教师个人对教学材料的理解，引导学生筛选有研讨价值的话题，对课文中的重点、难点引导学生展开师生、生生、师生与文本、师生与作者之间的对话研读。课堂上可采取个人自学—小组合作—大组交流等方式，围绕问题展开互动教学。

（4）课中实践体验策略

具体做法是，在学习过程中我们根据不同学习内容和语言训练的要求，为学生创设多项互动学习的机会，调动学生的手、口、眼、耳、鼻、脑等多种感官参与语文学习。比如：读书竞赛活动、游戏表演活动、歌咏绘画活动、观察欣赏活动、讨论辩论等实践体验活动。"课中实践体验策略"遵循的是"互动—发展""做中学"的原则，以各种形式的互动来解放学生的身心，打破传统教学的沉闷灌输，使课堂焕发出勃勃的生命力。

（5）课中语言再造策略

课中语言再造策略是着力体现"语文学习要促进学生语言发展"这一宗旨，围绕"语文"这一语言训练载体展开听、说、读、写等实践活动，如：成语展示会、吟诗会、故事会、想象作文、图文日记、设计校园警示语、为家乡设计宣传广告、写调查报告等，使学生在一种轻松愉快的互动环境中学习知识，发展能力，获得情感、态度价值观的体验。

（6）课后拓展延伸策略

互动学习除了学习方式的多维还包括学习空间的多维，不仅在预习、课堂教学环节中体现，还拓展延伸到课后的学习活动。在拓展延伸互动阶段，教师通过设计与课堂学习密切相关的活动内容，如：查找资料，交流学习方法和体会，合作完成学习任务，参加社会实践活动等，为学生提供了与人、与文本、与生活、与社会、与自然交流的广阔空间，让学生在活动中获得各方面的发展。

2. 培养互动学习的习惯

"互动—创新"学习模式的实施步骤：课堂教学过程中，学生自主预习、自主探究、自主发展，让学生在师生、生生、师生与文本、学习环境等互动学习中，学会学习、学会思考、学会创新的一种学习方式。

"自主预习"是前提，它是指预习新知识（包括教材和与教材相关的参考资料）的过程中采取同化和迁移的策略，搭建自我认知结构。它是培养学生自学能力的重要途径，也是掌握知识、运用知识、培养创新思维的基础。

"自主探究"是关键，就是指在形成自我认知结构的基础上，用自己向自己提问（或同学之间提问，或师生之间提问）的互动形式，加深学生对知识的理解，沟通新旧知识的联系，培养学生分析和解决问题的能力，它是师生对自我认知结构进行检验的关键。

"自主发展"是通过师生、生生、师生与学习环境等多维互动，解决各种疑问，让学生形成独特见解，培养研究型、创造型人才，这是互动学习模式的最终目的。

"自主预习、自主探究、自主发展"，是一个既相互联系又逐步递进的认知发展过程。

"互动"是把教学活动看成是一种人际交往的信息动态生成过程，是必须借助于多种媒体形式来实现的，它不仅要求师生动口、动手，更要动情、动思，把肢体、思想、情感的"互动"与文本、作者、环境的"互动"有机结合起来。在建立师生平等的情感基础上，采用师师互动、师生互动、生生互动等多种互助合作方式，优化教师与学生、学生与学生之间的交往，促进学生个体主动地学习、创造性地发展。"互动"不仅渗透在授课过程中，还包括课前、课后的互动。

第八章　语文教学方法理论与创新实践

第一节　语文教学方法的基本理论

一、语文教学方法的基本原理

语文教学方法，首先要了解语文教学方法的内涵、特征和分类，明确优化语文教学方法的标准和要求。

（一）语文教学方法的内涵

方法是一个多视角的复合体。从哲学的视角考察，它是人类认识世界和改造世界的方式和手段，人们称之为方法论。从心理学的视角考察，它是人类自主控制的行为程序。

方法实质上就是一定对象运动规律的规定性和活动模式，它在一定的范畴内规范着人们的行为方式。

语文教学方法具有多层次的内涵。从宏观、广义、整体来看，它是概指实现语文教学目的所采用的教材编排、教学过程、教学原则、教学形式、教学设施、教学技术等一切方面。人们平常泛指的"改进语文教学方法"，实际上多指"语文教学方法论"。从微观、狭义、局部来看，它是师生为达到语文教学目的而进行的相互联系活动的形式，也就是独立的、具体的语文教学方法，是教法和学法的统一。我们所说的语文教学方法是狭义的，是为了完成教学任务所使用的工作方法，它包括教师教的方法和学生学的方法。

（二）语文教学方法的特征

语文教学的方法不是一种孤立的现象，而要受到多种教学因素的制约；语文教学的方法也不是一种单一的模式，而是多姿多彩、变化多端的；语文教学的方法更不是凭空产生、一成不变的，而是发展变化、推陈出新的。正确认识语文教学方法的基本特征，认识它的整体功能，这是选择运用和创新语文教学方法的基础和前提。也就是说，无论是选择运用，还是创新，都必须充分考察语文教学方法在语文教学整体坐标系中的位置和功能，它与各种教学因素、教学环节以及方法与方法之间相互联系、相互作用、相互影响，进行教法结构的整体设计，提高语文教学的实际效益。

语文教学方法的基本特征可概括为以下三个方面：

1.语文教学方法具有依存性和变通性

依存性就是语文教学方法要受各种语文教学因素制约。首先，教学思想统帅教学方法，教学方法是教学思想的直接体现。教师设计某种教学方法，总是有意或无意、自觉不自觉地受一定教学思想的支配，完全不受任何教学思想支配的教学方法是不存在的。主张"学生为主体，教师为主导"的教师，注重"导读"，尽量设计各种有利于调动学生主体意识的讲、读、议、练、看的教学方法。因此，从这个意义上来说，语文教学方法的创新，归根结底是教学思想的创新。其次，教学目的决定教学方法，教学方法为教学目的服务。如果以传授知识为教学目的，则主要可以采用讲授法；如果既要传授知识，又要培养能力，则必须讲练结合。此外，语文教学方法还要受到语文学科性质、语文教学内容以及学生年龄和心理特征等多种因素的制约。所以说，语文教学方法具有较强的依存性，不能主观随意地盲目设计和使用。但是，与此同时，语文教学方法又具有较大的变通性。它的依存性并不能限制它的灵活变通。不同的情态可能采用相同的方法，相同的情态也可以运用不同的方法。比如，各类文体教学都可以采用讲练结合的教法。又如，传授知识，既可讲授，也可讲读议多种方法综合运用，即使是只用讲的方法，也有是用启发式还是用注入式的高下优劣之分。这种变通性就是"弹性"。语文教学方法的"弹性"特征，说明"教无定法"，要求教师设计和运用时采取相应的灵活态度，不拘一格，学会变通，善于权变。

2. 语文教学方法具有多样性和综合性

语文学科性质的综合性，语文教学内容的丰富性，语文教学过程中师生相互联系活动形式的多样性，以及语文教学方法自身的变通性，决定了语文教学方法具有多样性。比如，语文学科内涵丰富多彩，语文教学方法也就绚丽多姿。汉字、释词、析句、习篇可有多种教法，语法、修辞、逻辑、文学知识可有多种学法。听、说、读、写各种能力，各有各的训练方法。记叙、说明、议论、应用各类文章，各有各的讲法、读法和写法。而多样化的教学方法的交织使用，势必形成语文教学方法的综合性。实践证明，任何一种教学方法都有它的长处和优越性，也有它的短处和局限性，叫作尺有所短，寸有所长，哪怕是再好的教学方法也不是"万应灵丹"，包治百病；各种教学方法各有其长，各得其用。因此，语文教学中绝不能只使用某一种具体方法。比如一堂新授课，光讲不行，还要读，可能还要议和练；即使是讲，也不能只用讲述法，还要交错运用讲解法、讲析法乃至于串讲法、评点法等。所以，在语文教学中，以某种方法为主、其他方法为辅、多种教学方法交错使用的情况是常见的，这也是由语文教学方法综合性的特点所决定的。

3. 语文教学方法具有继承性和创造性

举一反三的启发式教学法构想，至今仍然具有强大的生命力。至于吟诵涵咏、口诵心惟、熟读精思、旁推交通之类传统教法，已经影响了并且继续影响着我国一代又一代语文教学。由此可见，语文教学方法既不是从天上掉下来的，也不是人们的头脑里所固有的，而是从历史的沃土中生长出来的。历史是无法割断的。试想，谁能够在现代语文教学中完全排除古人和前人创造出来的教学方法呢？语文教学方法具有历史继承性，这是不言而喻的。

但是继承传统决不等于故步自封。任何事物都在不断地发展变化，停止发展也就会丧失生命力，语文教学方法同样如此，总要在继承的基础上创新。仅以阅读教学方法为例，从古到今、从传统教法到现代教法，它就经历了"串讲法、诵读法、评点法、讲读法、分析法、谈话法、精讲多练法、讲读法、读书先导法"这样一条发展轨迹，不时地发展变化，推陈出新。

这种"出新"包含三个层次。一是新的组合，即将现有的具体单个的教学方法经过科学的排列组合，形成一种新的教学方法；二是新的引进，即从他国移植一些先进教法，结合本地教学实际，进行消化、推广；三是新的创造，也就是总结自己和他人的丰富教学经际，遵照教育教学原理，结合实际，别出心裁地设计创造出一种新的教学方法来。教学方法的设计和使用，既是一种技术，更是一种艺术，特别需要避短扬长，推陈出新，发挥创造性。

概括地讲，上述语文教学方法的三大特征，体现了语文教学方法本身的三对辩证关系。正确地处理好这三组对立统一的矛盾，就可以整体把握语文教学方法的本质。

（三）语文教学方法的分类

语文教学方法到底有哪几种？这就牵涉到一个教学方法分类的问题。而这个问题，长期以来，言人人殊，见仁见智。

达尼洛夫、叶希波夫将语文教学方法分为以下三类："保证学生积极地感知和理解新教材的教学方法；巩固和提高知识、技能和技巧的教学方法；

学生知识、技能、技巧的检查。"

有人则把教学方法划分为三个相互联结的层级：第一层级，包括以语言文字为传递媒介、以传递知识为主的五种基本方法，即讲授法、谈话法、读书指导法、练习法、检查法。第二层级，以实物为媒介，除传递知识以外，具有培养实际技能、操作能力的功能，即演示法、实验法、参观法、实习作业法、课堂讨论法等。第三层级的教学方法是新的综合的方法。

教学方法的分类是多视角、多层次的。对语文教学方法的分类，既要借鉴普通教学方法分类法的原理，又要依据语文学科教学自身的特点，还要顾及语文教学方法的历史和现状，集中起来，就是要确立一个能够反映语文学科特点、便于区分的划分标准。这个标准，可以由以下几个方面组成：第一，从教学论来看，语文教学方法作为一种教学手段，它主要采用的活动形式；第二，从信息论来看，作为一种传递信息的通道（信道），它主要凭借的传递媒介（传媒）；第三，从生理学来看，作为一种外部刺激，它主要作用于生理感官；第四，从心理学来看，作为一种心理调节方式，它主要调节于心理机能。根据这种划分标准，语文教学方法可以分为四类。

第一类，运用语言的方法，包括讲述法、讲解法、评析法、申讲法、评点法、谈话法、问答法、商议法、讨论法、默读法、朗读法、背诵法、吟诵法、复述法等。它主要采用讲、议、读的活动形式，凭借语言符号这种媒介，刺激人的言语器官，主要促进学生的记忆和理解。

第二类，直观感知的方法，包括观察法、观摩法、参观法、演示法等。它主要采用看和听的活动形式，凭借模型、实物和图像等媒介，刺激人的感觉器官，主要强化学生的感知。

第三类，实际操作的方法，包括提纲法、抄摘法、作业法、作文法等。它主要采用动手做的活动形式，凭借人的肢躯等媒介，刺激人的效应（运动）器官，主要训练学生对知识的应用技能。

第四类，综合交错的方法，比如板书图示法、讲练结合法、读写结合法等。它采用多种（两种或两种以上）活动形式，凭借多种媒介，刺激多种生理感官，多方面调节学生的心理机能，发挥多种语文教学效应。

（四）语文教学方法的优化

谈到语文教学方法，必然论及语文教学方法的优化。按照巴班斯基的观点，教学最优化的基本办法，是既能提高教学质量，又能节省时间和精力的那些做法。对教师的教来说，是"选择能有效地解决相应任务的组织学习、刺激学习和检查学习的方法和手段"；对学生的学来说，"在学习中合理地自我组织、自我砥砺、自我检查。语文教学方法究竟如何优化？近几年来，我国语文教育专家学者对此进行了专门研究，推出了一套套方案，亮出了一个个标准。比如：有的认为，语文教学方法的优化应包括以下四项内容：一是提高教学方法创新的自觉性；二是加强教学方法研究的科学性；三是注意教学方法运用的灵活性；四是提倡教学方法的多样化。有的则提出了教学方法是否优化的四条标准：一看时间效应，即运用这种教学方法，时间上是否经济；二看质量效应，即运用这种教学方法，质量上是否能够保证；三看心理效应，即运用这种教学方法，是否符合学生心理发展过程；四看社会效应，即运用这种教学方法，社会效果是否好。所有这些观点和主张都能给人以启迪，具有理论价值和现实意义。

语文教学方法的优化，对于语文教师来说，应当努力做到：科学选用，巧妙组合，刻意出新，自成体系。这四句话，既是四项教学要求，也是依次递进、逐步上升的四个发展阶段，四种教学境界。

科学选用是基础，也是优化教学方法的基本要求。选择运用教学方法，必须依据正确的教学思想、既定的教学目的、学科的性质、教学的内容、学生的特点及教学环境的状况，并且做到课时少而效果好，尽量提高单位时间的教学效益。概括地说，就是必须符合语文教学的规律和教学过程最优化的原理，这是科学性的要求。

巧妙组合讲变化，在科学性的基础上讲究灵活性，能够将不同的方法巧妙地排列组合，使之更好地为完成教学任务、提高教学质量服务。刻意出新求发展，对原有的、常规的教学方法进行分析评价，扬长避短，通过引进改造和更新换代，创造出新颖的教学方法来。

自成体系日臻完善，要求语文教师在长期的教学实践和艰苦的教改探索过程中逐步形成一套自己的教学方法体系。事实上，每个教师在毕生的教学实践中都可能形成一套自己习用的教学方法，问题是这套方法是否成为完善的体系。而体系的完善性，就是科学性、灵活性和创造性的总和。

二、语文教学方法的基本形式

语文教学是建构起常规教学方法系统。这个常规语文教学方法系统，主要是由讲授、诵读、议论、练习、观察五个大类的几十种具体教学方法构成的。

（一）讲授法

讲，是语文教学最基本的方法，既是传统的，又是现代的。

张志公先生说得好："所谓启发式，是教学用的一个术语，指的就是采取这种启发的办法进行教学，来代替完完全全地由教师来讲、学生完完全全被动地来听的这种方式。可是我们万万不能从这里得出来教师不能讲的结论，教师一讲，或者教师讲得多一些，就是满堂灌了，不能得出这样一个结论。教师就是要讲，得会讲，得善于讲，得讲得好，讲不等于灌。"苏霍姆林斯基也曾强调："教师的言语是一种什么也代替不了的影响学生心灵的工具。"所以说，讲授的方法在语文教学中占有重要的甚至是首要的地位。

语文教学的讲授法是一个大的门类，包含下述主要的具体教学方法。

（1）讲述法关键在"述"。教师采用叙述和说明的方式来讲授语文知识。它以班级学生为对象，充分发挥教师的主导作用，在较短的时间内集中传授密集的书本知识，保证知识传授的系统性、完整性和深刻性。一般用来介绍作者、时代背景和叙述课文内容，描摹情境气氛，阐发中心思想，总结写作特点等。

它纵贯教学全过程，横穿各类文体教学，是各种教学方法中使用频率较高的一种方法。教师要吃透教材，掌握精确，把最能体现内在规律性的知识教给学生，做到"少而精"；突出雨点，突破难点，围绕教学目的，集中讲述必要的知识，不致旁逸斜出，横生枝节；要语言精练，讲述生动，尽量运用语言直观以及表情、手势等体态吸引学生，感染学生；要启发诱导，双边协同，充分调动学生感知、思维等多种心理机能，把教师讲述和学生讲述结合起来。

（2）讲解法关键是"解"。教师采用解说和诠释的方式来讲授语文知识。这是一种释疑解惑、点到为止的教学方法。主要用于解释字词，串解难句，解说概念史实典故，诠释名物典章制度等。运用讲解法，要保证准确性，有理有据；要具有明晰性，解说清楚，表述中肯，不能模棱两可，含混不清；要富于针对性，哪些要解说，哪些是诠释，事先心中有底，课上有的放矢，解学生之所惑，释学生之所疑，讲学生之所需。讲述法和讲解法都是讲授法，实际教学中，要彼此配合，相互作用。

（3）评析法。教师采用评价、分析的方式来讲授语文知识。主要用来剖析课文内容、评论写作特点、讲评作业等。教师运用理论思维对语文教学内容进行判断、推理分析、综合、归纳、演绎，从而引导学生加深领会，提高认识，由初步感知教材到深入理解知识。采用评析法，既要精当，有的放矢，切中肯綮，要言不烦，一语破的，又要实在，有感而发，言之有物。

（4）串讲法是一种古文教法，适用于某些艰深语体文的教学。它依照篇章结构顺序，逐段逐层乃至于逐句逐字地重点讲解，串通文意。串，就是贯串、连接，用以疏通语句文意。讲，就是解字释词。串讲的步骤一般是：读—讲—串。读一段（句），讲一段（句），然后贯通文意。串讲法适用于教学内容深奥、文字艰深的课文，特别是有利于文言文教学。运用串讲法，并非每字每句都要详加讲解，而应突出重点、难点。重点一般指思想内容或写作技巧方面在全篇中处于关键地位或者是有特点的句段。难点可以是没有注释而又难于理解的，或读了课文注释仍难理解的，或可能有歧义、有多种解释的字词句段，涉及社会历史背景和名物典章制度的内容，表述含蓄深奥甚至晦涩难懂的地方。

（5）评点法也是一种古文教法。评，指品评；点，指圈点。评点就是对文章写作方法和思想内容加以品评圈点，指出其突出之处。比如，指点炼字遣词的精当，品评修辞表达的巧妙，赞赏立意谋篇的奇特等，有时也对用点字词或关键词语做些注解。古人读书评点重在圈点，并各自设计了圈点标记办法，比如南宋朱熹有《读书分期标记法》等；今人阅读评点重在品评。评点时一般是逐句评点，逐段小结。运用评点法，要言不烦，明白准确；注重写法，兼及内容；抓住关键，设问置疑。

（二）**诵读法**

读，也是语文教学的基本方法。此法创设历史久远。古称"讽诵"。最早见于《周礼》。郑玄注释："倍文曰讽；以声节之曰诵。"讽，"背文"，即背诵；诵"以声节之"，就是朗诵。时至朱熹，倍加强调："大凡读书，须是熟读，熟读了自然精熟，精熟后理自见得。"

诵读法就是通过反复诵读，疏通文字，体会感情，理解内容，同时培养语感，积累语言材料，训练读书技巧，增强语言的感受力和记忆力，提高语文素养。诵读包括朗读、背诵、吟诵等具体教学方法。

朗读就是把书面语言转化为响亮的口头语言。这是一种眼、口、耳、脑等多种生理机能共同参与、协调动作的阅读。它能增强语感，训练语音，再现课文情境，加深课文理解，培养学生的记忆力、语言感受力和口头表达能力。朗读的要求：一是准确，做到语音正确，语句完整，句读分明，停顿合理，不哼读，不唱读，不拖泥带水读，须要读得字字响亮，可误二字，不可少一字，不可多一字，不可倒一字，不可牵强附记，只要多诵遍数，自然上口，久远不忘。二是流畅，读得连贯流利，恰当把握语调和语气，体现抑扬顿挫、轻重缓急。三是传神，也就是有感情地读，熟练地运用语音和表情，表达出文章的风格神采。

叶圣陶先生早在 1955 年就批评指出，语文教学应当从根本上改变不好好读书的局面，要运用多方式进行朗读教学。首先，要加强教师的范读（或播放优美录音）为学生树立样板，并以此为手段，帮助学生深入体会课文的情感意蕴，增强教学效果。其次，要交替使用散读（自由读）、个读、引读、跟读、伴读、轮读、对读、指名读、分角色读、表演性读等方式，经常性地进行专门指导，授之以法，从严训练，形成敢于和乐于高声而有感情地朗读的风气和习惯，使学生真的学会读书。

背诵法凭借记忆念出读过的文章词句是在理解的基础上熟读而成。背诵有助于积累丰富的语言材料，模仿名家名篇行文说话，提高语文素养；背诵还是语文教学中的一种"记忆力体操"，长期适度训练，可以强化并开发学生的记忆力。但是不能把死记呆背和背诵法简单地等同起来。

运用背诵法教学必须注意：一要坚持数量要求，每个学期必须要求学生背诵一定数量的诗文选段。二要精选背诵材料，所背诗文，或是名家名篇，或是典范段落和精彩片段。三要加强方法指导，提示所背文章脉络或关键词语，作为记忆的"支点"，帮助考生较快理解所背内容。

吟诵法是一种古老的诵读方法。它用唱歌似的声调来诵读作品，以声入情，因声求义，以此感受作品的思想内容和韵味情调。包括两种方式：一种是按一定曲调唱，又叫吟唱、吟咏、吟哦、吟讽，适用于律诗、绝句、词、赋等抒情性强的古典文学作品；另一种曲调感不强，诵读成分较多，听起来朗朗上口，连贯流畅，又叫吟读、朗吟、讽诵，适用于读长篇歌行体诗、古代散文中叙事性强的文学作品。运用吟诵法，既要深刻把握作品意境，使吟唱腔调与作品内涵协调一致，又要掌握一些吟诵的基本技巧。

（三）议论法

议，是语文教学基本方法之一，是通过师生之间回答问题或者展开讨论来完成语文教学任务的教学方法。苏格拉底在论辩中运用问答法，通过巧妙的诘问，引导对方承认自己的观点是错误的，所谈的是自相矛盾的，并将这种谈话法称为"助产术"。

议论法以问、答、议、论为主要表现形式，使学生有较多的质疑问难、发表见解的机会，有利于激发学生的学习热情，发挥其主观能动性，促进和发展他们的积极思维，养成敏捷思考、迅速作答的习惯和能力，同时有利于提高口头语言表达能力。议论法主要包括谈话、讨论等具体方法。

谈话法也叫"提问法"。由教师提出一些问题，引导学生积极思考，得出正确答案。这种教师提问、学生作答的对讲形式，就像日常生活中的谈话，故称谈话法。谈话的过程实际上就是启发学生分析问题、解决问题的过程。

有效地运用谈话法，关键在于教师如何设计提问和组织问答。一是谈话设计的整体性。对于提问、作答要做通盘思考，整体设计，不要零打碎敲，使教学失去系统性和条理性。二是谈话设计的启发性。设计提问要有利于开阔学生思路，引导他们的积极思维。既不过浅过易，保持一定的思维力度，又要让学生"跳起来摘果子"，通过努力可以达到目标，同时还要顾及全班，所提问题难易搭配，使各种水平层次的学生都有答问的机会和能力，用以调动全体学生的学习热情。三是谈话设计的艺术性。要善于设疑、引趣，巧于曲问、点拨，还要注意教态和蔼亲切，坚持诱导激励，营造一个融洽生动的谈话氛围。谈话法的最大特点，就是充分发动学生既质疑问难又释疑解惑，便于充分发挥学生的学习主体作用。教师必须真正吃透教材，牢固把握教学重点，精心设计教学步骤，善于驾驭课堂，做得活而不乱，游刃有余。

讨论法也称课堂讨论法，问题讨论法。在教师精心运作下，以集体（小组或全班）的组织形式，围绕某一教学要点或专题，展开议论甚至争辩，从而获得知识、开发智力的一种教学方法。

讨论法的形式多种多样。从组织形式分，有同桌对话、小组活动、全班讨论等。从讨论内容分，则有质疑问难，可用于文字艰涩、内涵深邃作品的释疑解难；心得交流，适用于课内外读写心得交流；专题评述，多用于评述文学作品，也可用于评析同学作文，进行作文集体讲评、问题辩论等。

运用讨论法，必须注意：一要充分准备，选好论题，明确要求，妥善安排，指导学生做好参阅资料、起草发言提纲等各项准备工作；二要严密组织，加强宏观调控，引导学生踊跃发表意见，围绕中心进行；三要认真总结，从中得到提高，收到实效，不能虎头蛇尾，有始无终。

（四）练习法

练，也是语文教学的基本方法。这是教师指导学生反复训练、将知识转化为技能的一种教学方法。夸美纽斯明确指出："一切语文从实践去学习比用规则学习来得容易。这是指的听、读、重读、抄写，用手用舌头去练习。在可能的范围以内，尽量时时这样去做。"练习法的最大功能就是使学生运用学过的知识，投入听说读写的各项实践，促使知识迁移，形成必要的语文技能和熟练技巧。

练习的方式方法很多。既有课堂练习，又有课外作业；既有单项训练，又有综合训练；既有书面作业，又有口头练习。练习主要有复述、提纲、抄摘、作业等。

（1）复述法以课文为依据，根据理解和回忆，用自己的语言叙述课文内容的练习方法。能够促使学生熟悉课文，理解课文，锻炼和培养理解、记忆、概括、想象和口头表达等多种能力。复述方式很多：简要复述，以简明扼要的语言叙述主要内容，一般用于检查预习或复述长篇课文，可以训练学生的概括能力；详细复述，包括复述课文基本内容和重要词句，多用于低年级或短文教学；摘要复述，摘取课文中的重点部分或精彩段落等，复述可详可略；创造性复述，以原文为依托，展开合理想象，进行必要的创造性描述。运用复述法，应当指导学生恰当地运用课文中的语言和自己的语言，正确而有选择地表述课文内容。复述前要明确要求，让学生准备充分；复述中要启发鼓励，使学生正常发挥；复述后要总结讲评。

（2）提纲法用准确、简明的语言扼要概括课文内容并揭示其内在联系的教学方法。可以帮助学生深入理解课文，受到语言和逻辑思维能力的训练。编列提纲类型繁多：从内容分，有段落结构提纲、情节线索提纲、人物描写（或评价）提纲、景物（环境）描写提纲、论点论据提纲、说明顺序提纲等；从形式分，有条文式提纲、表解式提纲、表格式提纲、图示式提纲、词句辑录式提纲、综合式提纲等；从范围分，有全篇提纲、段落提纲、片段提纲等；从作用分，有预习提纲、分析提纲、板书提纲、练习提纲等；从繁简分，有详细提纲、简单提纲。编列提纲的步骤是：首先，将课文内容划分段落层次；其次，用简明扼要的词语概括每个段落层次的内容；最后，按照一定的逻辑顺序，将这些概括性词语正确地排列组合起来。提纲可以师生共同编列，也可由学生单独编拟；可在课内讲习、练习时结合教读进行，也可在课内外自读时进行，还可作为课外预习、免习的作业安排。

（3）抄摘法，也叫摘记、摘抄，是有选择而又简明扼要地抄写摘录的一种练习。抄摘实际上就是抄读。抄读就是边抄边读。前人治学，重视抄读，他们认为抄读的益处不仅在于积累资料，而且还有促进注意和强化记忆的效果。抄摘种类也有很多：从范围分，有全文（多是短篇）抄录、片段摘要、语句摘抄、词语抄写等；从内容分，有精美诗文抄录、优美描写摘要、名言警句摘抄、重要词语抄写；从形式分，有课堂笔记、课后作业、课外读书笔记等。指导学生运用抄摘法，一要养成随手抄摘、工整书写的习惯；二要多读多抄、边抄摘边思考；三是组织全班性抄摘活动，如由学生在黑板上开辟"名言角""每日一句"等专栏，举行班级抄摘比赛等；四是要求学生设计并开展各种课外抄摘活动，如做名言警句书签、编图文并茂的文萃册等。

（4）作业法指教师为了巩固、深化和提高教学效果而给学生布置学习任务，要求学生限时完成的一种教学方法。作业一般在教完新课后集中进行，可在课内，也可在课外，和其他教学方法交叉进行。它的形式多种多样。从表达形式分，有口头作业、书面作业；从训练方式分，有朗读、背诵、复述、听写、抄写、组词、造句、解释词语、分析句子、编列提纲、回答课文内容或形式方面的问题等。运用作业法，要加强科学性，讲求实效。

（五）观察法

观察法是教师指导学生运用自己的视听器官，直接感知客观事物，增强感性认识的直观教学方法。一般来说，人主要靠视听觉摄取信息。实验表明，人的各种感官所获知识的比例，视听共占94%，而其中视觉占83%。观察是人的智力活动的起始，是人认识世界、将物象转化为表象的桥梁。

观察法包括观摩、演示、参观等具体方法。

（1）观摩法即组织学生观看利用幻灯、投影、电视录像、教学电影等电教媒体展现的与教学有关的内容，从而增强感性体验，深入理解教材内容的一种方法。运用观摩法，一是要求教师学会操作一般电化教具，并学做教学幻灯片、投影片；二要认真组织和指导学生观摩，做到事前明确要求，观摩过程中插入解说指导，事后进行讨论和总结，使观摩的过程成为一个完整的教学过程。

（2）演示法指利用教学卡片、挂图、实物、标本和模型等教具辅助教学的一种方法。运用演示法，特别注意教具出示和收取的适时性，要紧密配合教学需要，指导学生及时细致观察，不能顾此失彼，分散学生注意力。

（3）参观法配合教学概要，组织学生到一定场所参观访问，以增加感性认识，深化对课文的理解，获取作文素材的一种方法。运用参观法，一要确定参观目的，制订参观计划，明确参观要求；二要严密组织，具体指导，要求学生做好参观记录；三要指导学生整理参观笔记，组织讨论、座谈，写观后感或写作预定的有关作文，把感性认识上升到理性认识。

第二节　语文教学方法的创新实践

一、语文教学新方法

创新是改变语文教学方法的重要途径。广大语文教师把握改革开放的大好时机，充分施展自己的创造才华，推出了一批语文教学的新方法。下面择要介绍其中几种。

（一）自学指导法

自学指导法也称自学法，自学辅导法，是教师指导学生自学获取语文知识、培养语文能力的一种教学方法。这种教学方法的创新和推行，是以"学生为主体，教师为主导"教学思想的重要体现。学生根据教师规定的教材或自学材料、指定的作业，自己阅读或做习题，教师适当指导、答疑和小结。这种方法适用于有一定自控能力的学生。优点是，以学生自学为主，注重培养学生的自学能力和自学习惯，有利于创造型人才的培养。重点是，基础差的学生常常力不胜任，如果指导不力则容易使教学放任自流。

自学指导法有各种不同的方式：一是划块式，即在一节课以内，划出一块时间，用于学生自学和教师指导自学；二是整堂式，即用整整一堂课的时间，专门用于学生自学和教师指导自学；三是课外式，即在正课结束后，规定一个时间，指导学生自学，一般以学习吃力的学生为对象，也有全体学生都参加的。

运用自学指导法，必须注意：一要明确学习的目的和要求，结合自学内容提出激发学生学习兴趣的思考题和练习题，让学生心中有数，带着问题自学；二要指出自学内容的重点和难点，指明自学的步骤和方法；三要给学生提示或提供参读材料或自学手段，帮助他们自行解决学习中的问题；四要进行巡视指导，对于自学吃力的学生还要有重点地进行个别辅导，细致观察和掌握学生自学情况，及时解决需要教师指导的问题；五要创设良好的自学环境和条件，让学生专心自学，提高自学效率；六要检查总结自学情况，肯定学生自学的成果，解决学生自学中的疑难问题，不断提高学生的自学质量。而关键在于教给学生自学的步骤和方法。例如：有老师总结了"四遍八步读书法"：一遍跳读（记梗概、记主要人物），二遍速读（复述内容、厘清思路），三遍细读（掌握字词句、圈点摘要、归纳中心），四遍深读（分析写作特点）。自学指导法正在全国范围内逐步推行，有着广阔的发展前景。

（二）读写结合法

读写结合法就是从读学写，以写促读，读写结合，实现读写融会贯通、齐步发展目标的教学方法。影响最大并自成体系的要数广东省潮州市小学特级教师丁有宽的教学方法。他经过八轮教改实验，逐步创设了以记叙文为主体的读写结合五步系列训练法。针对过去语文教学模模糊糊一大片的弊端，提出"杂中求精，打好基础，乱中求序，分步训练，华中求实，突出重点，死中求活，教给规律"的教学思想和教学方法，运用心理学、工程学、系统论等科学理论，指导学生读写结合，反复训练，开设"十五分钟观察口头表达课""寻美作文课"等多种特殊训练课程；在四、五年级学生中提倡自学自得、自拟标题、自改作文，甚至取消传统的专门的作文课，而把大量的写作片段训练和综合训练糅合在阅读教学之中。

（三）比较教学法

比较教学法是把两种或两种以上的语文因素集中起来，进行比较、分析，探寻规律，加深理解的一种教学方法。我国著名幼儿教育家陈鹤琴先生曾经将它用于幼儿教育，将两种相近的物体让孩子进行区别，分清其特征属性，使孩子对所学事物认识正确，印象深刻，记忆持久，在幼儿园的教学中起着重要的作用。运用比较法进行语文教学，可以使学生明了知识构成规律，系统巩固所学知识，并培养举一反三、触类旁通的自学能力。

比较的方式主要有四种：一是横比，即两个或两个以上同类的语文因素相比，比如字词句篇，主题、题材、手法，人物、事物各自之间的相互比较。二是纵比，即同一语文因素的前后发展变化相比，比如词的本义与引申义，古今语法特点，课文修改前后的比较。像教《藤野先生》，用原句"从此就看见许多新的先生，听到许多新的讲义"比较改定句"从此就看见许多陌生的先生，听到许多新鲜的讲义"，就发现作者遣词造句的准确、精当。三是对比，即将相对或相反的语文因素进行比较，比如同义词与反义词、对偶句、对立人物形象、相对写作方法之间的比较。四是类比，即用同类的两个语文因素中的通俗易懂的一个来与另一个相比，实际上是进行类比推理。

比较的类型有两种：一是求同比较，对相同或相似的语文因素，通过横比或类比寻找共同的规律；二是求异比较，对同类而不同特点的语文因素，通过对比或纵比，区分差异。

比较教学法运用的途径主要有四条：一是新旧联系。学习新知识，启发学生联系旧知识，从旧知识中寻找比较对象。二是设问求比。教师根据教学需要提出问题，要求学生围绕问题去收集课内外语文材料，寻找比较点。三是单元教学。一次学习几篇同类课文，启发学生认识它们之间的联系与区别，确定比较点。四是对比讲评。学生作文之后，以学生作文为例，展示同一题目不同写法，引导学生比较分析。

（四）得得教学法

得得教学法简称"得得法"，也称"一课一得，得得相连。""得"是指教学必须使学生有所得，不仅要使学生学懂，而且要学生学会。整个教学过程是教一点儿，学一点儿；懂一点儿，会一点儿；只有懂了、会了，才算是"得"了。一篇课文在为训练点服务时，教学全过程大致分为三个阶段：一是自学预习阶段。先由教师做自学启发，然后由学生自学，再由教师着重提示课本中作为例子的部分，为突出训练点的要求做准备。二是逐点落实阶段。教师突出训练点的具体要求，引导学生精读、深入钻研并解剖范例，进行单项训练，落实一"得"。三是读写结合阶段，学生在剖析范例后进行写作的模仿和创造。上述三个阶段形成一条"综合（课文）—单一（举例训练）—综合（作文）"的完整的思维链。得得法本是一种教学体系，并非一种具体的教学方法。但是，这种"一课一得，积小得为大得"的语文教改精神，贯彻到广义的层面，不少教师已将"一课一得"作为一种独立使用的具体教学方法。

（五）情境教学法

根据课文内容和教学要求，运用各种教学手段，创设适合于学生学习语文的生动情境，使学生入境会意，触景生情，从而加深理解，学习语言，开发智力，陶冶情操。情境教学法，作为一种具体的教学方法，已在全国各地逐步推广开。

运用情境教学法，关键是创设一个语文教学的生动情境，主要方式有以下两种。

第一，模拟情境。一般是通过图画、照片、音乐、文学语言、电化教具等教学手段，再现教材提供的情境。根据学生思维与注意的特点，模拟的情境要具有形象性和生动性，可以通过五种途径模拟情境，即以生活显示情境、以图画再现情境、以音乐渲染情境、以语言描述情境、以扮演角色体会情境五种途径，可以从中选用一种，也可综合使用几种，最终都要落实到语言学习上。

第二，选取情境。阅读教学可以借助电教手段配合课堂教学，比如结合课文放映有关的幻灯、投影、录像和教学电影，使学生如闻其声、如见其人、如临其境；作文教学，可以带学生走出课堂，实地观察，开阔视野，丰富素材。

运用情境法，一要因文设境，不同文体、不同课文创设不同的情境；二要随机取境，尽量做到因陋就简，就地取材；三要情智交融，创设情境的根本目的还是为了更好地完成语文教学的任务，通过情境教学要使学生更好地学习知识，开发智力，陶冶情操，而不是为情境而情境，走向趣味主义。

要进入学习情境，必须进行情境诱导，情境教学法就是使学生在教师的作用下完成学习过程。因此，教师教学中要注意以下三个方面：

1. 施教的趣味性

兴趣是推动学生学习的直接动力，兴趣的主要职能就是使学生把学习化作自己的动力和需要。"知之者不如好之者，好之者不如乐之者。"这是古代教育家的经验之谈；"所有智力方面的工作都要依赖于兴趣。"这是"现代心理学之父"皮亚杰的著名论断。教学实践证明，激发学生在思考探索的过程中体验到乐趣，感受到兴奋和激动，是提高教学成果的捷径。而要使学生对学习产生兴趣，教师就要把课讲得情感横溢，趣味盎然，生动活泼。趣味性，是情境教学法的重要内涵之一。语文教师要千方百计把课上得有味，讲得有趣，让学生在活泼的气氛中，在愉悦的心境里，在轻松的环境下去学习、去探索，品味到语文课的甘甜与芬芳。如要求背诵古典诗词，每次早读一首，日积月累，以提高学生的文学修养和兴趣，每堂课设计引人入胜的导语，一开始就紧紧吸引住学生。有很多行之有效的方法，常用的有直观演示、开拓想象、抓点拎线、形成悬念、展现意境、激发情感、讨论答辩等。这样的方法克服了学生厌倦消极的心理状态，促使学生以极大的热情投入语文学习的天地，来提高学习的积极性，激发了求知的兴趣。

2.求学的主动性

语文教学应该把立足点"从教出发转移到从学出发"。教学过程是开发学生智力、培养学生能力的发展变化过程，教学的对象是充满情感和个性各异的人，教学的目的只有通过学习者本身的积极参与、内化、吸收才能实现。学生是学习活动的主体，学生能否主动参与，成为教学成败的关键。情境教学法的目标就是为了提高学生的学习兴趣，开启学生思维之门，培养学生积极主动的学习态度。激发学生的学习动机，多在新课导入时进行。此时或确定学习重点，让学生有一个目标；或者介绍学习方法，使学生前进有路；或导入有术，令学生进入情境。情境教学法十分讲究和重视这一环节的设计。根据不同的教材，针对不同的对象，采用不同的导语。常用的方式有问题悬念式、诗词曲赋式、格言警句式、故事传说式、温故知新式、解题式、练习式、知识式等。学生的学习动机被激起后，无论是好奇、新鲜，还是情感、关注的需求，都形成一种努力探求的力量，积极参与到学习活动之中，成为学习的主人。培养学生的参与意识，是教学民主的具体体现，它能给学生尊重感、信任感、理解感。学生在主动参与的内驱力推动下，为求知而乐，为探求而兴奋、激动，到达了一个比教学预期目标还要广阔的境界，体验到成功的乐趣，得到一种精神的享受。变"要我学"为"我要学"，学习成为一种自我需要，使学习动机更为稳定和强化。情境教学法使学生在愉快的学习情境中产生学习动机，教师全力创造适于学生潜力发挥的条件，让学生全体参与、主动参与。

3.情知的对称性

语文教学的过程既是一个认识过程，即智力因素活动过程，还伴有一个意向过程，即非智力因素活动过程。语文是培养学生优美的情感素质与优秀的智慧素质的重要课程。在这门课程中，既有一个完整的认识结构，还有一个极丰富的情感世界。情境教学法就是把这两个方面紧密地结合在一起，不仅仅把语文作为工具性的学科，只追求知性目标，还让它成为培养品格与智力双向发展的载体。情境教学法要在循文、析像、悟理的过程中领情、注情、传情，充分运用情感在认知过程中的特殊功能，从学生的学习需要出发，根据教学目的创设教学情境，提供具体的场景或氛围。当学生置身其中"物色之动，心亦摇焉"，所以"登山则情满于山，观海则意溢于海"。在教学情境中，学生与情境之间发生种种信息交流，加强听说读写的全面训练，努力使语感训练、文感训练、情感训练、智能训练协同发展，全面完成传授知识、发展智力、培养能力、陶冶性情的教学任务。情知对称，经过长期的探寻和实验，"每个情感目标都伴随着一个认识目标"，"你中有我，我中有你"，一石二鸟，一举两得，达到了理性（认识）与非理性（情感）的高度默契，实现了教书育人的统一。

情境教学法建构起以"情境"为主体，以"情感"为中心的教学框架，以"趣味"动其心，以"情知"移其意，引导学生主动参与，以发展智力为终极目标。在"爱"的氛围中，在"美"的情境里，在"情"的感染下，活化学习动机，开启心智，陶冶情操，使学生不断获得成功的快乐，对于提高教学效率、进行审美教育都具有重要作用。

（六）思路教学法

思路就是作者写作时的思维过程，它外化为文章的结构线索。教师根据作者的思维过程和文章的结构线索，指导学生分清段落层次，把握文章结构，概括思想内容，体会作者思维逻辑性，进而学会独立阅读、分析的教学方法，就是思路教学法。

思路不同，思想境界就不同。"思想境界"是指文章中作者立意所达到的高度（指中心思想或主题思想），具有阶级性和思想倾向性。而思路则是作者的逻辑思维通过一定的语言文字的表达，体现思维的条理性。思路有别于语感。"语感"是读者对作品中具体的语言文字的一种敏锐的感受，并非对文章整体结构层次的理解。思路教学要注意思路"接通"，也就是把作者所写文章的思路、教师教学的思路和学生学习的思路三者统一起来，让学生能理解文章的思路。"接通"的关键在教师，教师的教学思路是联系其他两种思路的桥梁和纽带，所以教师教学时必须吃透两头，一头是文章思路，另一头是学生思路。通过深入钻研教材，精心设计教学，运用各种切实可行的教学方法，把两者"接通"，使学生正确理解文章结构和内容。

思路教学的具体做法很多。一是自读探思路，就是通过引导学生自读，探索文章条理；二是分段显思路，用划分段落层次，归纳段意、层意来显示文章思路；三是提纲理思路，即引导学生编写课文提纲，厘清文章结构；四是设疑引思路，教师按照文章线索设置一连串疑问，引导学生释疑解惑，认识文章思路；五是讲解析思路，主要凭借教师对课文的讲解分析，厘清思路；六是板书明思路，用板书设计来显示课文思路。

二、语文教学方法的引进

(一) 发现教学法

"发现"的本义是指找到前人没有找到过的事物和规律。作为一种教学方法，它由心理学家布鲁纳所创。按照他的解释，"发现不限于那种寻求人类尚未知晓的事物的行为，正确地说，发现包括用自己的头脑亲自获得知识的一切形式。"发现法是教师提供适合学生学习程度的教材，引导学生自己探索，发现问题，寻找答案，得出结论的教学方法。它可以激发学生的学习兴趣，获得长久保持而又便于迁移的知识，培养钻研精神和创造能力。在语文教学中，发现法又称"问题教学法"或"设卡法"。

运用发现教学法的一般步骤：一是设问，即创设问题的情境，使学生内心产生矛盾，主动提出要求解决的问题；二是假设，即由学生利用自己已有的知识，利用教师提供的材料，提出解答问题的合理假设，探索解决问题的途径；三是验证，即让学生从理论上或实践中检验自己的假设；四是总结，得出共同的结论。

发现法在引进过程中得到改造，逐步成为适应各地教学实践的语文教学方法。比如，由发现法衍生的"引导发现法"采用以下五个步骤：一是准备，教师引导学生明确探索的目标、意义、途径、方法等；二是初探，根据既定的目标和途径，引导学生通过阅读、观察、思考等学习实践活动，主动概括出知识规律，寻求问题的答案；三是交流，教师组织引导学生交流初探成果，对于有争论的问题展开深入讨论；四是总结，学生整理知识使之系统化，教师对学生小结进行评价和修正，使之进一步掌握知识的内在联系；五是运用，学生通过各种形式的练习，完成有一定难度的任务，验证巩固知识，增强运用知识解决实际问题的能力。

（二）SQ3R 学习法

SQ3R 学习法又称"查、问、读、记、复习法"或"五步阅读法""五段学习法"，是一种引导学生进行自学的读书方法，始创于艾奥瓦大学。SQ3R 系五个英语单词的缩写，代表了阅读过程的五个步骤，即纵览（Survey）—发问（Question）—阅读（Read）—背诵（Recite）—复习（Review）。第一步全面浏览，对所学内容做框架式的大体了解，即对所学材料，从内容提要、目录、序言到大小标题、图表、注释等，先粗略地看一遍。第二步略读，着重读物的主要内容（包括重点和难点），并提出问题。第三步带着问题深入阅读，可以圈点、画线或写提示性批语，还可以做笔记。第四步回忆复述，即合上书本，对各部分提出问题予以解答，回忆各个章节要点，巩固学习内容。第五步复习巩固。这种学习方法，在运用时学得比较扎实，适用于需要记忆和深刻理解的精读和必读材料，但它费时较多，对于只需一般了解的略读材料不宜采用。

这种学习方法引进我国语文教学，不但适用于学生自学读书，而且经过移植，可以适用于阅读教学中的精读课文教学，加上教师的启发引导，改造成具有师生双边活动特征的"五步自学指导法"，即定向浏览略读、质疑、深读理解、回忆解答、复习小结。

(三) 科学扫描法

科学扫描法又称"速读法"或"扫读法"，指在有限时间内尽快地、有目的地、有效地阅读文字材料，并获取所需信息的方法，主要原理是采取科学视读法，减少眼停的次数、时间和回视，扩大视读广度，达到提高阅读速度的目的。

它突破了按字词句读书的习惯，而是一行一行、一块一块地扫视；采用略读和寻读相结合的方式，略去一般性文字，发现重要内容，则减慢速度，按行跑读，遇到关键处，再逐字逐句细细品味。据现代结构语言学统计，通常文章的一般性内容约占全篇的75%，而要点只占25%。据研究，一般文章的组织结构，大体可分七个部分：一是名称，二是作者，三是导语，四是一般内容，五是事实、数据、公式之类，六是新奇之点，七是争议之点。速读就像雷达跟踪目标，敏捷地抓住文章中的六、七两点，而将其他略去。这样单刀直入、直取精髓的读书方法，可用较少的时间，获得较大的阅读量。和一般性阅读相比，科学扫描法的一般指标是速度高一倍，理解系数达50%。作为一种读书方法，科学扫描法需要加强训练。主要方式有，一是遮盖扫描。读完一行，就用纸片遮盖这一行，以减少回视，增加眼停的视读广度。二是限量扫描。即限时读完一定数量的文字。三是计时扫描。计算阅读一篇材料所需的时间，再做一些检测理解力的练习题，测定扫描效果。如此多次检测比较，及时反馈。四是块面扫描。编好与横行竖排字数相同的块而阅读材料，让学生一次读一个块面，要求眼脑直映，养成快读习惯，逐步扩大块面字数，以增进每次眼停的视读广度、阅读速度和理解力。五是狭条扫描。目光在书页字行的狭窄区间移动，视线不仅集中于一页材料每行文字的中心，而且投向这狭窄条目的所有文字。六是直线扫描。视线在每行文字的中线垂直往下移读，要求一次眼停看一行字，常用于阅读报刊。七是顺序扫描。将一篇文章的上述七个部分作为阅读的目的和任务，依次扫描搜寻。八是机器训练。采用速示器、速读器等机械装置辅助训练，以加快眼动或扩大视读广度，提高扫描速度。

引进的教学方法还可以列举一些，比如问题教学法、暗示教学法、快乐教学法、范例教学法、图表教学法、利用图书馆学习法等。

三、语文教学方法的发展

语文教学方法是语文教学动态系统中的一个动态的要素，它本身就是一个动态的子系统，是不断运动变化的。语文教学设计应当探寻语文教学方法运动变化的规律，把握它的发展趋向，遵循它的发展途径，做语文教改的"弄潮儿"，将语文教学方法创新推向前进。

（一）语文教学方法的发展趋向

1. 主导主体有机结合

语文教学方法是教法和学法的有机统一，教学必须坚持教师为主导、学生为主体，语文教学方法应当体现这种主导主体的有机结合。

2. 知识能力同步教学

语文教学过程是一个传授知识、培养能力的教学过程。语文教学方法既是知识传授法，也是能力训练法。传统的教学理论注重知识的传授而忽视能力的培养。我们需要用基本事实的知识来发展和增进每个学习者的思考力。语文教学方法必须有利于知识和能力两种教学的同步进行。近年国外出现"第三程度"的理论，即学生掌握知识和运用知识，按深度分为三种程度：第一程度是掌握信息，第二程度是具有运用知识的技能技巧，第三程度是善于创造性活动。像发现法、问题教学法、范例教学法、暗示教学法等新的教学方法便是以实现第三程度为目的。我国语文教学方法的创新，应当瞄准国际教育科学理论的新水平。一个学生只有掌握了牢固的知识，具备了较强的能力，才有可能进行创造性活动。

3.认知个性和谐发展

认知指学生的认识能力，也就是智力；个性指学生的个性心理，即非智力心理因素。

智力和非智力因素的和谐发展，实际上就是人的全面发展教育思想的体现，已经逐步成为教育理论工作者和实践工作者的共识。苏霍姆林斯基提出："作为全面发展的理想的个性是和谐的，没有和谐的教育工作就不可能达到和谐的发展。"赞科夫则认为："这里所说的达到更高的发展水平，不仅指智力发展，而且指一般发展。一般发展，就是不仅发展学生的智力，而且发展情感、意志品质、性格和集体主义思想。"对于语文学习来说，观察、记忆、联想、思维、想象等智力因素，是学生学习的操作系统；而动机、兴趣、习惯、情感、意志等非智力因素，则是学生学习的动力系统。两者的和谐发展，才能全面促进学生的语文学习发展。因此，未来的语文教学方法既要有利于开发学生的智力，又要有利于培养学生的非智力因素，而且要把两者有机地统一起来，促进学生认知水平和个性心理的和谐发展。

（二）语文教学方法的发展途径

1.批判继承，推陈出新

语文教学方法具有继承性和创造性，这是语文教学方法的基本特征之一。今天的教学方法大多是从古人或前人手中继承过来的。不用说讲授、诵读、议论等常规教学方法的基本做法继承了两千余年教学方法的衣钵，就是创新或引进的新教法，追根溯源，从中也可窥见沿袭的影子。比如，比较教学法是现代著名幼儿教育家陈鹤琴先生提出并在幼儿园教学中起过重要作用的方法。

这种批判继承、扬弃的过程，是推陈出新、创造和发展。对于过去的教学方法，凡是合理的成分，比如启发式的，结合教学实际的，有利于传授知识、培养能力、开发智力、陶冶情操的做法，予以肯定和吸收；凡是不合理的成分，比如注入式的，脱离教学实际的，不利于传授知识、培养能力、开发智力、陶冶情操的做法，则予以否定和剔除。任何全盘否定和全盘肯定的态度都是不科学的。语文教学方法要发展，就要充分发掘我国教学方法的历史积淀，正确地扬弃，注入时代的生机和活力，创造出更新的更有成效的教学方法来。

2. 引进借鉴，为我所用

引进、移植、改造外国的、外来的、他人的教学方法，是发展语文教学方法的"源头活水"。情境教学法，本来是一种外语教学方法，是19世纪下半叶始于西欧的外语教学创新运动的产物，由直接法演变为听说法、视听法、功能法以至情境法等现代外语教学方法；把它移植过来，加以改造，用于汉语文的母语教学，便是一种崭新的教学法。范例教学法原是教育家瓦根舍因首创，它注意从教学大纲和学生日常生活中选择"范例"，以便使教学内容更加典型化，让学生从"范例"的"个别"到"类"掌握知识结构，从而提高教学效率。借鉴它的基本思想，赋予我国语文教学的新内容和新特点，既可创造"读写结合法"，又可设计"得得教学法"。在改革开放的时代，在新技术革命频频挑战的未来，国家与国家、民族与民族之间各种思想的相互渗透是不可避免的。域外教学方法也将源源不断地被引进。如何结合我国语文教学的特点，结合中国人的实际，进行科学地选择、合理的借鉴，拿来为我所用，这是未来语文教学的一大课题。

3. 优化组合，避短扬长

具有多样性和综合性，是语文教学方法的又一基本特征。语文教学方法的这一基本特征，也为它自身的发展开拓了无限广阔的天地。优化组合是语文教学方法发展的重要途径。这种优化组合，也就是语文教师的创造。如果说继承传统和借鉴外国是"向别人学"，那么这种优化组合便是"自己通过实践，摸索得来"。二者都重要，但是有主次之分，自己摸索得来比向别人学更重要。就中学和小学的语文课来说，尤其如此，优化组合的诀窍在于避短扬长，发挥个人教学的优势。比如同样一篇朱自清的《春》，不同的教师可以有不同的教法：

可以"导之以情，以读带讲"，像于漪老师那种"情感派"的教师执教，首先设计一个充满激情的导语，将学生引入"绿满天下"的动人境界，然后边读边讲，步步深入，使学生的情感融入融融春意之中，潜移默化地受到课文内容的感染熏陶；

可以"朗读领先，带动全篇"，善于普通话朗诵的教师，从朗读入手，通过朗读的指导和反复的朗读，使学生领会文章的思想内容和写作特色；

可以"范文引路，指导观察"，善于观察指导和写作训练的教师，则以课文为范例，通过课文分析和观察指导，培养学生观察能力和表达能力；

可以"一课一得，以读促写"，紧扣景物描写这个重点，让学生领会按照顺序写景和抓住景物特点的写作方法，并付诸作文实践。

任何具体的语文教学方法都不是"万应灵丹"，都必须接受实践的检验而决定取舍。

第九章　语文课堂教学方法与艺术实践

第一节　语文教学之导入方法与艺术

　　课堂导入是课堂教学环节中的重要一环，是课堂教学的前奏，如同一出戏的"序幕"。好的导入能引起学生的注意，犹如一把开启学生兴趣大门的金钥匙。因此，应追求导入艺术化，为课堂教学整体艺术化创造一个良好开端。下面简要探讨初中语文课堂教学的导入方法。

一、语文课堂教学导入艺术的主要方法

　　根据学生的心理特点，遵循教学规律，结合课文重点内容来设计导入，以下十种方法值得一试。

　　（一）"丢包袱"导入法

　　有针对性地设置相宜、精当的问题导入，这是教学中常用的一种导入方法，即"丢包袱"法。古人云"学起于思，思源于疑"，"学贵知疑，小疑则小进，大疑则大进，疑女者觉悟之机也，一番觉悟，一番长进。"心理学上认为：思维过程通常是从需要应付某种困难，解决某个问题开始，概

括地说，思维总是从某个问题开始。根据这个原理，新课的导入，教师要有意识地设置一些既体现教学重点又饶有趣味的问题，诱发学生学习的欲望，创设逐疑探秘的情境，激发学生的思维。

（二）"目标展示"导入法

当前教学中很提倡一种教学方法——目标展示法，

又称"一课一得法"：要求学生在有限的四十五分钟内能够正

确定完整地掌握一项重点内容。要想真正做到一"得"，就要求教师明确课文重点、确定目标。一讲课堂，就直奔主式题，即"目标展示"导入。

（三）"直观教具"导入法

学生还处在偏重感性认识的阶段，思维正处于由形象思维向抽象思维过渡时期。根据这种心理特点，在教学中，应大胆采用直观教具导入。这种方法是利用实物、标体、模型或挂图等直观教具，引起学生注意，激发兴趣。直观教具可利用现成材料，也可自己制作。

（四）"语感传送"导入法

语言是表达感情的主要手段。在教学中，教师用优美、生动的语言，通过富有感情地朗诵，会把学生带进教材内容的情境之中。日本心理学家洸泽武久用大量的实验结果表明：一旦学生对学习失去感情，则学生的思维理解、记忆等认识机能会受到压抑阻碍。强烈的情感，能提高学生学习效果。因此，语言感情对一堂课的导入是很重要的。

（五）"动手操作"导入法

学生的思维活动往往是从动作开始，经常动手，可以刺激思维发展，提高智力水平。课堂上采用"动手操作"导入，可以大大活跃课堂的气氛。

（六）"演示实验"导入法

实验，并不只是理化课堂上才有的。一名成功的语文教师，还应当是一名实验员。用实验导入，让学生亲眼看到所发生的一切，所产生的现象，可以诱发学生探索的兴趣。

（七）"讲故事"导入法

故事对学生具有很大的吸引力，因为它有生动的情节、丰富的内涵。通过生动形象地讲述故事或事例来感染学生，从而顺利、生动地导入新课。

（八）"音乐感染"导入法

悦耳动听的音乐可以使学生产生愉悦的心情，陶冶人的情操，用音乐法导入，会使学生快乐地进入课文，接受新的知识。

（九）"讲文学史"导入法

许多文学家的感人的事迹，不但能引人入胜，集中学生的注意力，而且还能激发学生向先辈学习的热情，激发学生立志成才。

（十）"幻灯投影"导入法

这是一种利用先进科学技术手段的导入方式，条件好的学校可充分地利用。"幻灯投影"导入法能够"化静为动""化虚为实""化繁为简"强化视觉，增强学习效果。

二、语文课堂教学导入艺术应注意的几个问题

首先，要有针对性，根据教材内容和学生可接受的程度，采用不同的导入法，不能生搬硬套，要灵活机动，不刻板，不单一。其次，要明确"导入"与"整个课堂"的关系，不能让"导入"淹没整个课堂的教学。"导入"只能是"导火线"。时间方面亦应控制在五分钟左右，不能太长。

再者，对于可供操作的导入，为保证课堂质量，要精心设计，有时还需预演模拟，做到"万无一失"。

总之，一名好的语文教师，要认真钻研大纲，深刻体会当前教学的指导思想，精心设计导入，充分发挥导入"导火线""催化剂""润滑剂"的作用。同时，还要明确，应将教学过程各个环节处理好，使之成为一个紧凑的、有机的统一体，课堂教学才能取得成功。

第二节　语文课堂教学中的过渡方法与艺术

　　语文课堂教学中的过渡艺术是语文教师在教学过程中适时巧用导向性话语来衔接教学步骤及教学内容，从而对学生进行知识的传授和能力的培养的一种方法。它是教学各环节及知识点、能力点间的桥梁，是教师发挥主导作用的一种体现，也是教师进行教学设计和实施教学方案所不可缺少、不容忽视的一个问题。所以，探究语文课堂教学中的过渡艺术，对于语文课堂教学程序的优化控制和提高教学效率有着十分重要意义。名师以及一些善于组织课堂教学的教师都十分重视这种过渡艺术的设计和运用。

　　语文课堂教学中的过渡艺术，贯穿于教学的始终。依据课堂教学活动的展开，大致可以归纳为铺垫过渡、衔接过渡、目标过渡和深化过渡四种。

一、铺垫过渡——导入新课内容的过渡

　　这种过渡出现于课堂教学的起始阶段，指用跟授课相关的内容作陪衬，架桥过渡，导入新课。教者往往通过前后知识联系、引用诗文佳句、使用道具插图、讲小故事、介绍背景、设疑提问等方法作铺垫，灵活巧妙地过渡到新课内容的教学。这种过渡要求"近"——贴近教学内容，"简"——简要扼要、"短"——短小精悍。巧妙的铺垫过渡能集中学生的注意力，激起学生强烈的学习兴趣，从而让学生"高高兴兴地学，有滋有味地学。"（叶圣陶语）

　　如一位老师在讲授《竞选州长》时就是以一个"小故事"开头作铺垫过渡的："马克·吐温在发表了《竞选州长》的小说后，一次在大街上遇到纽约州州长霍夫曼。霍夫曼见到这位大名鼎鼎的小说家，极端仇视，威胁

说：'马克·吐温，你知道世界上什么东西最坚固吗？什么东西最锐利吗？我告诉你，我防弹轿车的钢板是最坚固的，我手里的子弹是最锐利的！'马克·吐温听了微微一笑说：'先生，我了解的跟你不一样呵，我说世界最坚固最厚实，的是你的脸皮，而最锐利的呢？是你的胡须。你的脸皮那样厚，可你的胡须居然能够刺破它长出来了，还不锐利吗？'"听完这则故事，同学们也许明白了马克·吐温的语言是幽默辛辣的，我们读一读《竞选州长》这篇课文，就更能了解马克·吐温幽默小说幽默的语言和辛辣的讽刺手法。

这位老师的这一铺垫过渡既驱走了学生的课间余兴，集中了学生的注意力，又引起了学生学习本文的浓厚兴趣，起到了投石击浪之效。

二、衔接过渡——教学知识点间的过渡

这种过渡贯穿于教学内容之间。教者常常采用环环相扣的提问或递进式的话语，将教学内容中的各知识点串联起来。这种过渡要求自然连贯，由浅入深，循序渐进。恰当的衔接过渡能将教学内容步步引向深入，使学生对所学内容易于理解接受，体现教学进程的推进，达到既激发学生兴趣，诱发学习欲望，沟通师生间的信息传递，又能促使学生积极思维、产生"跃而获之"的念头，达到事半功倍的效果。

三、目标过渡——解决重点难点的过渡

教师是使学生和教材有效地联系起来的中介，是教学过程中把学生引向教学目标——重点难点的向导。教学中重点难点的解决，需要教师为学生架设一座"桥梁"——目标过渡。这种过渡需要教师选对切入点、突破口，或增加知识的介绍，或举例说明、触类旁通，或将难点化成浅显的几个方面等等，从而从不同角度引导学生步步深入地理解掌握重点、攻克难

点。这种过渡要求深入浅出、有的放矢、达到目标。

四、深化过渡——深化教学内容的过渡

这种过渡常用于阶段小结或综合阶段。这种过渡可以帮助学生开拓思路，对学生进行发散思维训练和知识迁移训练；可以帮助学生巩固、深化所学知识，培养学生运用所学知识的能力。

教师的深化过渡就体现了上述三个方面的作用。

语文课堂教学中过渡艺术的几种形式，在具体的教学设计和实施中，根据文体及课型的不同，还可以灵活运用，甚至还可能有其他的形式。但无论采取哪种形式，过渡艺术都必须遵循这样几个原则：

1.思想性，语文教学必须与育人紧密相连、与现实社会的发展密切联系，故过渡的设计与实施必须注意思想性，切忌为单纯追求学生的兴趣而采用低级趣味的方法。

2.整体性，巧妙的过渡应使课堂的结构更加紧凑、师生配合更加和谐，应重视课堂教学的整体性，万不能节外生枝，使知识脱节。

3.启发性，过渡艺术讲求针对性、启发性、可接受性。"针对性"是指根据教学目标和教学对象的基础来设计；"启发性"是指要让学生学有所思，学有所悟；"可接受性"是指过渡的设计要难易适中，让学生容易接受理解。

4.趣味性，过渡要像磁铁一样紧紧地吸引住学生，有趣味感、幽默感，且花样百出，不断激发学生的学习热情。

在语文课堂教学中，大家平时都已自觉或不自觉地设计、运用各种形式的过渡，如果大家都重视这种过渡，并把它作为一种课堂教学艺术巧妙地加以运用，那么我们的语文课就会上得更好，课堂教学效果将会更高。

第三节　语文课堂教学的结尾方法与艺术

古人认为：一篇好的文章，应是"凤头、猪肚、豹尾"。

课堂教学的艺术也像写文章一样，导入引人入胜，课的进程跌宕起伏、结尾简明有力。这就要求我们在课堂教学中，不仅要精心的设计导语，牢牢抓住学生的注意力，也要精心地设计结尾。一堂课的结尾应该是课外活动的铺垫，是下一节课的前奏，要能填补两节课之间大量的空白。如果说开头的重要是因为第一印象在人际知觉中属于主导的性质，那么结尾的重要则在于清音有余的撞钟语将伴随学生步出课堂，在学生耳边回响，并相当长地保持在他的记忆深处。因此一个合格的语文教师一定会重视课堂结尾的教学。

怎样结尾，才能取得更好的教学效果呢？常用的方法有：

一、诵读法

教师在一篇课文教完以后，通过让学生反复地诵读，加深对课文的理解。引导学生去体会渗透在朴实无华的语言文字中的真情实感，起到了很好的教学效果。

二、归纳法

总结归纳是课堂教学中重要的一环。它是对整堂课教学过程中学生所学知识点及能力训练点的整理，并使学生的知识形成网络化、系统化。

三、拓展法

教师在完成一课的教学任务之后，通过提出一些启发学生，促使他们积极思考的问题，引导学生运用现有掌握的知识，纵横深化拓展，进一步激发学生的求知欲，以达到培养其创造性思维的目的。

四、比较法

没有比较，就没有鉴别。让学生列出表格，对本课及单元所学的知识进行比较，通过求同存异，使学生对知识的掌握达到融会贯通目的。

五、图示法

教师在讲课结束时，采用图示的形式，不仅可以使学生明确教材的重点、难点，而且可以通过直观形象，可以产生强烈、鲜明的印象，有利于学生理解和掌握课文内容。

第四节　语文课堂教学的板书艺术

板书是一种传统的教学手段，是教师把讲授的内容经过精心设计，用文图的形式，按照美育的要求写在黑板上，它和语言一起作为输出信息，经视听两条途径，帮助学生了解讲课的顺序和过程，了解教学重点，使学生获得知识。独具匠心的板书，可以起到对有声语言的辅助和补充，既有利于传授知识，又能发展学生的智力；既能激发学生的学习兴趣，又能影响学生形成良好的习惯，它在课堂教学中有着不可忽视的作用，应引起教师的高度重视。

好的板书，可以增强教学效果，为此教师必须精心设计板书纲要和板书格局形式。本节从板书的设计与实施等方面作一下探讨。

一、板书的结构

板书可以划分为主体部分和辅助部分。主体在右，辅助在左。

主体部分也称主体板书，它包括的内容是授课内容摘要及教学内容的讲解和分析，有时也包括教学的补充材料，它们自始至终要保留在黑板上，一般不要擦掉。

辅助部分也称辅助板书，它包括的内容是主体板书的旁证、解释及说明，以及对讲课中所涉及的旧知识的提示等。这部分内容可以随写随擦。

二、板书的基本要求

在课堂教学中，要有成效地运用板书，必须符合下列要求：

（一）板书要与讲解紧密配合，做到边讲边板书

这既有助于学生清楚地、正确地理解知识，又有助于培养学生随课笔记、看图和绘图能力。切忌先讲后写和先写后讲，二者都不利于知识的传授。

（二）板书要有计划、有准备

例如，要考虑写哪些内容，怎样达到纲目清楚；画哪些板画，怎样能达到形象鲜明；还要考虑哪些板书作为临时注释，写出后可以随时擦去，哪些板书是重点，要一直保留到下课。

（三）板书要简明正确，字迹要有足够大

教师要注意自己站立的位置尽量不要遮住学生的视线，保证全班学生，特别是前排两边和后排的学生都能看清楚。板书尚需主次分明，体现知识

的逻辑关系。

（四）板书要少而精

板书的语言要精练，如鲁迅先生所说"用最精练的语言表现最丰富的内容：过多的板书不仅费时，而且会分散学生的注意力。

（五）巧用色彩

加深理解记忆，恰当地使用彩色粉笔，可以增强直观性和鲜明性，提高教学效果，但彩色粉笔不能滥用，"五色令人盲"，颜色多则杂，会扰乱学生的注意力，不利于学生观察能力的培养。

（六）书写要规范，具有示范性

教师的一举一动，一笔一划都对学生起着潜移默化地影响。因而教师必须注意文字的正确书写，通过板书培养学生的正确书写能力。

三、板书设计应遵循的原则

好的板书有助于提高教学效果，教师应精心设计，设计板书时应遵循以下几项原则：

（一）板书设计要符合直观教学的原则

在课堂教学中，学生不仅依靠听觉直观，而且也靠视觉直观，通过视听两条途径来捕获知识信息。通过板书可以将有声的语言转化成书面语言，通过文字或符号写，在黑板上，体现形象直观；板画可以将抽象的概念或复杂的关系直观形象化，有助于学生感知知识，加深理解，巩固所学知识。因而教师应充分重视板书、板画的传递功能，精心设计，尽可能发挥板书的直观作用。

（二）板书设计要符合教学卫生的原则

板书可以发挥学生的视觉直观，但板书字应能让学生一目了然地看清、看懂，便于学生记录。因而板书应运式用楷书书写，字迹要端正清楚，字体大小要合适，书写要规范，笔画要做到粗细匀称、适度，达到教学卫生的基本要求。教师在教学板书中应避免使用不规范的简化字和自造字，尽可能运用楷书，避免潦草书写。

（三）板书设计应体现美学原则

板书是集教学内容、艺术特色、设计风格、书法、美学于一体的一项艺术创作活动。一幅格局新颖的板书可以烘托教学气氛，让学生赏心悦目，处于轻松愉悦的和谐环境之中，这样有助于激发学生的学习兴趣，加深对知识的理解和掌握，并且在无形中得到美的教育。教师在板书设计时应对板书的格局、文字的布局认真推敲，使之和谐统一，形成一幅优美的画面，以充分发挥板书、板画潜移默化的教育效应，使学生在课堂教学中获得美的享受，达到教育的目的。板书切忌杂乱无章，让学生感到厌烦，失去教育的功效。

（四）板书设计应实现形式为内容服务的原则

不同的学科，不同的内容，其教学方法和教学过程有所不同，教师要认真分析授课内容，根据教学内容和目标，合理选择板书形式，制定板书提纲。板书提纲要目的明确，条理清楚，重点突出，板书的形式多种多样，根据教学内容的特点，可以选择提纲式、预习式、填充式、流程式，也可选择图表式、图文结合式。不论选择何种形式都要服从教学需要，便于学生通过视觉直观来捕获知识信息。

（五）板书设计应立足于"三点"，即基础知识点、知识重点和知识疑难点

课堂教学立足于基础知识、基本技能和基本操作，语文教学的板书应体现教学的目的性，体现、揭示一堂课的重点、难点和关键，因而设计板书应从基础知识出发，体现基础知识间的逻辑关系，突出教学的重点，采用正、副板书相结合的方式突破难点、重点，要有助于消除学生理解、记忆上的障碍。

总之，教学板书只有对内容、格局做周密的计划，对书写的文字、线条作详细的安排，才能真正起到对有声语言的辅助和补充，完成课堂教学的目标。

第五节　语文课堂教学的提问方法与艺术

课堂提问就是在教学过程中，教师根据一定的教学目的要求，针对有关教学内容，设置一系列问题情境，要求学生思考或回答，以促使学生积极思维，提高教学质量的一种教学方式。优质的提问能促进师生间的信息交流与反馈，推动教学进程的顺利向前拓展，并能实现课堂调控的科学化、合理化。

从学生方面来看，它能激发学生学习兴趣，集中学生的注意力，引导学生积极思考，诱发学生质疑问难的治学精神，培养良好的思维习惯和能力，启迪智慧，养成从容沉稳、应对自如的表达能力，综合提高学生的智力素质和心理素质。

一、提问艺术的种类

（一）去粗取精，重点突出

教师设问有价值，核心任务是突出知识与能力训练的重点、难点、基础点。诸如"是不是"、"对不对"、"好不好"之类的问题，尽量少问，不问。要善于把各种纷繁复杂的问题加以归纳整理，抓住要害，突破重点。每个问题的提出都力求引发学生思考的兴趣或求知的欲望。善于在学生疑惑不解、易于疏漏的地方设问。内容浅显又非常重要的，旁征博引，引导学生举一反三，触类旁通。

（二）要角度新颖，善于启发

有意识地把设问的过程当作开启学生思路的过程，激活他们思维的灵性。在学生思路阻塞处旁敲侧击，在学生"愤"、"悱"时巧言启发，在对立或矛盾中诱其比较，站在新的层面、新的角度上锻炼学生的思考力，使他们思维灵活、宽阔，感受到思考的乐趣。

（三）要深浅适度，讲求顺序

内容深的要浅问，由浅入深，步步诱导，让学生有拾级而上、豁然开朗之感。设问切合学生的心理实际、知识实际和能力实际，使析疑可望又可及。要针对不同的对象设问，学生层次不同，设问难度各异。既不因为问题过难使学生望而却步，挫伤学生思考和解决问题的积极性，也不因为问题过简使学生骄傲自满，思维惰性滋生。有梯度地组合问题，有助于理解和正确运用知识，培养思维的逻辑性，又革除了语文教学杂乱零散的弊病。

（四）要适时设问，随机应变

设疑问难的目的在于解决疑难，而不是把学生问倒或作为花絮点缀课堂。发问适时与否直接影响着课堂教学的实效性。过早发问，造成气氛紧张，学生内心茫然，回答问题捕风捉影有如猜谜；过晚发问，引导过甚，问题苍白无价值。此外，还要善于根据实际情况，调整问题的难度，切入的角度，提问的方式，以把握知识要点，训练重点和教学进程。"教师如果不在教学进程中发挥主导作用，就等于从根本上否定了教师本身存在的必要。"

提问是一门艺术。这门艺术的重大作用，在于开启学习者的智慧。无数成功者的历程表明，智力的获得甚至比知识的积累更为重要。语文教材中文学作品的形象性，议论文的严密性，说明文的科学性，实用文体的规范性，为我们开发学生的智力创造了得天独厚的条件。要实现智力的开发，必须让学生多做思维运动的体操。教师艺术地提问起到了重要的主导作用。一方面是课堂调控，另一方面是投石激浪，有示范作用、工具作用。所谓"教师提问一定要做到能发能收，运用自如。"讲的就是这个道理。

二、正确使用提问方法

提问要讲求艺术性，还要通过富有创造性的方式方法来实现。

（一）平中问奇

语文教学之所以是高难度的教学，就是因为学习母语，教材明白如话，似乎不学也懂。教学中就要针对这种心理，独具慧眼，去发现平常中的不平常，挖掘语文课的魅力，提高教学效率。

（二）迂回设问

就是不按惯常思维正面设问，而从问题的侧面入手，引导学生在更宽泛的意义上去思考问题。

（三）逆向设问

对于一些学生普遍误解或混淆的问题，不是从正面引导，而是从反面假设，激发学生逆向思维，通过比较，启发联想，分析矛盾来析疑解疑。在说明文的教学中，"下定义"和"作诠释"两种说明方法学生不易区分，"甲骨文是刻在龟甲戊和兽骨上的文字"这一表述，许多学生认为是下定义，实际是作诠释。用概念揭示的办法过于抽象，不利于初中的学生理解。我们可以用逆向设问的办法来解疑："我们现在在骨头和龟甲上刻上字是甲骨文吗？"显然不是。下定义是用简要的语言说明事物的本质特征，说明概念的内涵和外延。

前面对甲骨文的解说并不严密，是作诠释而非下定义。逆向设问改换了思考的角度，从矛盾的对立面设问，利用矛盾，激发学生思考的兴趣。换个思路想想，使人茅塞顿开。

（四）序列设问

有的课文本身就遵循由浅入深的认识顺序，教学中不需要另加设计，也能前铺后垫环环相扣。有的文章则不然，表达含蓄，构思独特，峰回路转，难于理解。这就要求教师在导学过程中调整设问的序列，使学生明白构思妙处，疑难问题才能迎刃而解。

在上课过程中，教师仅仅做到单向发问还不够，应该起到投石激浪、推波助澜的作用，让学生展开讨论，在讨论中互问，与教师对问。在教学特有的民主气氛中，培养学生独立思考、沉着自信、多角度考虑问题的良好个性品质和思维习惯。丰富多彩的语文教学内容，给学生智力开发开辟广阔天地，艺术地设问将成为学生发展智力的驱动力。

第六节　语文课堂教学的最佳境界

"境界"一词，《现代汉语词典》释为"事物达到的程度或表现的情况。"它是一种具体的境况。思想境界，指的是某人的思想所达到的一定的高度、一定的水平。

语文课堂教学的境界指的是语文课堂教学所达到的一种具体的状况或具体的情形。由于教学是在一定的场合下进行的，语文课堂教学的境界就具有一定的情境性，与具体的情境联系在一起，是一种十分具体的境况，具有"场"的特点。又因语文课堂教学是在一定场合下的一群人的活动与交往，因此，还具有情感性。其实，只要有人的参与，没有"情"的"境"是不存在的，即使是纯自然的"境"，只要有人的融入，便打上了人的烙印，印上了"人"的色彩，折射出"情"的光芒。

境界具有质的差异性。大凡境界，都具有高低、优劣、雅俗之分。笔者所要探讨的就是语文课堂教学的最佳境界——美的境界。语文教学是真善美的和谐统一，是以求真为基础向善的迈进；而美则是向着善的目标迈进的最佳途径。

在语文教学中，"真"即是真理性的知识和科学性的规律。简言之，主要包括规律性的语言（或言语）知识、文学知识、写作知识、文章知识和文化知识等，当然，还包括一些更加具体的操作性的知识。规律也是知识，只不过是操作性的知识罢了。整个语文教学，可以说，就是以这些基本知识的教学为基点的，没有这些基本知识的教学，其它一切教学都是徒劳和枉然。当然，从不同的角度列出的关于"真"的具体内容不尽相同。但不可否认的是，在语文教学中，不论有多少种关于"真"的诠释，也不论这些诠释有多大的差异。他们都有着根本的共同点，即最基本的语文教学是真理性知识和科学性规律的教学。

真理性知识的传授和科学性规律的传递，目的都是一个，大而言之，是为了人的健康成长，社会的文明发展。小而言之，是为了让学生学会掌握和运用语言文字。在目前，比较功利的目的，就是为了让学生在各种知识技能考试考核中夺取高分、顺利升学，这就是"善工语文教学，就是这种合规律性与合目的性的统一。

从哲学意义上来说，合规律性与合目的性的和谐统一就是美。这样的表述也许比较抽象，难以理解。对语文教学而言，仅有这样的抽象表述是远远不够的。作为实践过程的语文教学，"美"是通向善的最佳途径。虽有"条条道路通罗马"、"殊途同归"之说，但求美的道路无疑是最好的途径。这也符合人们的唯美向善之心，因为美本身也是一种善。它本身即是千百年来人们孜孜以求的一个目标，譬如，建设美丽的国家，装扮美丽的城市，装饰美丽的住房，穿戴美丽的衣帽，追求美好的人生，这些都是人们为之而奋斗的终极目标。它们既是美，也是善。语文教学又何异于此？师者千方百计设计美的教学思路、美的板书，力求用美的语言引导，乃至穿美的服装，这一切，不都是为了更好的实现教学目标？其实，远不止这样，美不仅仅具有过程追求的价值，它本身就是教师、学生所要追求的一个终极目标。这种把美本身作为追求的目标，最典型的体现是各种作秀式的优质课、公开课、示范课上，从教学设计到教学手段，从教师穿戴到言行举动，从板书设计到提问问答，从发言顺序到问题解答，不都精细雕琢、肆意粉饰力求完美吗？只不过这种所谓的"完美"，仅仅具有表演的一次性价值，只具有表面的、形式主义的美学价值罢了。这种作秀式的表演，虽无实用价值，但从反面向人们表明：语文教学中对美的追求是人们对语文教学的最高境界的追求。这样，美本身自然就成为一种追求，一种向往，一种善。

比较是我们认识事物的一种常用的方法，"有比较才会有鉴别"，是我们对比较功能的一种认识。既然有"最佳"，就肯定有一般、有不佳。美既然是最佳境界，那一般就是求真，不佳就是连求真的任务也难以完成。让我们以实例证明：

同是教授柳永的词《雨霖铃》，三种不同的教法显示三种不同的境界。

一师曰：

"在东京城外、植满垂柳的汴河码头。凄清冷落的深秋，一场骤雨刚刚下过，树梢上的寒蝉又如泣如诉地叫了起来。在长亭送别的人慢慢饮酒，细细话别。一直挨到傍晚，雨也停了，舟人催促，该是启程的时候了。这首词展现在我们眼前的是一幅我国十一世纪缠绵的送别图……"

接着，老师放《雨霖铃》的教学磁带，先读后唱，民乐伴奏，昆曲声腔。在悠扬悦耳的箫、笛声中，学生倾听着凄楚婉转的女高音歌唱，眼看课文和注释，很自然地进入了词的境界。

另一师这样开头：

"在宋代，有一位著名的词人，名叫柳永，他有一首著名的词《雨霖铃》。我们今天就来学习柳永的这首词。"接下来介绍作者，介绍时代，布置学生查字典、词典，扫除生字、生词障碍……

再一师，他则如此：

一进教室，叫学生翻开课本，板书课题，介绍作者和时代背景，并把这首词中的所有生字生词全部抄在黑板上，让学生全部抄下。然后，逐句讲解……

三种教法，三种境界，高下分明。

第一种，先用语言描述，把学生带进了那个凄清冷落的深秋。录音磁带的播放，又创造了一种如泣如诉的氛围。学生渐渐地进入了角色，沉浸在语言、乐曲、歌唱的情境中，体验、领悟作者的心境。这就是美的境界。学生在这样的情境中，既领略了课文的形式美又感受到了课文所描述的内容美，变课文的"此情此景"为"我情我景"，受到美的熏陶。

第二种，那是实实在在地在向学生传授知识，让学生知道柳永这个人、这首词，而且还让学生自己查字典词典，培养了学生使用语文工具书的能力。这种方式，平淡枯燥，只有硬梆梆的知识传授，没有情感，没有形象，更没有情境可言。在这种状态下，学生学得索然寡味，昏昏欲睡。这是一般的求真的状况。

第三种就一般了，由教师一个人全部包办，学生处在完全被动接受的地位，思维处于抑制状态。这一比较，高下立分，何取何舍，一目了然，更能明白最佳境界之所以然。

语文教学中真善美的统一，不仅仅是理论上的一种探讨，更是实践上的具体操作。其实，任何理论上的好设想、好建议，只有化为具体的实践，才能体现它的价值。而课堂教学，不论在何种情形下，都是实现教育、教学价值的最重要的途径和主渠道。语文教学更不必说，必须在课堂教学中真正实现真善美的有机统一，引导学生在求真的基础上，以最好的、最美的境界，实现对善的追求。

语文课堂教学中的美，人们已经从许多方面进行了探讨，有从客观物质设备入手的，有从教材内容切入的，有从教师素养进行的……。这些探讨，从不同方面给人们以启发，也为语文教育工作者进一步认识语文课堂教学中的美提供了很多有价值的思路。但这些认识，这些探讨，都存在着一个共同的缺点：都是静态的论说，微观的探索，都把语文课堂教学放在一个静态的角度，进行微观审视。这样的认识，这样的探讨，虽然具有一定的认识价值和操作意义，但对于整个实践活动的改造意义却要大打折扣，因为它蔽于微观而看不到宏观，仅仅一两个因素的美轮美奂，还不能实现整体课堂的美。有鉴于此，笔者着力从课堂教学的机制上进行探讨。

机制是指事物在运动中，各相关因素有一定向度的、相互衔接的律动作用联系。一定向度，是指向着一定方向、目标运动，对于语文课堂教学而言，就是指求美、求善；律动是指循着一定规律而运动，而不是盲目的、人为的动，指的是求美求善的过程，不是人为地、随心所欲地进行操作，而是遵循着语文课堂教学、学生心理发展规律以及审美及创造美本身的规律而进行的。

从整个语文课堂教学的机制上看，何谓语文课堂教学之美？

一、美在和谐

和谐是各种相关因素恰到好处配合的结果。语文教学中，涉及的因素很多，只有各种因素都有机的相互作用，美的境界才可能形成。而在这诸多因素中，教师和学生始终是两个主导因素，只有这两个主导因素相互配合，达到互动，美才会出现在课堂。所以，我们主要是看教师和学生两个主导因素在课堂上的活动。当然，并非任何时候师生两个因素的和谐配合都具有美学价值，只有当两者的配合创造了一定的美的情境的时候，才具有美的特性。如下两个例子，一看就明白何谓美的情境。

在教授初中课本第一册《夏天也是好天气》时，导入新课后，一老师从标题的理解开始，然后，布置学生去课文中找出写"夏天也是好天气"的句子。学生配合默契，都认真地去查找。不一会儿，全都找出来了。老师提问让几位同学诵读。并表扬了同学们。

另一老师却不这样。他的课堂上，处处具有美的特质。他将课文的学习分成四个阶段，让学生一阶段说"理解"的话；二阶段说"积累"的话；三阶段说"发现"的话；四阶段说"创造"的话。以下以第一个阶段为例比较。在导入新课之后：

师：夏天也是好天气，它好在哪里？请同学们根据课文内容说话。比如说"夏天也是好天气，好在太阳不肯回家去"。各人自说自讲，并在书上作记号。（学生杂乱地读课文，说"话"）

师：下面准备课堂发言，请同学先预演一下。

（学生按句式要求各说几句话）

生：夏天也是好天气，好在小女孩可以穿花裙子。

师：多么秀美呀。

生：夏天也是好天气，它是世外人间，让你在躁动中获得一份自省的宁静，一份实实在在的虚无。

师：这是说，在很热的时候，我们的心很静……

学生畅快地发言与教师精辟的评点交融在一起，形成动人心弦的课堂交流和情境共鸣。

显而易见，前者虽然也有师生的密切配合，但让人感到有些许遗憾。没有情感的渗入，只有干巴巴的对话，干巴巴的课文朗读，毫无美感可言。后者则不同，学生的发言，老师的点评，都是心灵的交流，情感的交融，给人身临其境的感受。这就是美感。情感教育教学在语文教学中，对学生领略语言文字形式与内容的美具有独到的功能。"文章不是无情物"，字字句句吐衷肠，文章的内容提供了情感教学的有利条件，教师据此创设教学情感，变课文的"此情此景"为"我情我景"。让学生置身其间，感知课文内容，活跃形象思维，理解语言、运用语言，兴奋抽象思维，得到学习成功的愉悦。

二、美在无言

美存在的形态各异，有时，无言也是一种美。所谓无言，就是没有言语的参与，只有心灵的沉浸。这是指在某些情况下，师生共同处在某种特定的情景，沉浸在其中，在感悟，在体验，在进行心灵的交流，在默契中共鸣，从而获得美的享受。语文教学中，这样的情境很多：

一位教师教都德的《最后一课》最后一部分时这样安排。"当，当，当!"录音机里突然传出了沉重、遥远的钟声，学生既怔又诧，全神贯注，寂静笼罩课堂片刻。

接着，教师深情地朗读起来："忽然，教堂的钟声敲了十二下，祈祷的钟声也响了。窗外又传来普鲁士士兵的号声——他们已经收操了。韩麦尔先生站起来，脸色惨白，我觉得他从来没有这么高大。'我的朋友啊'，他说：'我——我——'但是他哽住了，他说不下去了。"

沉默，教师哽住了，读不下去了。教室里鸦雀无声。突然，教师转身朝着黑板，使出全身力量，写了几个大字

'法兰西万岁!'"

这时，同学们深情地注视着教师，表示了前所未有的敬意，仿佛这位教师就是韩麦尔先生……

这位教师，不仅自己融入了都德所描绘的情境中，被主人公那强烈的爱国精神所感动。更精妙的是，他精心设计了这一教学片段，巧妙地运用了录音机、自己的朗读、自己的模仿表演，把学生们带进了那个亡国的情境中。此时，学生表面无言，其实内心汹潮澎湃，千言万语，强烈的情感和震撼难以表达。达到了"此时无声胜有声"的效果。

语文教师的优劣，在于他们的语文教学中，是否运用他们的智慧，设计许许多多这样美妙的情景，去丰富语文课堂教学。语文教学和美不可分离，我们应在语文教学中引导学生去发现美，创造美，使语文教学像春雨，像清风，像枫叶，像瑞雪，去开垦荒陌的心田，去涤荡污浊的心灵，以教者的才情，使语文教学具有美学风范。

三、美在节奏

在教学中，抑扬顿挫的节奏，能使课堂扣人心弦、引人人胜。《礼记·乐记》中说："节奏，谓或作或止。作则奏之，止则节之。"节奏，本意为音乐中交替出现的急徐行止、长短强弱等现象。美国的理查德·波列斯拉夫斯基在《演讲六技》一书中说："节奏是一件艺术作品中所包含的各种不同要素的有序、有节拍的变化——而这一切变化一步一步地激起欣赏者的注意，始终如一地引导他们接近艺术家的最终目的。"这是指艺术上各种要素有秩序、有节拍地变化。在课堂教学上，节奏主要指教学结构的疏密变化、教学气氛的张弛起伏、教师声调的抑扬顿挫等。教学中丰富多变的节奏，能够激起学生强烈的情感，从而产生美感。

课堂教学中节奏的形成，取决于多种因素。但以下几方面尤为重要。

（一）教学内容主次分明

一堂课，一篇课文，乃至一个单元的教学，教师需要教，学生需要学的方面很多。但教师要从教学目标和学生实际出发，确定重点、难点，切忌面面俱到，平均用力。重点内容，要重锤敲打，精雕细镂；一般内容，一语带过，忍痛割爱。这样，有主有次，详略得当，自然就会跌宕起伏，形成鲜明的节奏。

（二）课堂气氛张弛有序

中国有句古话："一张一弛，文武之道。"张与弛相互对立，又相互依存。课堂教学中，就是要讲究"张"与"弛"的巧妙配合。

其实，一堂课就像一幕戏一样，要有使人平心静气的舒缓场面，也要有使人波澜壮阔、奋臂离席的高潮。就是这种平缓与高潮的交替出现，才能扣人心弦，产生真正的节奏。课堂教学中，如果整个四十五分钟都是一板一眼、四平八稳、慢条斯理的舒缓气氛，学生必然感到索然寡味、味同嚼蜡而无精打采。相反，如果整节课都是激情洋溢、精神振奋，学生也会因情绪高涨过度疲劳而思维抑制，教学效果也将适得其反。教学中，教师要善于运用各种教学手段，巧妙地把课堂气氛由平缓推向高潮，又由高潮逐步转入平缓。时而湍急，时而舒缓，使学生情绪时而紧张，时而松弛；时而迷惘，时而惊叹；时而兴致勃勃，时而惴惴不安。

（三）教学速度安排适宜

上课的速度是教学节奏的一个重要方面。上课的速度应该有快有慢，有行有止，错落有致，才能形成鲜明的节奏。太快，学生跟不上；太慢，学生又容易走神。一味地讲解或思考，学生大脑没有得到适当休息，容易疲劳；停顿太多，或停顿时间太长，又破坏了一堂课的完整性。这些，都需要教师根据实际情况进行合理安排，有效调节。

（四）教师语调抑扬顿挫

语调是由语音的高低、强弱、长短、轻重等各种因素构成的。上课时，教师要运用好这些因素，使自己的语言产生抑扬顿挫的磁性效果，从而用语言粘住学生。著名特级教师于漪说："语言不是蜜，但能粘住学生。"她就是用自己那富有艺术性的语言粘住了一代又一代学生的。

参 考 文 献

[1] 刘晓蓉 . 支架式教学模式在语文教学中的运用研究 [J]. 现代语文（教学研究版），2010(2):72-20.

[2] 孙建明 .20 世纪前期语文教学模式论略 [J]. 湖州师范学院学报，2001, (1):72-77.

[3] 章华 . 从赫尔巴特到魏书生 -- 浅谈我国语文教学模式的发展与进步 [J]. 湘潭师范学院学报 (社会科学版), 2004(1):131-134.

[4] 施茂枝 . 聚焦：语文教学模式改革的误区 [J]. 人民教育，2001(3):39-40.

[5] 薛有庆 . 对语文教学模式构建的理性思考 [J]. 语文教学通讯，2006 (9):10-11.

[6] 陈一璐 . 构建"自主——合作"的语文教学模式的尝试 [J]. 广西教育，2005(07):19.

[7] 茹红忠，胡东枚 . 试论学案导学式语文教学模式的实施环节与操作策略 [J]. 教育与教学研究，2010, 24(9):116-118.

[8] 刘萍 . 主体与发展：建构主义视野下语文教学模式的构建 [J]. 全球教育展望，2003, 32(6):49-52.

[9] 程红兵 . 自主探究性语文教学模式研究 [J]. 天津师范大学学报（基础教育版），2003,(2):42-46.

[10] 朱丹 . 语文教学模式与教学创新 [J]. 南通师范学院学报（哲学社会科学版）, 2002, (1):130–132.

[11] 付水仙 . 应用远程教育资源改革语文教学模式 [J]. 课程教材教学研究（小教研究）, 2011(Z2):48–49.

[12] 范蓓蕾 . 案例法与语文教育学教学方法变革 [J]. 安庆师范学院学报（社会科学版）, 2006, (3):120–122.

[13] 关晓菲 . 语文教学中读写结合教学方法的新思考 [J]. 中文科技期刊数据库（引文版）教育科学 ,2023(10):26.

[14] 郑梦莹 . 试论语文教学中如何改革教学方法提高教学效率 [J]. 黑龙江科技信息 , 2008(35):214.

[15] 季卫 . 浅谈新课改下语文教学方法的创新 [J]. 新课程导学 , 2014(13):59–60.

[16] 张孔义 . 三十年语文教学方法研究述评 [J]. 浙江教育学院学报 , 2006, (6):7–15+52.

[17] 高秀兰 . 多元化教学方法在语文教学中的应用 [J]. 中国职工教育 , 2014(12):156.

[18] 阎苹 , 刘彩霞 . 浅论教学方法的价值取向 —— 关于语文教学中讨论法的再思考 [J]. 教育学报 , 2001, (3):19–22.

[19] 吕桂申 . 语文教学方法论 [M]. 北京出版社 ,1991.

[20] 刘晓燕 . 语文教学中读写结合教学方法的新思考 [J]. 读与写（教育教学刊）, 2010(1):61–62.

[21] 刘桂华 . 把竞争机制引入语文教学方法探讨 [J]. 湖南教育学院学报 , 1999(S1):60–62.